코드 경제학

The Code Economy

옮긴이 이영래

이화여자대학교 법학과를 졸업하고 리츠칼튼 서울에서 리셉셔니스트로, 이수그룹 비서 팀에서 비서로 근무했으며, 현재 번역에이전시 엔터스코리아에서 전문 번역가로 활동하고 있다.
주요 역서로는 「폭력적인 세계 경제: 우리는 불확실한 미래의 충격에 대처할 수 있을 것인가?」, 「트럼프의 진실: 우리가 그동안 보지 못했던 '진짜 트럼프'를 들추다」, 「더 나은 유엔을 위하여: 반기문 사무총장 10년의 기록」, 「미국 대통령을 위한 NIC 미래 예측 보고서」, 「세계미래보고서 2055」, 「유엔미래보고서 2050」, 「로켓CEO : 맥도널드 창업자 레이 크록 이야기」 등이 있다.

코드 경제학: 4만 년 인류 진화의 비밀

1판 1쇄 인쇄 2018년 7월 3일
1판 1쇄 발행 2018년 7월 10일

글쓴이	필립 E. 워스월드
옮긴이	이영래
펴낸이	이경민
편집	최정미 박은정
디자인	문지현
펴낸곳	(주)동아엠앤비
출판등록	2014년 3월 28일(제25100-2014-000025호)
주소	(03737) 서울특별시 서대문구 충정로 35-17 인촌빌딩 1층
전화	(편집) 02-392-6903 (마케팅) 02-392-6900
팩스	02-392-6902
전자우편	damnb0401@naver.com
SNS	🖪 🗐 🗪

ISBN 979-11-88704-88-0 (03320)

※ 책 가격은 뒤표지에 있습니다.

※ 잘못된 책은 구입한 곳에서 바꿔 드립니다.

※ 이 도서의 국립중앙도서관 출판예정도서목록(CIP)은 서지정보유통지원시스템 홈페이지(http://seoji.nl.go.kr)와 국가자료공동목록시스템(http://www.nl.go.kr/kolisnet)에서 이용하실 수 있습니다. (CIP제어번호 : CIP2018019420)

코드 경제학

4만 년 인류 진화의 비밀

———

The Code Economy

A FORTY-THOUSAND-YEAR HISTORY

필립 E. 워스월드 지음
이영래 옮김

동아 엠앤비

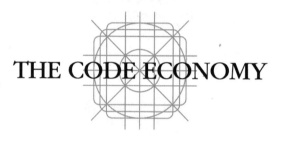

THE CODE ECONOMY

차 례

THE CODE ECONOMY

기술은 곧 레시피이다

> 빵의 재료는 밀가루, 이스트, 물, 소금 등 늘 변함이 없다.
> 하지만 이 단순한 재료들을 조합하는 방법은 수만 가지이다.
> 이스트의 신선도, 밀가루의 종류, 숙성 시간, 반죽 방법, 오븐 속의 습기와 열기,
> 심지어 날씨까지 우리가 배웠던 세부적인 사항들 모두가 중요하다.
> – 줄리아 차일드, 『프랑스에서의 삶』, 2006 –

『코드 경제학』은 인간의 생산 활동이 지난 4만 년이란 기간 동안 단순성에서 복합성으로 어떻게 진화했는지를 다룬다. 나는 이 진화 과정을 코드의 발전으로 본다.

현대인들이 코드에 대해 가지고 있는 개념 — 디지털 컴퓨터에서 구동되는 프로그램 — 은 극히 최근에 생겨난 것이다. 사실 코드의 역사는 훨씬 오래되었다. 전쟁, 기근 등 사회 체제가 정상적으로 작동하지 못했던 수많은 순간들을 지나왔음에도 불구하고 우리 인간이 어떻게 지금의 모습에 이르게 되었는지 궁금하지 않은가? 우리는 살아남

았고, 번성했다. 정형화되고 표준화된 플랫폼으로 진화한 생산 방식을 개발함으로써 말이다. 다시 말해 우리는 코드를 만들고 발전시킴으로써 생존과 번영을 달성했다.

진화의 과정은 어떤 모습일까? 경제에서 원료를 생물의 먹이 사슬에서 규조류, 아메바, 플랑크톤으로 비유한다면, 표준화된 플랫폼은 복잡한 다세포 생물과 같다. 먹이 사슬에서 더 복잡한 생물이 단순한 생물을 먹는 것과 마찬가지로, 코드가 발전하면서 기초적인 기술은 더 고도화된 기술의 먹이가 되었다. 플랫폼은 코드 경제에 꼭 필요한 구조를 제공한다. 도시의 기저가 되는 인프라는 표준화된 플랫폼이다. 문자와 인터넷도 표준화된 플랫폼이다.

인간의 문명은 코드의 창출과 개선을 통해 발전해 왔고, 파이프나 터널들 위에 큰 도시가 세워진 것처럼 여러 층의 플랫폼 위에 코드가 만들어졌다.

대학에서 배우는 미시경제학은 보통 생산하는 "대상"에 대해 다룬다. 무엇이 투입되어, 무엇이 산출되느냐의 문제를 다루는 것이다. 이 책은 "방법"에 대해, 투입물을 어떤 방법으로 조합해서 산출물을 내놓는가에 대해 다룬다. 아이디어가 어떻게 실체로 변하는지 이야기하는 것이다.

예를 하나 들어 보자.

당신은 초콜릿 칩 쿠키를 굽고 있다. 조리대 위에는 필요한 재료들을 늘어놓았다. 버터 1컵, 백설탕 1컵, 황설탕 1컵, 달걀 2개, 베이

킹 소다 1 작은 술, 뜨거운 물 2 작은 술, 소금 1/2 작은 술, (아주 중요한) 초콜릿 칩 2컵. 이외에 30분의 노동력, 오븐과 그릇, 각종 장비 들이 생산 과정의 투입물이다. 한 사람에게 2개의 쿠키를 준다고 하면 이 작업으로 24인분의 쿠키라는 산출물을 얻을 수 있다.

우리는 미시경제학의 관점에서 초콜릿 칩 쿠키의 생산을 완벽하게 설명했다. 자본, 노동, 원료의 투입으로 산출물이 나온다고 말이다. 그렇지만 재료를 나열하고 산출물을 명시하는 것만으로 완전한 레시피가 될 수 없다는 것은 쿠키를 한 번도 구워 본 적이 없는 초짜라도 알 일이다. 중요한 것, 쿠키를 만드는 '방법'이 빠져 있기 때문이다.

여기서 "방법"은 레시피, 공정, 루틴, 알고리즘, 프로그램 등 여러 가지 이름으로 불린다. 나는 이 책의 각기 다른 부분에서 이들 각각의 이름들을 사용하겠지만, 생산 방식을 이를 때는 시종일관 "코드"라는 말을 사용할 것이다.

산출의 "대상"은 생산 "방법" 없이는 존재할 수 없다. 즉, 공정이 없는 생산은 있을 수 없다. 공정은 그만의 논리와 인간의 의사 결정 경로에 따라 진화한다. 경제에서는 투입물의 선택과 산출물의 소비만큼이나 코드의 진화가 중요하다. 이 사실은 절대 변치 않는다. 코드 경제학은 최초의 조리법이나 체계적으로 생산된 그 어떤 오래된 도구에도 지지 않는 긴 역사를 가지고 있다. 코드 경제학은 인간 역사의 전개에서 모든 왕과 왕비, 장성, 총리, 대통령을 합친 것만큼이나 중요한 요소이다.

코드를 이해하지 않고서는 경제의 역사 — 경제의 과거와 미래 — 를 이해할 수 없다.

"코드"라는 말은 "법체계(a system of laws)"라는 의미의 라틴어 '코덱스(codex)'에서 비롯되었다. 오늘날 코드라는 단어는 컴퓨터 코드, 유전자 코드, 암호 코드(모스 부호와 같은 암호), 윤리적 코드(도덕률), 건축 코드 등 뚜렷이 구분되는 여러 가지 맥락에서 사용되며, 이들은 공통의 특징을 가지고 있다. 의도한 목적을 달성하기 위해 필요한 공정을 요구하는 명령을 담고 있는 것이다. 컴퓨터 코드가 유용한 프로그램이 되려면 컴파일러(compiler, 명령어 번역 프로그램 – 옮긴이)의 작용, 에너지, 정보가 필요하다. 유전자 코드는 효소의 선택적 작용을 통한 발현이 있어야 독특한 표현형을 산출하는 RNA를 생산한다. 암호 코드는 해독 과정이 있어야 유용한 메시지로 전환된다. 윤리적 코드, 법률 코드, 건축 코드 들은 해석 과정이 있어야 행동으로 전환된다.

코드에는 우리가 분명한 목적을 가지고 의식적으로 따르는 명령도 있고, 우리가 무의식적, 직관적으로 따르는 명령도 있다. 코드는 암묵적으로 받아들여지기도 하고, 글로 기록되기도 하며, 하드웨어에 내장되기도 한다.[1] 코드는 저장, 전달, 수신, 수정이 가능하다. 코드는 명령의 알고리즘적 속성뿐 아니라 진화적인 속성까지 담아낸다.

이 책을 읽으면서 내가 말하는 코드가 컴퓨터 코드, 유전자 코드, 암호 코드 및 기타 다른 형태의 코드들이 가진 요소들을 모두 포함하고 있다는 점을 확인하게 될 것이다. 그렇지만 아직 적절한 이름이 존재하지 않는 독자적인 개념 — 경제에서 생산을 처리하는 명령과 알고리즘 — 을 나타내기도 한다는 점을 알게 될 것이다.

"코드"라는 단어로 나타내고자 하는 개념의 직관적 의미와 그 범위를 효율적으로 전달하기 위해 나는 주의 깊게 선택한 두 개의 단어를 코드와 함께 사용한다. 레시피와 기술이 그것이다.

"레시피"라는 말을 사용하게 된 동기는 초콜릿 칩 쿠키의 예에서 분명하게 드러난다. 하지만 나는 요리 레시피를 단순히 생산 방법에 대한 비유라고만 생각하지는 않는다. 요리 레시피는 코드의 가장 기본적이고 직접적인 사례이다. 인간이 음식을 준비한 첫 순간부터 생산에는 코드가 존재해 왔다. 우선 "생산"의 의미를 소비를 위한 음식 준비로 제한하고, 우리 인간이 40만 년 전 요리한 첫 끼니로부터 수천억 사람들이 소비한 모든 식사를 상상해 보자. 인간 역사를 통틀어 거의 4,000조의 준비된 식사가 소비되어 왔을 것이다. 이 각각의 식사는 실제로(이론상으로가 아니고) 식사가 생산된 방법, 즉 식사를 생산하는 코드와 결부되어 있었다. 인간이 식사를 준비한 40만 년의 대부분 기간 동안, 인간은 다수를 이루는 종이 아니었고, 식사를 준비하는 데 사용하는 코드는 아주 초보적인 수준이었다. 따라서 만약 모든 요리법을 망라하는 "세계 레시피 총서"가 있다고 한다면 선사 시대의 요리법을 담은 첫 몇 권은 내용이 아주 빈약할 것이다. 반면에 지난 2,000년 동안, 특히 지난 200년 동안 인구는 엄청나게 늘었고 요리법은 복잡하고 다양해졌다. 그 결과 우리 시대의 요리법을 담은 "레시피 총서"의 두께는 기하급수적으로 늘어났을 것이다.

이제 식사 준비에서 벗어나, 오랜 옛날의 흑요석 창촉에서부터 최신 스마트폰에 이르기까지 우리 인간이 직접 사용하기 위해 혹은 교환을 위해 생산해 온 모든 물건과 서비스에 관련된 코드에 대해 생각해 보자. 코드의 진화는 이 모든 생산 레시피가 담긴 세계 레시피 총서의 내용이 발전했다는 것이다. 레시피는 헤아릴 수 없이 많다.

　이제 내가 코드와 함께 사용할 두 번째 단어, 기술에 대해서 얘기해 보자. 기술 장비를 생각한다면 레시피에서 기술로 넘어가는 것은 비약이 심하게 느껴지겠지만 이 단어의 그리스어 어원을 생각하면 그 격차가 훨씬 작게 보일 것이다. "기술(technology)"의 앞부분은 "예술, 공예, 거래"를 의미하는 '테크네(τέχνη)'에서 유래했고 뒷부분은 "정연한 설명" 혹은 "논리적 담화"라는 뜻의 '로고스(λόγος)'에서 나왔다.[2] 따라서 기술이 가진 문자 그대로의 의미는 "예술, 공예, 거래에 대한 정연한 설명"이다. 개략적으로 말하면 기술은 곧 레시피인 것이다.

　인류학 연구에 따르면 요리 레시피는 인간이 채택한 가장 오래되고 혁신적인 기술이다. 최신 연구에 따르면 요리는 위와 소장에 흡수되는 영양을 크게 늘려 인간의 진화를 가속시켰다.[3] 최근의 연구는 인간의 조상들이 이미 200만 년 전부터 음식을 준비하는 레시피를 사용해서 극적인 효과를 얻었다고 말한다. 우리가 불을 통제하고 조리하는 법을 배운 것이 약 40만 년 전으로 추측되고 있으니 그보다 훨씬 전의 이야기이다. 아주 오랜 옛 조상들이 했던 것처럼 고기를 저미거나 덩이줄기(마, 감자 등)를 두드리는 것만으로도 조리를 통해 실현되는 것에 견줄 만한 소화 효과를 얻을 수 있다.[4] 조리한 것이든 날것이든, 영양의 섭취가 늘어나면서 우리는 조상이나 다른 영장류 사촌들보다 치아와 씹는 근육, 심지어는 창자까지 작아지는 식으로 진화할 수 있었다. 이러한 진화적 적응은 대뇌가 더 크고 에너지를 많이 소비하는 기관으로 발달할 수 있게 해 주었다.

첫 번째 레시피—노동에서의 코드—가 문자 그대로 오늘날과 같은 모습의 인간을 만들었다.

수많은 최신 연구들이 코드의 발전이 더 이상 인간의 행복에 유용한 요소가 아니라 위협이라고 말하고 있는 듯한 현재로 돌아오자.

특히 지난 20년에 걸쳐 출판된 많은 저작물들은 지속적인 코드의 발전이 사회에 가져오는 심각한 영향에 대해 경고한다. 미래학자 제러미 리프킨(Jeremy Rifkin)은 1995년 작, 『노동의 종말: 세계 노동인구의 감소와 후기 시장 시대의 조짐(The End of Work: the Decline of the Global Labor Force and the Dawn of the Post-Market Era)』에서 "위대한 인간 대 기계 논쟁(The Great Man-vs-Machine Debate)"이라 부를 만한 것에 대한 의견을 제시했다. 리프킨은 코드에 의해 권한을 얻은 기계가 발전을 계속하고 있으므로 일자리가 없는 세상의 가능성에 대해 깊이 고민해야 한다고 주장했다. 그는 "우리는 역사의 새로운 시대에 진입하고 있다. 물건을 만들고 서비스를 제공하는 과정에서 기계가 점차 인간을 대체하는 시대로 말이다."라고 경고했다.[5] "노동자가 거의 사라진 세상이 빠르게 다가오고 있다."[6] 에릭 브린욜프슨(Erik Brynjolfsson), 앤드루 매카피(Andrew McAfee), 타일러 코웬(Tyler Cowen), 마틴 포드(Martin Ford) 등이 기본적으로 같은 주장을 약간씩 다른 형식으로 발전시키고 있다. 경제적 관점에서 보면, 그들의 주장은 아주 간단하다.

1. 코드의 힘이 기하급수적으로 커지고 있다.

2. 코드는 인간의 능력을 거의 완벽하게 대체한다.

3. 때문에 인간의 능력이 가진 (상대적) 힘은 기하급수적으로 줄어
   들고 있다.

리프킨과 다른 사람들의 의견이 옳다면, 우리는 곧 닥쳐올 코드 발전의 유해한 결과를 깊이 걱정해야 한다.

이와는 대조적으로, 레이 커즈와일(Ray Kurzweil)은 그의 2005년 베스트셀러, 『특이점이 온다: 기술이 인간을 초월하는 순간(The Singularity Is Near: When Humans Transcend Biology)』을 통해 기하급수적으로 커지고 있는 코드의 힘 — 특히 디지털 컴퓨팅에만 국한되지 않는 — 이 인간 경험의 획기적 도약을 촉발할 것이라고 주장했다. 경제적 견지에서, 커즈와일의 주장 역시 상당히 단도직입적이다.

1. 코드의 힘이 기하급수적으로 커지고 있다.

2. 코드는 인간의 능력을 거의 완벽하게 보완한다.

3. 따라서 인간 능력의 (절대적인) 힘도 기하급수적으로 커질 것이다.

다른 많은 사람들과 마찬가지로, 커즈와일은 "오로지 기술만이 인간 사회가 수 세대에 걸쳐 싸우고 있는 문제를 극복할 수 있다."라고 주장한다.[7] 그는 거기에서 더 나아가 그가 말하는 "특이점(The Singularity)"의 윤곽을 보여 주기 위해 코드를 통해 가까운 미래에 가능

해질 진보의 움직임을 추적한다. 특이점은 "우리 두뇌의 방대한 지식을 거대한 수용력, 속도, 지식 공유 기능을 가진 기술과 융합시켜서, '인간-기계 문명(human-machine civilization)'이 100조의 시냅스밖에 없어 느리기 짝이 없는 인간 두뇌의 한계를 초월할 수 있게 한 결과"이다.[8] 알고리즘적으로 권한을 얻은 로봇들이 일자리를 빼앗는 문제에 대해, 커즈와일은 그들을 이길 수 없다면 그들과 하나가 되라는 간단한 처방을 내린다. 사이보그와 같은 식으로라도 말이다.

물론 위대한 인간 대 기계 논쟁은 새로운 것이 아니다. 이 문제는 무려 4세기 동안 사상사의 위대한 지성들을 사로잡았다. 그들 가운데 주목할 만한 사람들로는 고트프리트 빌헬름 라이프니츠(Gottfried Wilhelm Leibniz), 데이비드 리카도(David Ricardo), 에이다 러브레이스(Ada Lovelace), 존 메이너드 케인스(John Maynard Keynes), 노버트 위너(Norbert Weiner), 허버트 사이먼(Herbert Alexander Simon)이 있다. (이 코드 경제학의 선구자들 — 케인스 이외에는 오늘날 사람들 입에 많이 오르내리는 사람들이 아니다 — 에 대해서는 앞으로 좀 더 상세히 이야기할 것이다.) 그러나 이 논쟁은 (최소한) 지난 몇백 년간 상당히 단순한 규칙에 따라 이루어졌다. 한편에서는 역사적인 증거를 들어, 기술로 인한 혼란은 항상 고용과 산출물의 증가를 불러왔으므로 미래에 대해 크게 두려워할 필요가 없다고 주장했다. 다른 한편에서는 "이번에는 다르다"는 것을 드러내는 변화들을 볼 때, 코드의 발전이 가져오는 역효과에 대해 깊은 우려를 갖는 것이 정당하다고 주장한다.

1930년대에 위대한 인간 대 기계 논쟁이 격화되자 케인스 외에도 요제프 알로이스 슘페터(Joseph Schumpeter), 존 힉스(John Hicks), 폴 더 글라스(Paul Douglas) 등의 위대한 경제학자들이 논쟁에 참여했다. 논쟁은 1950년대와 1960년대에도 다시 끓어올랐고 이에 다수의 의회 청문회가 열리고 여러 대통령 자문위원회가 만들어졌다. 거시경제적 환경(특히 수십 년에 걸친 임금의 정체를 둘러싼 염려)과 새로운 지식의 조합으로 현재 이 논쟁이 다시 들끓고 있다.⁹ 매번 논쟁에서는 "역사가 괜찮을 것이라고 증명하고 있다." 대 "이번에는 다르다."라는 똑같은 주장의 대결이 반복된다.

그렇다면 어느 쪽이 인류 앞에 펼쳐질까? 커즈와일의 눈부신 특이점일까 일자리가 없는 리프킨의 디스토피아적 세계일까? 나는 미래를 내다볼 수 있는 척하지는 않을 것이다. 다만 수백 년(수만 년은 아닐지라도)의 추세를 기반으로 한 추정을 통해 제3의 주장이 가능하다고 이야기하려 한다.

1. 코드의 힘이 기하급수적으로 커지고 있다.
2. 코드는 인간의 능력을 부분적으로만 대체한다.
3. 따라서 인간 능력의 (상대적) 힘은 컴퓨터가 수행할 수 있는 범주에서만 기하급수적으로 줄어들 것이고 그 외의 범주에서는 그렇지 않다.

달리 말해 커즈와일이 말한 코드로 인한 특이점이란, 각각의 코드에 의해 발생하는 분기 ─ 인간과 기계 사이의 분업 ─ 가 연달아 일어나는 모양새일 것이다.

"인간이 컴퓨터보다 잘하는 일이 있는가?"라는 질문에 대한 대답은 대단히 단순하다. 인간은 인간적인 면에서 우월하다.

이 책의 주요 견해는 세 가지로, 다음과 같다.

1. 코드를 만들고 개선하는 것은 인간이 하는 일의 핵심이다. 그 것이 과거를 기반으로 미래를 만들어 가는 방법이다.
2. 경제의 진화는 코드의 발전이 주도한다. 따라서 이러한 발전을 이해하는 것은 경제학과 인류 역사 연구에 필수적이다.
3. 코드를 만들고 발전시키는 일은 단순히 새로운 장난감을 발명하는 것이 아니라 새로운 형태의 개념, 새로운 경험, 세상으로 나아가는 새로운 길을 만드는 것이다.

이 세 가지 견해를 발전시키면서, 나는 일반적인 경제학 교수법에 존재하는 불균형을 해소하려 한다. 학부 수준의 대중적인 경제학 이론은 선택과 소비에 집중하고, 코드와 생산을 등한시하는 경향이 있다.[10] 물론 선택과 소비는 경제적 경험에서 중요한 측면이다. 하지만 코드와 생산도 마찬가지이다. 결국 우리 인간은 소비자이면서 동시에 생산자이기 때문이다.

이 책은 다음과 같이 구성되어 있다. 1부 「코드의 발전」에서는 흑요석 도끼의 생산에서 시작해서 문자의 발명, 요리법의 등장, 도시의 진화를 통해 코드의 기원에 대해 설명한다. 이후 위대한 인간 대 기계 논쟁과 관련한 논의를 시작한다. 이 논쟁은 현대인들이 생각하는 의미의 "노동"이 역사적으로 얼마나 최근에, 수천 년 동안 누적된 제도들 위에 만들어진 산물인지 설명할 때 다시 등장할 것이다. 나는 코드 진화의 최신판인 디지털 컴퓨팅의 역사를 설명하고, 코드의 진화가 제도의 구조에 얼마나 큰 충격을 주었으며, 그 결과 노동의 정의에 얼마나 영향을 미쳤는지 강조하며 1부를 마무리할 것이다.

2부 「코드 경제학」에서는 오늘날 대부분 무시되지만, 코드와 생산에 초점을 맞춘 경제학 분야의 연구사를 깊이 있게 설명하고자 한다. 나는 이 역사를 학습, 진화, 플랫폼 개발을 통한 복잡도의 누적이라는 코드 발전의 세 가지 핵심 기제를 통해서 전달할 것이다. 이는 산업 혁명 동안 기계화가 인간 사회에 미친 순 영향을 이해해 보려는 경제학자들의 첫 시도에서 시작된다. 20세기 초 생산 방식과 경제 구조가 보다 복잡해지면서 사회 과학자들은 기업들이 어떻게 배우고 발전하는지 연구하기 시작했다. 이런 탐구는 운영과학(operations research)이나 경영과학(management science) 분야로 발전했다. 한참이나 지난 후에야 경제학자들은 광범위한 지지를 받는 관행을 표준화 플랫폼으로 코드화하는 것이 단순했던 경제 활동이 복잡해지는 데 어떤 도움을 주는지 이해하게 되었다.

3부 「인간의 우위」에서는 코드의 발전과 인간 경험 사이의 관계를 탐구한다. 이 부분은 코드의 계속적인 발전이 전체적 혹은 사회적 불평등을 악화시킴으로써 인간의 행복에 악영향을 줄 것이라는 주장을 직접적으로 다룬다. 수 세기에 걸친 역사적 기록을 언급하면서, 코드의 발전이 끊임없이 일을 인간화시켜 왔으며 그렇게 함으로써 폭넓게 공유되는 혜택을 만들어 냈다고 주장할 것이다.

물론 코드의 발전이 계속해서 널리 공유되는 혜택을 낳을 것이라고 보장할 수는 없다. 코드 발전이 긍정적인 영향을 미쳤던 과거와 같이 미래에도 유리하게 작용하려면 우리가 할 수 있고 반드시 해야 할 일이 있다. 다행인 것은 우리가 4만 년 동안이나 코드의 발전에 적응해 왔고 거기에서 혜택을 보아 왔다는 점이다. 우리 쪽에 유리하게 이용할 수 있는 역사의 추진력을 이해함으로써 말이다.

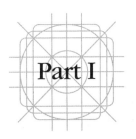

Part I

코드의 발전

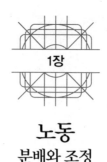

1장

노동
분배와 조정

한 나라의 경제에서 노동의 적절한 분배만큼
중요한 일은 찾기 어렵다.
- 알렉산더 해밀턴, 『제조업 보고서』, 1791 -

석기 시대의 삶은 단순했다.

우선 생산에 대해서 생각해 보자. 인류학자들은 석기, 유골, 잔존하는 인공물 등이 가진 고고학적 특성을 조사한다.[1] 이를 통해 그들은 인간들이 수백만 년 동안 이루어 낸 일들이 점차 복잡해지고 있다는 것도 추적해 냈다. 초기의 인간 종족들은 기억력이 좋지 못했다. 현대의 침팬지와 거의 비슷한 수준이어서 동시에 두 가지 이상의 일은 할 수가 없었다.[2] 다행히도 상황은 점차 나아졌다. 250만 년 전쯤 눈에 띄는 물건을 도구로 처음 사용하게 된(《2001 스페이스 오디세이(2001: A Space

Odyssey)〉의 시작 부분을 참조하라) 인간은 그 이후로 도구를 직접 만들었고 계획적으로 그 도구들을 특정한 목적에 맞게 개량하는 식으로 진보를 거듭했다. 도구를 만드는 방법이 점차 정교해졌고 결국은 스스로가 만든 도구를 사용해서 반복적이며 정해진 방식으로 도구를 생산하기에 이르렀다. 이러한 석기의 제작 과정이 바로 인류 최초의 생산 알고리즘, 즉 최초의 코드이다(그림 1.1 참조).[3] 이는 기원전 4만 년경, 전 세계의 인간 공동체에서 거의 동시에 나타났다.[4]

"처음에는 돌을 망치로 사용하기 시작했을 것이다." 경제학자 제임스 베슨(James Bessen)은 그의 책, 『경험학습: 혁신과 임금, 부의 진정한 관계(Learning by Doing: The Real Connection between Innovation, Wages, and Wealth)』를 통해서 이렇게 이야기하고 있다. "하지만 신석기 시대에 이르자, 여러 가지 석기(도끼, 자귀, 정, 화살촉, 조각칼 등)를 개발했다. 각각의 도구는 특정한 문제를 해결하는 데 최대한 적합하게 만들어졌다. 더구나, 인간은 이런 도구를 만드는 데 최적화된 생산 기법, 즉 돌을 부수는 기법(고고학을 전공하는 대학원생들은 한 학기 동안 이 기술을 연마하느라 땀을 뺀다)을 이용했다. 초기의 인류와 다른 종족들 사이에 현저한 차이를 만든 것은 기술적인 아이디어를 생각하는 능력이 아니라 그 아이디어를 완벽히 가다듬어서 복잡한 자연환경에 맞서는 능력이었다."[5]

신석기 시대에 인간의 기억력은 머릿속으로 동시에 7, 8개의 활동을 기억하는 수준까지 발전했다.[6] 믿기지 않겠지만, 그것이 인지 능력의 면에서 우리 인간이 이를 수 있는 최대치이다. 대개의 경우 오늘날의 인간은 신석기 시대의 우리 조상들과 별반 다를 것이 없다.[7] 이렇게

0차원: 점

박편이 생기다

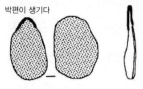

1차원: 선

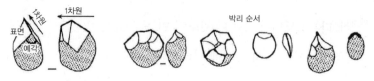

2차원: 표면

3차원: 부피

그림 1.1 흑요석 도끼 생산에 요구되는 단기 작업 기억. 리드와 판데르레이우의 책(2015)에서 인용한 이 그림과 설명은 흑요석 도끼 생산에 이용된 코드와 코드를 실행하는 데 필요한 역량을 보여 준다. "단기 기억은 짧은 시간 동안 소량의 정보를 이용할 수 있는 활성화 상태로 보유하는 능력을 말한다. 단기 기억의 크기는 일련의 생각을 하거나 행동 과정을 수행할 때 작업 기억에서 동시에 보존 및 처리할 수 있는 다양한 정보원, 정보의 종류, 개수에 영향을 미친다. 우리는 석기 생산에 적용된 개념을 여기 적용된 차원의 숫자와 관련지을 수 있다. 따라서 인류의 진화 단계를 상징하는 석기 생산에 필요한 단기 작업 기억(short-term working memory, STWM)의 크기에도 연결시킬 수 있다. 인간이 3차원 물체(조약돌이나 석기)를 3차원에서 인식하는 능력을 얻는 데 약 200만 년이 걸렸다. (a) 조약돌의 끝에서 박편을 떼어 내는 것은 0차원적 행동이고 STWM 3이 필요하다. (b) 인접한 박편 여러 개를 떼어 내면 (1차원적) 선이 만들어지며 여기에는 STWM 4가 필요하다. (c) 이 선이 맞닿을 때까지 늘리면 그 주위에 선으로 둘러싸인 면이 생기며 STWM 4.5가 필요하다. 그 선과 선이 에워싼 표면을 구분하는 것은 완전히 2차원에서 일한다는 것을 의미하며 STWM 5가 필요하다. (d) 두 개의 면을 준비해서 세 번째 면에서 박편을 제거한다는 것은 조약돌을 3차원적으로 개념화한다는 증거이며 STWM 7이 필요하다."
출처: 리드와 판데르레이우(2015), 판데르레이우(2000). 저자의 허락을 받아 인용함.

개인의 인지 능력은 기원전 4만 년쯤부터 정체되어 있는 듯하지만, 인간 사회의 발전 속도는 극적으로 빨라지기 시작했다. 그 이유는 무엇일까?

우리는 사회를 발명했다.

우리 인간들은 개인적으로 과제를 수행하는 능력을 계속 진화시키는 대신에 다른 것을 개발하기 시작했다. 훨씬 더 강력한 것으로 밝혀진 능력, 무리를 지어 집단적으로 과제를 해결하는 능력을 말이다.[8] 생물학자 에드워드 윌슨(E. O. Wilson)은 최근 펴낸 그의 저서, 『지구의 정복자(The Social Conquest of Earth)』에 이렇게 적고 있다.

> 5~6만 년 전, 인류 진화사의 이 결정적 시기에 문화의 발달은
> (……) 처음에는 느렸지만, 화학적, 생물학적 자기 촉매 반응
> 과 같은 방식으로, 시간이 갈수록 점점 더 가속되었다. 한 혁신
> 을 채택하면 특정한 다른 혁신들을 채택하는 것이 가능해지고,
> 그런 혁신들이 유용하다면 전파될 가능성이 더 높기 때문이다.
> 문화적 혁신들을 더 잘 조합한 무리와 그 무리들의 공동체는
> 생산성이 더 높아졌고 경쟁과 전쟁에 더 잘 대비할 수 있었다.
> 그들의 경쟁자들은 그들을 모방하거나 아니면 세력권을 잃고
> 쫓겨났다. 문화의 진화를 추진한 것은 이 집단 선택이었다.[9]

씨족(그리고 시간이 더 지나면, 씨족이 모인 집단)은 초기의 코드 발전을 토대로 삼아 코드를 한층 더 발전시켰다.

기원전 1만 년경, 인간은 처음으로 마을을 이루었다. 인류학자 산더르 판데르레이우(Sander van der Leeuw)는 마을을 "가장 자주 부딪치는 생활 속의 문제를 해결하는 무리들의 모임"이라고 표현했다.[10] 마을은 정해진 일과를 중심으로 만들어진 지속성이 있는 단체라는 면에서 현대 기업의 전신이었다.[11] 19세기의 유명한 경제학자 허버트 스펜서(Herbert Spencer)가 150년 전에 언급했듯이, 새로운 기술적 조합들이 만들어지면서 마을에서 코드가 발전했고 이를 통해 단순성에서 현대 경제가 보여 주는 복잡성까지 진화가 이루어졌다(글상자 1.1 참조).

이렇게 코드의 진화는 마을에서 시작되었다.

대개의 인간이 가지는 경험을 기준으로 가늠한다면, 코드의 진화가 빨랐다고 말할 수는 없다. 토머스 홉스(Thomas Hobbes)가 1689년 그의 걸작, 『리바이어던(Leviathan)』에서 표현했듯이, 그 시점까지의 역사에서는 대개의 삶이 "형편없고, 야만적이고, 짧았다." 그뿐 아니다. 더 중요한 것은 "인간은 '경험의 총량'에 의존해서 살았다. 방법이란 것이 존재하지 않았다. 다시 말해 지식을 전파하거나 가꾸는 일 자체가 존재하지 않았다. 오류나 추측이라는 공통의 잡초를 솎아 내는 일은 말할 것도 없다."[12]

"노동(job)"이라는 단어가 대가를 바라고 하는 행위라는 의미로 기록에 처음 등장한 것은 1557년, 『옥스퍼드 영어 사전(Oxford English Dictionary)』에서였다. 홉스가 『리바이어던』을 쓴 때로부터 100여 년 정도 앞선 시기였다. 알베르 퓌이레(Albert Feuillerat)는 『에드워드 6세와 메리 여왕 시대 궁정 연회에 대한 문서(Documents Relating to the Revels at Court in the Time of King Edward VI and Queen Mary)』에서 한 가지 일이란 뜻으로 "jobbe of work"라는 단어를 사용했다.[13] 이 용법은 덩어리, 묶음을 뜻했던 (지금처럼 당시에도) "gobbe"에서 유래한 것으로 보인다.

어원학적으로 "노동(job)"은 원래 덩어리를 의미했다.

"jobbe"가 한 묶음의 일을 표현하는 데에 쓰인 것이 현대 사회의 진화에 미친 영향은 최초의 단세포 유기체가 생물의 진화에 준 영향과 같다. "jobbe"는 인류 역사 내내 일반적으로 받아들여지던 노예제, 농노제, 연한(年限) 계약 노동, 도제 계약 등 명확한 역할의 규정 없이 지속적으로 작업을 수행해야 하는 의무와는 현저히 달랐다.

중세 유럽에서 일은 영주가 강제하는 의무였다. 오늘날의 우리가 생각하는 일자리나 실업 등의 개념은 아직 존재하지 않았다. 오스트리아의 저명한 경제학자 요제프 슘페터는 그의 방대한 저서, 『경제 분석의 역사(History of Economic Analysis)』에서 "원칙적으로 중세 사회는 구성원으로 인정하는 모든 사람에게 일거리를 제공했다. 구조적으로 실업과 극빈이 차단되었다. 실업은 정상적인 상황에서는 중요치 않은 문제였고 평범한 환경에서 빠져나왔거나 배제되어 결국에는 거지, 부랑자, 노상강도가 된 사람들에게 국한된 문제였다." 결과적으로, "중세에는 사회를 완전히 파괴하는 전쟁, 분규, 전염병 등의 참사가 아니고서는, 실업자 개인의 결점과 전혀 관계 없는 대량 실업이 발생한 적이 없다."[14]

흑사병의 여파로 노동력의 공급이 갑자기 줄어들자, 유럽의 군주들은 노동자의 이동을 제한해 이에 대응했다. 1349년 6월 18일 영국의

허버트 스펜서와 단순성에서 복잡성으로의 진전

찰스 다윈(Charles Darwin)의 『종의 기원(The Origin of Species)』(1859)이 출간된 때로부터 최소한 1차 대전이 발발할 때까지, 아니 어쩌면 그 뒤까지도 진화 이론은 지적 담화를 이끄는 위대한 사상이었다. 그 시대에 가장 명성 높은 사회 이론가는 애덤 스미스(Adam Smith)나 데이비드 리카도가 아닌 최고의 코드 경제학자, 허버트 스펜서였다.[15]

스펜서는 대단히 뛰어난 지식인이었지만 그의 명성은 빠르게 커진 만큼 또 빠르게 사그라졌다. 그를 유명해지게 만든 것은 "적자생존"이라는 표현이었다. 그의 연구는 물리학과 생물학의 통합 이론이었다. 1857년 저술하여 대단한 영향력을 발휘한 에세이, 「진보의 법칙과 원인(Progress: Its Law and Cause)」에서 그가 주장하는 바는 간단했다. "지구의 발전이든, 지구상 생물의 발전이든, 사회, 정부, 제조업, 상업, 언어, 문학, 과학, 예술의 발전이든 연속적인 분화를 통해 단순한 것에서 복잡한 것으로 진화하는 동일한 모습을 보인다." (p. 3)

허버트 스펜서에 따르면, 공동체의 주민들 사이에 재능이 불균등하게 나타났기 때문에 현대경제의 복잡성으로 이어지는 분화가 시작되었다.

> 고정적인 공동체가 증식하며 성장하는 곳에서는 사람들 사이의 이러한 분화가 영속되었고
> 세대를 거칠 때마다 늘어났다. 인구가 많은 경우, 모든 일용품에 대한 수요가 커서 전문화된
> 사람이나 계층의 기능적 활동이 강화되었다. 이로써 전문화는 이미 존재했던 곳에서는 더
> 확고해졌고, 없었던 곳에서는 생겨나기 시작했다. (p. 52)

번영하는 마을의 늘어나는 인구는, 토머스 맬서스(Reverend Thomas Malthus)의 그 유명한 주장대로, 한정된 자원에 통제하기 어려운 압력을 가한 것이 아니라 전문화의 증가를 촉발했고 이는 다시 생산 역량의 확대를 불러왔다.

스펜서는 선사 시대의 마을들이 더 발전하면서, 새로운 현상이 나타났을 것이라고 추론했다. 생산자들 사이에 경쟁이 등장한 것이다. 경쟁으로 인해 노동자들은 새로운 방법과 재료를 적극적으로 찾게 되었다. 특히 성공적인 새로운 방법의 창안은 새로운 직업의 출현으로 이어졌다.

경쟁 상황에 처한 노동자들은 향상된 물건을 생산하는 것을 목표로 활동하다가 가끔 더 나은 과정이나 원료를 발견한다. 무기나 절단 도구의 재료가 돌에서 청동으로 대체된 경우, 처음으로 청동 제품을 만든 사람은 엄청난 수요를 마주하게 된다. 수요가 너무 많아서, 그는 모든 시간을 청동 제품을 만드는 데 써야 한다는 것을 깨닫고 어쩔 수 없이 다른 사람들에게 그와 같은 방식으로 제작할 수 있도록 맡기게 된다. 결국 청동 제품을 만드는 일이 점점 기존의 직업에서 분화되고 그 자체가 하나의 직업이 된다. (p. 52)

새로운 직업의 창출은 곧이어 경제의 새로운 분화를 자극한다.

이제 이러한 변화에 따라 분화된 변화들의 특징을 살펴보자. 청동이 곧 돌을 대체한다. 청동이 처음 용도에서 벗어나 무기, 도구, 각종 용품 등 다른 물건들에 쓰이면서 이러한 물건의 생산에 영향을 미친다. 더 나아가 이 도구들이 쓰이는 과정과 그 결과로 만들어지는 물건에도 영향을 준다. 건물, 조각품, 옷, 사적인 장식품에도 변화가 생기는 것이다. 다시 한 번, 필요한 도구에 적합한 재료를 찾지 못해 이전에는 불가능했던 각양각색의 것들이 제조되기 시작한다. 이 모든 변화가 사람들에게 영향을 미친다. 사람들의 조작 기술, 지능, 안락함을 늘리고 그들의 습관과 기호를 세련되게 만든다. (p. 53)

선사 시대에서 19세기 중반(스펜서가 글을 쓴 시기)의 기술 혁신으로 바로 건너뛴 스펜서는 철도의 도입으로 야기된 경제 분화 과정을 상세하게 열거한다. 그는 완전히 새로운 기술과 그에 결부된 직업이 도입될 때마다 동일한 결과가 나타나는 것을 확인했다.

사회 유기체는 많은 새로운 직업이 도입되면서 이질성이 커졌고 오래된 사회는 점점 전문화되었다. 가격은 장소마다 달라졌고, 상인들은 정도의 차이는 있지만 모두들 경영 방식을 변경했으며, 거의 모든 사람의 행동, 사고, 정서가 영향을 받았다. (p. 55)

에드워드 3세가 공표한 노동자칙령(the Ordinance of Labourers)은 다음과 같은 지시를 담고 있다. "60세 이하이고 자급자족하는 데 충분한 기술이나 토지가 없는 모든 남성과 여성은 자유로운 신분인지 여부에 상관없이 누구든 노동력을 필요로 하는 사람을 위해 일해야 한다. 더욱이 하인, 노동자, 장인의 급료는 1346년이나 그 전후 평년의 해당 지역 관례보다 높지 않아야 한다."[16] 이후 의회는 "흑사병 이후 일을 하지 않거나 다른 사람들에게 노동력을 제공하지 않는 노동자들"의 문제를 해결할 의도로 노동자법령(the Statute of Laborers)을 통과시켰다. 노동자칙령은 급료에 대해서 모호한 한계만을 둔 데 반해, 노동자법령은 일련의 직업에 대해 개별 작업 혹은 하루 일거리에 대한 구체적인 임금률을 명시하고 있다. 본래 노동자법령은 노동자들이 귀족 고용주와 협상을 통해서 더 높은 급료를 받는 데 제한을 가하기 위해 만들어졌지만 실제로는 노동 시장의 존재를 인정해 주었다. 이런 식으로 흑사병은 임금 노동이 제도화되는 데 기여했다.

중세 노동자들은 임금 통제라는 면에서는 군주들의 권위에 휘둘려야 했지만 다른 면에서는 오늘날의 대부분 노동자보다 훨씬 자율적이었다. 중세의 제빵사, 대장장이, 모자 제조자들은 생산 "방법"에 대한 지침을 설정하는 길드에 속해 있는 경우도 있었지만 어쨌든 자신의 거래에 있어서는 주인이었다. 길드의 활동은 세세한 곳까지 미치지 않았기 때문에, 중세의 장인들은 전통이나 문화에 의해 제한을 받는다고는 하지만 절차를 운영하는 데 있어서 교범이나 기준을 따르거나, 미리 정해진 레시피를 따르거나, 직장에서 "상관"이 어깨너머로 감시하는 것을 견딜 필요가 없었다.

지금의 우리가 알고 있는 노동은 코드와 일이 공진화(共進化)한 데 따른 비교적 최근의 결과물로 인간이 전문화를 완성한 때로부터 시작되었다.

플라톤은 기원전 360년경 『국가(The Republic)』에 "각자가 재능이 있는 한 가지 일을 적기에 하고 다른 일들은 남겨 둔다면 모든 것을 더 풍성하게, 더 쉽게, 더 좋은 품질로 생산할 수 있을 것이다."라고 적고 있다. 이렇게 해서 노동자들은 처음으로 전문화되었다. 어떤 일을 할 것인가는 개인적인 수준에서 정해졌고 자연스럽게 빵집, 대장간, 식당 등 특정한 사회적 필요를 중심으로 한 체제로 진화했다. 초기 사회는 인간의 수명에 비해서 매우 느리게 변화했기 때문에 사람들은 베이커(Baker, 제빵사 – 옮긴이), 바커(Barker, 호객꾼 – 옮긴이), 쿠퍼(Cooper, 통장이 – 옮긴이), 아이젠하워(Eisenhower, '철공'을 의미한다), 슈메이커(Shoemaker, 구두장이 – 옮긴이), 스미스(Smith, 대장장이 – 옮긴이), 타일러(Tyler, 파수꾼 – 옮긴이), 와그너(Wagner, 마차 제조업자 – 옮긴이), 라이트(Wright, 목수 등의 장인 – 옮긴이) 등과 같이 직업으로 불리게 되었다. 이러한 직업들은 성(姓)이 되었고 수 세대를 거치면서 과거의 사회적 정체를 나타내는 영속적인 지표가 되었다.

이러한 제도는 "작업(labor)"이 좀 더 세분화된 업무로 나뉘면서 복잡해졌다.[17] 애덤 스미스는 그 유명한 핀 공장의 예를 들어 업무별 전문화의 혜택을 강조하면서 『국부론(The Wealth of Nations)』을 시작한다.

"노동 생산력이 엄청나게 발전하고 기술과 재능, 그리고 그것들 각각을 어디로 유도하고 어디에 적용해야 하는가에 대한 판단력이 크게 개선되면서 분업에 영향을 미친 것으로 보인다."[18] 15년 후, 알렉산더 해밀턴(Alexander Hamilton)은 『제조업 보고서(Report on Manufacturers)』에서 분업이 가지는 중요성을 강조했다. 이것은 제조업과 농업이 새롭게 건국된 미국의 미래 경제에 얼마나 가치가 있을까를 두고 토머스 제퍼슨(Thomas Jefferson)과 벌인 논쟁의 가장 중요한 근거였다. 이 장의 시작 부분에서 인용했던 대로, 해밀턴은 "한 나라의 경제에서 업무의 적절한 분배만큼 중요한 일은 찾기 어렵다."라고 적었다.[19]

지난 200년 동안, 경제 조직은 엄청나게 복잡해졌다. 19세기 중반 농업 산출량의 증가, 위생의 개선, 보다 나은 의료 행위의 시작—모두가 코드 발전의 다양한 측면—이 조합된 결과 사망률이 급격히 떨어졌고 이에 따라 인구가 늘어났다. 새롭게 발명된 기계들과 개선된 관행(이 역시 "코드" 때문)으로 농업에서 육체노동의 필요성이 감소했고, 도시화가 빠르게 강화되고 인류의 인지 잉여(cognitive surplus, 사람들이 자신의 여가 시간을 이용해서 만드는 새로운 사회적 자원 - 옮긴이)는 증가했다. 인구가 밀집된 곳에서 사는 사람들의 숫자가 크게 늘어나면서 코드의 발전이 가속되었다.[20]

20세기까지 계속된 코드 발전으로 인해 필연적으로 정부 관료 조직과 많은 사람을 고용하는 대기업이 나타났다. 이러한 조직은 한 사람이 제어할 수 있는 역량을 넘어서는 복잡한 코드를 실행했다. 인간은 그런 크고 복잡한 조직의 일을 구조화하기 위해서, 인류의 역사 내내 해 왔던 장인들의 품목(trades)이 아니라, 구체적인 업무로 규정된 역할로 직업을 정의하기 시작했다. 우리는 이렇게 업무로 규정된 역할을 "노동(job)"이라고 부른다. 노동은 장인들의 품목과는 전혀 달랐다. 노동은 대부분 성문화되지 않은 채 계승되는 생산 관행을 영속시키고 발전시키려는 목적보다는, 조직의 운영을 최적화하려는 목적에서 고안되었다. 이런 식으로, 중세 농업 경제를 정의했던 장인, 농노, 상인 들은 거대한 기업 주체가 운영하는 복잡한 알고리즘의 하위 규칙을 수행하는 노동자들이 특징인 산업 경제의 질서에 의해 대체되었다. 따라서 "조직인(Organization Man)"이 생겨나게 되었다.

코드가 발전하면서, 즉 경제의 단순성이 복잡성으로 진화하면서 두 가지 획기적 변화가 나타났다.

하나는 개인적으로 그리고 집단적으로 우리의 능력이 성장한 것이다. 예를 들어, 우리는 이제 날 수 있다. 나는 가장 빠른 경주용 마차보다 몇 배는 빠른 속도로 멀리 이동하면서 구름 위에서 컴퓨터(그 역사와 운용에 대해서는 이 책에서 이후에 설명할 것이다.)라고 알려진 매우 진화된 주판을 이용해서 바로 이 단어들을 코드화하고 있다. 이것은 인상적인 업적이다. 우리는 전 세계 어디의 사람과도 대화를 나눌 수 있다. 곰팡이를 원료로 만든 소량의 백신으로 우리의 몸을 공격하는 극히 작은 "적"들을 물리친다. 달걀을 이용해서 마요네즈라고 알려진 맛있는 소스를 만들 수 있다(7장 참조). 이게 전부가 아니다.

코드의 발전과 연관된 또 하나의 획기적 변화는 수천 년 동안 코드화되지 않은 문화적 규범으로 우리 자신이나 우리가 직접 속한 혈통적 공동체가 보유하고 있던 지휘권과 자치권을 점차적으로 다른 사람들 —그리고 코드 자체—에 양도해 왔다는 점이다. 이제 우리는 성문화된 법과 규칙을 따른다. 우리는 명령을 따른다. 우리는 선출된 공직자들을 존중하고(마음으로는 늘 그렇지 않을지라도 행동으로는) 선출된 공직자들은 선거 과정을 존중한다(행동으로는 늘 그렇지 않을지라도 마음으로는). 우리는 노동을 한다. 우리는 더 이상 나만의 우물이나 나만의 장원(대부분의 경우)을 갖지 못한다. (나를 포함해서) 우리 대부분은 사냥하는 법을 잊었다. 우리는 생존을 위해서 다른 사람들이 제공하는 서비스에 점점 더 많이 의존한다. 이렇게 우리에게 서비스를 제공하는 사람들 역시 점점 많은 권위를 코드에 양도하고 있다.[21]

우리는 점점 더 큰 권한을 가지는 동시에 점점 더 많은 권한을 잃어 가고 있다. 점점 취약해지는 동시에 점점 전능에 가까워지고 있다. 모두가 코드의 발전 때문이다.

코드 발전의 영향은 이러한 이중성을 반영한다. 대체로 수천 년에 걸친 코드의 발전은 몹시 긍정적인 결과를 냈다. 지금 우리의 큰 마을들에는 4만 년 전 지구 전체에 살던 사람보다 훨씬 많은 사람들이 살아가고 있다. 우리는 이 거대한 마을을 "도시(city)"라고 부른다. 전 세계 거의 어디에서든 태어난 아기의 기대 수명은 겨우 200년 전 같은 장소에서 태어난 아기의 두 배이다. 거의 언제 어디서나 우리는 100년 전 인류 전체가 가지고 있던 것보다 훨씬 방대한 지식과 큰 계산 능력에 접근할 수 있다. 그리고 이 모두를 말 그대로 손 안에서 해결할 수 있다.

코드의 발전에는 부정적인 결과도 따른다. 코드를 통해서는 인간적 속성을 완벽하게 표현하지 못하는 점이 가장 중요할 것이다. 코드가 도덕보다 우선시되는 경우 끔찍한 결과—"나는 명령을 따랐을 뿐이다."—가 따를 수 있다. 더구나, 코드의 운용이 모든 곳에서 반드시 사회 조직의 전임자, 즉 폭력보다 공평한 결과를 내는 것은 아니다. 코드 경제에서 코드를 만들고, 저장하고, 강화하는 사람들은 코드를 실행하는 사람들보다 더 많은 힘을 가진다. 코드를 실행하는 사람들은 코드에 의해 배제되는 사람들보다 더 많은 혜택을 누린다. 이런 이유 때문에 코드의 발전을 유지할 기회와 능력을 가진 사람들은 그렇지 않은 사람보다 사회에 기여할 가능성이 훨씬 더 크다.[22]

좋든 나쁘든, 인류와 코드는 공진화하고 있다. 우리가 "경제"라고 부르는 것은 반드시 두 가지를 아우른다.

홉스가 코드를 저장하고 전달하는 구전(口傳)의 힘을 과소평가한 면은 있지만, 인간 사회가 유럽의 계몽주의 시대까지 체계적으로 코드를 만들고 코드에 접근하는 방법을 개발하지 못했던 것은 사실이다. 마을이 출현하고 오랜 시간이 지난 후에도 공동체들은 비교적 작은 규모로 유지되었고 드문드문 분포되어 있었다. 이는 일을 하는 새로운 방식을 시도하는 사람들이 거의 없었고 그런 새로운 방법을 공유할 기회도 적었다는 것을 의미한다. 5,000년 전 문자가 발명되었지만 세상 사람들의 대부분이 글을 읽고 쓸 줄 알게 된 것은 겨우 1세기 전이다.

그 결과, 코드는 더디게 발전했다. 첫 번째 마을이 형성된 후 1만 4,000년 동안, 인간의 기대 수명은 거의 꼼짝하지 않았고 세계 인구는 천천히 늘어났다. 기원전 1세기부터 18세기 말까지, 경제와 인구의 성장률은 연간 0.1퍼센트를 훨씬 밑돌았다.

예상과 다르게, 인간의 경험 면에서 상대적으로 정체된 이 수천 년 동안 인류 최고의 창조물들이 많이 만들어졌다. 문자, 십진수, 대수학, 물방아, 아스트롤라베(astrolabe, 과거 천문 관측에 쓰이던 장치 – 옮긴이), 안경, 기계식 시계, 인쇄기, 돛이 여러 개 달린 배, 환어음 등 여기에서 다 나열할 수 없는 발명품들이 등장했다. 이러한 기술 발전은 코드의 발전을 수반했고, 코드의 진화는 인간의 능력을 계속해서 확장시켰다. 이러한 발전은 지난 두 세기 동안 보아 온 인간 환경의 급속한 변화에 토대가 되기도 했다.

다음 장에서는 다른 어떤 것보다 인간의 발전을 앞당긴 인간의 두 가지 창조물, 문자와 도시에 초점을 맞추기로 한다.

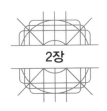

2장

코드
"이것이 절차다"

문명은 생각 없이 처리할 수 있는
연산들의 수를 늘림으로써 진보한다.
– 앨프리드 노스 화이트헤드, 『수학이란 무엇인가』, 1911 –

문자와 도시는 분명 인류 최고의 창조물이다. 둘은 수천 년 동안 인류의 행복을 도왔다. 문자는 코드화 과정에 사용되는 모든 도구—정, 스타일러스 펜, 인쇄기, 디지털 컴퓨터— 를 뛰어넘는 혁신이며, 도시가 물리적 측면에서 건물이나 도로를 초월한 혁신인 것과 마찬가지이다. 그 자체가 코드의 하나인 문자를 통해 인간은 코드를 소통시킬 수 있다. 도시들은 코드의 진화와 더불어 성장한다.

수메르인들이 글을 "저장"하기 위해 도구를 사용한 것은 이집트인들이 파피루스 두루마리를, 유럽인들이 종이를 사용한 것보다 앞선 일

그림 2.1 가장 오래된 요리책. 고바빌로니아 시대(기원전 1750년경)의 이 평판에는 25가지 스튜 요리법이 적혀 있다. 21개는 고기 스튜이고 4개는 야채 스튜이다.
© 근동 콜렉션, 예일대학교(YBC 4644). http://www.library.yale.edu/neareast/exhibitions/cuisine.html 참조. 예 일대학교의 허락을 받아 인용함.

이다. 그들은 돌이나 진흙으로 만든 평판을 사용했다. 100여 년 전 고대 메소포타미아 평원(현재의 이라크)에서 수메르 사람들의 상형문자와 설 형문자를 발견한 이래 대규모 발굴로 25만 개의 평판과 평판 조각(그림

2.1 참조)을 찾아냈다. 학문적 연구는 주로 문학적인 내용을 담은 이 평판의 약 1퍼센트에 집중되어 있다. 영수증, 매매 계약서, 노동자 명단, 급료, 자연 자원, 어휘 목록 등 경제 활동과 연관된 절대 다수의 평판들은 거의 관심을 받지 못하고 있다.[1] 발견된 경제 관련 평판과 문학 관련 평판의 비율이 실제로 만들어진 평판의 비율을 정확하게 반영하고 있다면, 이들 평판은 수메르인들이 세계 최초의 문자체계는 물론이고 세계 최초의 대규모 데이터베이스 기술을 창안했다는 것을 암시한다.

데이터베이스 기술로서 문자의 발전 과정은 이후의 기술 발전에서 발견되는 많은 패턴들을 반영한다. 우선 첫째로, 그것은 불연속적, 점증적 학습이 이루어졌다는 증거를 제공한다. 기원전 3200년에서 기원전 1500년 사이에, 문자는 여러 차원에서 향상되었다. '불라이(bullae)'라고 알려진, 초기에 작은 바위나 돌 표면을 파서 만들었던 표시는 이후 점토판에 새겨졌다. 그에 따라 돌에 글자를 새길 때 사용되던 정이 갈대 바늘로 대체되었다. 처음에는 햇빛에 말렸던 판은 이후 가마에 넣고 구워 강도를 높였다. 가마 기술도 물건을 굽기 위한 원시적인 구조에서 고온의 오븐으로 극적인 변화를 겪었다. 같은 기간 동안, 점토판을 코드화시키는 방법도 진화해서 보다 효율적인 정보 입력이 가능해졌다. 대체로 기원전 3000년에서 기원전 2000년 사이에, 그림으로 된 기호는 초기 설형문자라고 알려진 곡선으로 된 기호로 대체되었고, 이후 뾰족하게 각진 설형문자가 그 자리를 차지했다.

기술이 진화함에 따라, 인간의 일자리도 그와 함께 진화했다. 시간이 지나면서 평판에 글을 새기는 작업이 기술의 수준에 따라 구분되었다. 필경사에 대한 초기의 언급은 '두브사르(Dub-sar, "서기")'에 그쳤지만 이후 '두브사르마(Dub-sar-mah, "서기관")'라고 하는 베테랑 필경사들로 이루어진 하위 집단이 언급되었고, 그 후에는 '두브사르갈(Dub-sar-lugal, "최고서기관")'이라는 고위급 집단이 나타났다. 수메르 시대 말기 일부 필경사들이 문학적 글쓰기를 전문으로 한 반면, 나머지 필경사들은 계속해서 경제적인 정보를 기록했다는 증거가 있다. 필경사 조직은 작은 "기록보관소"에서 시작해 기원전 1700년에는 점(占)에서부터 연역적 추론(과학의 초기 형태), 법률 규정에 이르는 다양한 형태의 논문과 문학 작품을 생산하는 거대한 초기 대학으로 성장했다.[2]

그러나 수메르 문자의 가장 획기적인 점은, 간단한 연상 기호 — 회계를 위한 그림 기호로 처음 사용되었다 — 에서 음성언어의 표음체계인 음절문자로 인식이 도약했다는 것이다. 음절문자를 통해 보다 복잡한 메시지를 만들어 엄청난 양의 정보를 설명할 수 있게 되었다. 예를 들어, 소의 상징은 소를 의미하는 설형문자가 되고, 나중에는 그저 음성을 표시하는 기호가 되었다. 즉 "아브(ah-b)"라는 수메르 문자는 더 이상 "소"를 의미하는 것이 아니라, 일련의 기존 규칙에 따라 다른 음성 기호와 결합할 수 있는 음성 기호가 되었다.[3] 이는 수메르 "정보 체계"에서 대단히 획기적인 지적 진보였다. 이 수메르의 정보 체계는 이후 오랜 세월에 걸쳐 아카드와 바빌로니아를 비롯한 다른 메소포타미아 사람들과 문화에 의해 모방되었다.[4]

이런 혁신이 누적된 결과, 점토판의 생산 비용은 낮아지고, 각 점토판에 저장된 정보의 밀도는 높아졌다. 이것은 7장에서 자세히 논의하게 될 현상, 조직 학습 곡선의 초기 사례이다.

평판을 만드는 것 자체가 생산 기술, 특히 강력한 생산 기술이었다. 평판을 통해 사람들이 다른 생산 기술을 코드화시킬 수 있었기 때문이다. 가장 오래된 것으로 알려진 평판(기원전 3700년)에는 맥주의 제조법이 담겨 있다. 이후의 평판(기원전 1700~1500년)에는 여러 대수 연산의 알고리즘이 들어 있다. 수학자인 도널드 크누스(Donald Knuth)가 1972년 발표한 바빌로니아의 알고리즘에 대한 논문에서 설명한 것처럼, 이 알고리즘의 각 연산은 "이것이 절차다."라는 말로 끝난다(따라서 이 장의 부제로 삼았다).[5] 이런 의미에서 초기 문자 체계는 인공적 산물이자 알고리즘이라는, 코드가 가진 이중적인 성격을 명확하게 구현했다.

문자의 창안으로 인류는 첫 번째 정보 혁명을 경험했다.

문자가 인류 최초의 대도시, 즉 기원전 4000년대 말 지구상에서 가장 큰 정주지였던 메소포타미아 도시 우루크에서 비롯되었다는 것은 놀라운 일이 아니다.[6] 유프라테스 강의 지금은 말라 버린 옛 물길에 자리 잡은 우루크가 극히 이례적으로 농업 생산량이 많은 지역에 위치했던 것 역시 놀라울 것이 없는 일이다. 여기에서 흥미를 끄는 의문이 생긴다. 메소포타미아 사람들이 알고리즘의 한계를 넓힐 수 있었던 것이 풍족한 농작물 때문일까 아니면 다른 이유가 있는 것일까? 제인 제이콥스(Jane Jacobs)가 1969년 발표한 책, 『도시의 경제(The Economy of Cities)』에서 던진 의문이 바로 이것이다.

제인 제이콥스는 도시에 활력을 불어넣는 조건들을 찾아서 고취시키는 일에 헌신한 저널리스트이자 도시 운동가였다. 뉴욕 그리니치빌리지에 오랫동안 거주했던 그녀는 당시의 "도시 재개발"을 거리낌 없이 비판했다.[7] 1968년 제이콥스는 워싱턴스퀘어파크가 포함된 맨해튼 남부를 지나는 고속도로 건설 계획에 대한 공청회 도중 체포되었다. 이 계획은 저지되었지만 그동안의 싸움에 지친 제이콥스는 가족과 함께 토론토로 이주했다. 그녀는 여생 동안 그곳에서 살면서 자신이 선택한 새로운 고향에서 도시의 유기적 개발을 옹호하는 활동을 이어 갔다.

제이콥스는 글과 강연을 통해서 현대적 도시 개발에 대한 전형적인 견해들에 이의를 제기했을 뿐 아니라, 역사 이래 계속되어 온 도시의 기원과 성장에 대한 관습적인 사고방식도 뒤집었다. 『도시의 경제』에서는 "여러 분야의 기존 연구들은 도시가 농촌의 농업적 기반을 토대로 존재한다고 생각한다."라고 썼다.[8] 그녀는 도시를 단순히 농업에 의해 유지되는 거대한 촌락으로 보는 것이 심각한 오류이며, 도시는 농업 생산의 수혜자가 아니라 원천이라고 주장했다. 제이콥스는 도시의 지식이 실용적인 아이디어와 물질적인 제품으로 구현됨으로써, 농업 생산성에 핵심적인 역할을 한다고 강조했다.

오늘날 세계에서는 도시에서 생산되거나 이식된 다양한 상품과 서비스 없이는 농업 생산성이 나타나지 않는다는 것을 손쉽게 볼 수 있다. (……) 비료, 기계, 전력, 냉장 장비, 동식물 연구의 결과 등 도시에서 개발된 유무형의 상품이 그것이다.[9]

12세기 동안 유럽의 농업 생산성이 급격히 증가한 주요 요인인 삼포식 윤작 체계는 "도시를 중심"으로 했다. 사료 작물을 경작하고, 그것을 윤작의 쉬는 해에 들어맞게 하는 관행도 마찬가지였다. 이러한 혁신은 도시에서, 혹은 도시를 중심으로 개발되었고 이후에 농촌 지역으로 전해졌다.

제이콥스는 역사를 더 거슬러 올라가 현재의 터키 코니아 평원에 있었던 가장 오래된 도시 차탈회위크(Çatalhöyük)의 기원을 추측했다. "우리의 먼 조상은 단순히 이전에 하던 일을 더 많이 함으로써, 즉 더 많은 야생 씨앗과 견과를 쌓아 올리고 더 많은 야생 들소와 거위를 도살하고, 더 많은 창촉, 목걸이, 끌, 불을 만듦으로써 경제를 확장한 것이 아니었다. 그들은 새로운 일을 추가함으로써 경제를 성장시켰다. 우리도 마찬가지다."[10] 새로운 일의 창출은 과거에도 그리고 지금도 경제 발전의 강력한 동인이다. 새로운 일 — 새로운 생산 레시피 — 이 만들어질 때마다, 그것이 노동 분배의 새로운 가능성을 만들어 낸다. 제이콥스에 따르면, 새로운 레시피의 창출과 그 레시피를 수행하는 데 필요한 노동 분배 사이의 상호작용은 장기적인 도시 발전을 뒷받침하는 내적 동인이다.

지난 25년 동안, 도시의 개발에 대한 제이콥스의 견해는 도시 계획 전문가, 에드워드 글레이저(Edward Glaeser)와 리처드 플로리다(Richard Florida), 노벨상을 수상한 거시경제학자, 로버트 루카스(Robert Lucas) 등 저명한 경제학자들이 수행한 연구의 지지를 받았다. 그러나 도시의 성장이 근본적으로 알고리즘적, 유기적 과정이라고 하는 제이콥스의 핵심 주장을 가장 흥미롭게 뒷받침한 연구는 경제학자가 아닌 뉴멕시코 산타페 연구소(Santa Fe Institute)에 연관된 과학자들의 학제간 연구팀에서 나왔다. 루이스 베텐코트(Luís Bettencourt), 호세 로보(José Lobo), 디르크 헬빙(Dirk Helbing), 크리스티안 퀴네르트(Christian Kühnert), 제프리 웨스트(Geoffrey West)가 그들이다. 여기에서는 그들을 산타페 팀이라고 부르기로 한다.[11]

산타페 팀은 도시 성장의 모형화에 결정론적인 접근법을 택한다. 자유 의지와 인간의 힘이 사회적 성과를 내는 데 중심적인 역할을 한다고 믿는 사람들에게는 아주 걱정스러운 것은 아닐지라도 직관적이지 않게 느껴지는 접근법이다. 그러나 그들의 모델은 많은 도시의 데이터와 놀라울 만큼 지속적으로 일치한다.

그들이 연구를 시작하게 된 것은 자극적인 의문 때문이었다.

에너지와 자원의 소비자이며 제품, 정보, 폐기물의 생산자인 도시는 곧잘 생물학적 개체에 비교된다. (……) 최근에는 도시를 "생체시스템" 혹은 "유기체"에 비교하기도 하며 도시 "생태계"와 도시 "대사(代謝)"라는 개념도 사용한다. 이러한 용어들이 그저 정성적인 비유일까 아니면 사회 조직이 생물과 유사한 원칙과 제약을 가지고 있음을 시사하는 정량적이고 예측 가능한 실재가 있을까?[12]

산타페 팀은 이 질문에 답하기 위해 생물과학에서 잘 알려진 연구 결과를 참조했다. 생물의 신체 질량과 대사 속도 사이의 반비례 관계에 관련된 연구였다. 기본적인 아이디어는 몸집이 큰 생물일수록 대사 속도가 느리며 따라서 신체 질량 1그램당 필요한 식량의 양이 적어진다는 것이다. 쥐가 코끼리와 같은 크기이면서 쥐의 대사 속도를 유지하려면 실제 코끼리가 생존하기 위해 섭취하는 칼로리의 약 20배가 필요할 것이다.[13] 코끼리나 인간을 포함한 대형 포유류는 큰 포유류와 작은 포유류 모두가 공통적으로 가지고 있는 내부 분기 구조 덕분에 비교적 큰 크기로도 생존할 수 있다. 내부 분기 구조는 순환계를 구성하는 혈관이나 폐를 구성하는 기관지처럼, 효과적으로 영양을 공급하고 폐기물을 제거하는 체제이다.

산타페 팀은 영양을 공급하고 폐기물을 제거하는 도시의 "대사" 과정에 대한 지표를 볼 때, 도시가 생물과 매우 흡사하다는 것을 발견했다. 예를 들어 교통 체제는 혈관이나 기관지와 아주 비슷한 분기 구조를 가지고 있다. 하지만 코드의 생산과 전파를 반영하는 지표를 보면, 도시는 생물과 근본적으로 다르다. 인구와 도시 "대사"—임금, GDP, 전력 및 휘발유 소비량, 도로의 전체 표면적 등—를 기반으로 도시의 크기를 측정한 산타페 팀은 "영양" 공급 및 폐기물 제거에 대한 지표들과 도시의 크기 간에 체계적 관계가 있음을 발견했다. 또한 그들은 이러한 관계의 규모가 엄청나다는 것도 발견했다. 그렇지만 대사 지표는 도시의 크기가 성장하는 속도를 따라가지 못하는 반면, 코드의 창출과 전파에 관련된 지표들은 도시의 크기보다 훨씬 빠르게 증가한다. 따라서 산타페 팀은 "도시에는 그 크기를 조정하는 두 가지 다른 현상 즉, 인프라 망으로 나타나는 물질 경제의 변동, 그리고 혁신과 부를 창출하는 사회적 상호작용이 있다."라고 결론지었다.[14] 간단히 말해, 도시가 성장하면 할수록 아이디어의 창출은 가속되는 반면에 새로운 인프라 비용은 최소화된다(표 2.1 참조).

유기체들이 갖고 있는 이런 거시적 반비례 관계에서 출발하면, 결국 도시의 진화에 대한 대답보다는 의문이 더 많이 제기된다. 대도시는 어떤 기제를 통해서 작은 도시에 비해 특히 많은 혁신과 부를 만들어 내는 것일까? 산타페 팀이 사용한 거시경제적 측정치는 제인 제이콥스가 강조하는, 일이 일을 만들어 내는 미시경제적 역학과 어떤 관계가 있을까? 어쨌거나 제이콥스와 산타페 팀이 하는 주장의 공통점은 명확하다. 장기적인 경제 발전 과정은 토지나 자연 자원에 의해 주도되는 것도, 인프라나 자본에 의해 주도되는 것도 아니다. 이는 필연적으로, 경제 안에서 실행되는 아이디어에 의해 주도된다. 달리 표현하자면, 장기적인 경제 발전의 과정은 코드가 주도한다.

코드는 플랫폼을 필요로 하며, 플랫폼은 운영 체계를 필요로 한다. 도시는 이 두 가지를 모두 제공한다. 그렇지만 도시에서 코드는 그저 운용되기만 하는 것이 아니라, 어느 면에서는 문자 그대로 살아 있다는 것이 확인된다. 9장에서는 도시가 살아 있다는 것이 어떤 의미인지 자세히 설명하고 플랫폼이 시간이 지남에 따라 어떻게 창조, 진화하는지 명확하게 밝힐 것이다. 지금은 이 장 도입부에 인용한 수학자이자 철학자인 앨프리드 노스 화이트헤드(Alfred North Whitehead)의 말,

표 2.1 도시 지표 vs 도시 크기의 측정치

Y	β	95% CI	Adj-R^2	측정치	국가, 연도
새로운 특허	1.27	[1.25,1.29]	0.72	331	미국 2001
발명가	1.25	[1.22,1.27]	0.76	331	미국 2001
민간 연구 · 개발 고용	1.34	[1.29,1.39]	0.92	266	미국 2002
"수퍼크리에이티브" 고용	1.15	[1.11,1.18]	0.89	287	미국 2003
연구 · 개발 시설	1.19	[1.14,1.22]	0.77	287	미국 1997
연구 · 개발 고용	1.26	[1.18,1.43]	0.93	295	중국 2002
임금 총액	1.12	[1.09,1.13]	0.96	361	미국 2002
은행 예금 총액	1.08	[1.03,1.11]	0.91	267	미국 1996
GDP	1.15	[1.06,1.23]	0.96	295	중국 2002
GDP	1.26	[1.09,1.46]	0.64	196	EU 1999-2004
GDP	1.13	[1.03,1.11]	0.94	37	독일 2003
총 전력 소비	1.07	[1.03,1.11]	0.88	392	독일 2002
새로운 AIDS 발병	1.23	[1.18,1.29]	0.76	93	미국 2002-2003
강력 범죄	1.16	[1.11,1.18]	0.89	287	미국 2003
총 주택	1.00	[0.99,1.01]	0.98	331	미국 2001
총 고용	1.01	[0.99,1.02]	0.98	331	미국 2001
가구당 전력 소비	1.00	[0.94,1.06]	0.88	377	독일 2002
가구당 전력 소비	1.05	[0.89,1.22]	0.91	295	중국 2002
가구당 물 소비	1.01	[0.89,1.11]	0.96	295	중국 2002
주유소 수	0.77	[0.74,0.81]	0.93	318	미국 2001
휘발유 판매	0.79	[0.73,0.80]	0.94	318	미국 2001
전기선 길이	0.87	[0.82,0.92]	0.75	38	독일 2002
도로 표면적	0.83	[0.74,0.92]	0.87	29	독일 2002

CI = 신뢰구간; Adj-R^2 = 수정 R^2, GDP = 국내 총 생산

이 표는 도시 크기의 변화에 따른 다양한 도시 지표의 측정치(두 번째 열의 매개변수 β)를 보여 준다. 1보다 큰 β의 크기는 문제의 지표가 도시의 크기에 비해 '더 많이' 증가한다는 것을 의미한다. 1에 가까운 β의 크기는 이 지표가 도시의 크기에 비례해서 증가한다는 것을 의미한다. 1보다 작은 β의 크기는 해당 지표가 도시의 크기에 비해 '적게' 증가한다는 것을 의미한다. 지식 생산 지표(위 여섯 줄)는 도시 크기의 증가에 비해서 더 많이 증가하는 반면, 운송과 전기 인프라 지표(아래 여섯 줄)는 도시 크기의 증가에 비해 적게 증가한다.
출처: 베텐코트 등, 2007.

"문명은 생각 없이 처리할 수 있는 연산들의 수를 늘림으로써 진보한다."라는 말을 다시 언급하는 것으로 충분하다.[15] 화이트헤드는 근본적이고 중요한 점을 짚어 냈다. 생물학적 진화와 사회적 진화는 다음과 같은 규칙에 따라 이루어진다. 보다 쉬운, 적어도 보다 근본적인 문제들이 우선 해결된다. 쉬운 문제들에 대한 해법은 도로, 하수관, 전력망 같은 하드웨어로 코드화되고, 이것은 다시 이후에 더 복잡한 문제를 해결하기 위한 기반이 된다.

문제를 해결함으로써 쌓아 올린 역사의 층위가 대도시를 규정한다. 우리는 조상들의 독창성을 발판으로 삼아 진보하며, 그렇게 했다는 사실을 잊어버린다. 예를 들어, 촌락에 살던 신석기 시대의 사람들은 돌로 효과적인 사냥 도구를 만들어야 하는 문제를 해결한 반면, 21세기의 인간들은 휴대전화의 앱을 프로그래밍해서 운행 자료를 전송한다. 흑요석 도끼와 아이폰 앱 사이에는 해결된 문제들이 층층이 쌓여 있다. 지금 세대가 해결한 문제들은 미래 세대가 문제를 해결하기 위한 발판이 된다.

플랫폼으로 코드화하는 과정은 긍정적인 면을 많이 가지고 있지만, 언제나 필연적으로 정보의 손실이라는 결과를 낳는다. 더구나 플랫폼의 출현은 어떤 측면에서 자율성을 감소시킨다. 플라톤은 글쓰기에서도 이런 점을 느꼈다. "소크라테스는 이렇게 말했다. 파이드로스, 나는 글쓰기가 불행히도 그림 그리기와 비슷하다는 느낌을 지울 수 없네. 화가의 창작물들에는 삶에 대한 태도가 담겨 있지. 하지만 질문을 던지면 창작물들은 근엄한 침묵만을 지키네. (……) 그들에게 지능이 있다고 생각하고 그중 하나에게 질문을 던진다 해도, 화자는 항상 변하지 않는 한 가지 대답을 할 뿐이야."[16] 2,000년 후, 커뮤니케이션 이론가인 마셜 맥루한(Marshall McLuhan)도 똑같은 지적을 했다. "문자는 시각적으로 분류하고 전문화하는 기술이다. [이는 결국] 분석 데이터의 고갈로 이어진다."[17] 맥루한이 언급한, 문자를 통한 코드의 발전 과정에서 손실된 범위는 우리 인간이 황야에서 마을로, 마을에서 도시로 이동하면서 경험했던 손실과 직접적으로 연관된다. "정보를 위해 구어(口語)에 의존하면서 사람들은 종족이란 그물망에 끌려 들어갔다. (……) 청각과 촉각에 의존하던 부족민은 집단 무의식에 빠져 신화와 의식에 의해 패턴화된 통합적 세계에서 살게 되었다."[18] 문자의 발명을 통한 코드의 발전은 인간의 능력과 인지의 자유를 증가시킴과 동시에 새로운 제약과 정보의 손실을 가져왔다. 이러한 이중적 효과는 코드 발전의 본질적 특성이다.

지난 350년 동안, 새로운 문자 체계가 나타났다. 그것은 단 두 개의 문자, "0"과 "1"로 이루어졌다. 이 문자, 이진법 디지털 코드는 현재 문자의 출현만큼이나 인간의 경험에 근본적인 영향을 주는 변화의 물결을 주도하고 있다.

인류 미래의 플랫폼을 건설하는 이 문자 체계는 어디에서 유래한 것일까? 아이러니하게도 이 문자의 근원은 당시 일부 사람들이 인류가 종말할 것이라고 믿었던 해, 1666년으로 거슬러 올라간다.

다음 장은 이 이야기로부터 시작된다.

기계
"보편 기호"

아무리 복잡한 기계라도 문자 몇 글자로 설명할 수 있고, 그를 통해 기계와 그 모든
부속에 대해 알게 할 수 있다. (······) 인류는 광학 렌즈가 시력을 강화한 것보다
훨씬 더 크게 인간의 힘을 향상시킬 새로운 종류의 도구를 가지게 될 것이다.
– 고트프리트 빌헬름 라이프니츠, 크리스티안 하위헌스에게 보내는 편지에서, 1679 –

1666년 런던은 대화재로 큰 피해를 입었다. 이 불은 9월 3일 일요
일 푸딩레인의 한 빵집에서 시작되었다. 세인트폴 대성당, 왕립 증권
거래소, 중앙 형사 법원을 비롯한 도시 절반이 불에 탔다. 심각한 종교
갈등의 시대에, 그것도 성서에서 큰 의미를 가진 불길한 해, 1666년에
마침 화재가 일어났기에 많은 런던 사람들이 이 화재에 종말론적 의
미가 있다고 해석했다. 기록에 따르면, 청교도 목사인 토머스 빈센트
(Thomas Vincent)는 설교단에서 "지혜와 재주로 유명한 런던이 이번에는
파멸을 막을 두뇌도 손도 찾지 못하고 있다. 여기에는 하나님의 손길

이 닿아 있으며, 런던이 지금 몰락하는 것은 하나님의 뜻이다."라고 말하면서 런던 사람들의 정서를 표현했다.[1]

물론 런던의 몰락은 오래 계속되지 않았다. 산불을 겪고 난 후 거대한 숲이 그렇듯, 이 도시는 화재의 피해로부터 회복되었을 뿐 아니라 더 강해졌다. 물리적인 인프라가 이 도시를 이룬다는 생각은 완전히 틀린 것으로 드러났다. 진짜 도시는 표면 아래에, 즉 "지혜와 재주"를 규정하는 관행, 관계, 능력에 있었다.

런던에서 일어난 사건들은 토머스 빈센트와 청교도 신자들이 믿었던 1666년의 종말론을 뒷받침하는 꼴이 되었지만, 전혀 예측하지 못한 이유로 1666년은 인류에게 중요한 해가 되었다.

같은 해, 고트프리트 라이프니츠라는 이름의 독일 철학자가 「결합법론(De Arte Combinatoria)」이란 제목의 논문을 발표했다. 라이프니츠는 20세에 쓴 박사 학위 논문을 기반으로 삼아 이 논문을 썼다. 「결합법론」에서 라이프니츠는 이진법적 표현을 이용해서 모든 논리를 정확한 진술로 축소하는 방법을 제시했다. 그는 여기에 '보편 기호(Characteristica Universalis)'라는 이름을 붙였다.[2]

> 「결합법론」은 모든 추론의 진상을 일종의 계산으로 축소시킬 수 있는 일반적인 방법을 만드는 것을 목표로 한다. 동시에 추론의 진상은 일종의 보편적인, 하지만 지금까지 예상할 수 있었던 것과는 완전히 다른, 언어 혹은 글로 축소된다. 그 안에 있는 부호와 글은 사유를 지시하며 사실의 오류를 제외한 오류는 계산의 실수

가 된다. 이런 언어 혹은 문자는 사전이 없어도 쉽게 이해할 수 있다는 장점이 있지만 만들기는 대단히 어려울 것이다.[3]

보편 기호를 통해 어떤 개념이라도 몇 가지 기본 개념의 조합으로 표현할 수 있다. 단어가 문자의 조합인 것과 약간 비슷한 방식으로 말이다. 진술은 개념의 조합으로 이루어질 수 있고 그렇게 함으로써 조합의 "발명 논리"—사상의 분류와 재조합을 위한 언어—가 생성된다.

「결합법론」은 라이프니츠가 설명한 이진 코드(binary code)를 기반으로 하는 정보 이론을 제시했다. 역사상 처음으로 디지털 컴퓨팅의 근본 아이디어가 등장한 것이다.

16세기 중엽, 농경 방식에 점진적이지만 보급력이 큰 혁명이 일어나면서, 중세의 사회 질서는 점차 전례 없는 번영과 인구 증가 시대에 자리를 내주게 되었다. 18세기 말, 보상을 바라고 수행하는 "일의 덩어리(jobbe of work)"가 점점 전문화되면서, 그러한 과제를 수행하는 조직 환경이 보다 구조화되고 복잡해졌다. 효율을 높이기 위해서, 노동자들은 점차 권한을 포기했다. 이러한 변화를 주도한 사람 중에 가스파르 클레르 프랑수아 마리 리셰 드 프로니(Gaspard Clair François Marie Riche de Prony)라는 통계학자가 있었다. 그는 유럽 대륙 서쪽 끝에 위치한 산지에 둘러싸인 넓고 비옥한 평원, 프랑스의 지도를 만드는 일을 맡았다.

드 프로니는 매우 난처한 입장에 있었다. 프랑스에서 혁명이 맹위를 떨치면서 바스티유 감옥을 습격한 사건 후 몇 년이 지나지 않은 때에, 세금의 근거가 되는 토지의 정확한 측정을 위해 프랑스의 상세한 지도를 준비하라는 어려운 임무를 맡은 것이다. 기존의 계산 기법에 존재하는 한계를 넘어야 할 정도로 규모가 큰 작업이었다. 어떤 유형의 계산 기계도 출현하기 전인 당시, 계산 작업의 부담을 체계적으로 감소시킬 유일한 방법은 사인, 코사인, 대수와 같이 흔히 사용되는 함수값을 명시하는 수표(數表)를 만드는 것이었다. 따라서 드 프로니는 행정상의 계산을 쉽게 하려는 목적으로 그때까지 아무도 하지 않았던 야심찬 계획에 착수했다. 완벽한 일련의 수표를 만드는 일이었다.[4] 수표를 만들기 위해서 필요한 수많은 계산을 해낼 방법을 찾아야 했다.

당시에 일반적인 기법을 사용해 목표값을 계산하는 교육을 받은 수학자들을 충분히 공급하기란 대단히 힘들었기 때문에, 드 프로니는 필요한 계산을 교육을 많이 받지 않은 사람들도 할 수 있는 개별적이고 반복적인 과제로 분해하자는 생각을 해냈다. 이 프로젝트를 위해 일할 사람을 조달하기 위해서 그는 또 다른 아이디어를 냈다. 실직한 미용사를 고용하기로 한 것이다.

마리 앙투아네트(Marie Antoinette)의 초상화를 보면 루이 14세 치세에는 헤어스타일 기교가 말 그대로 하늘을 찔렀다는 것을 알 수 있다. 베르사이유 창녀들의 정교한 머리 모양은 프랑스 군주제 마지막 날들의 방종을 가장 명확하게 보여 주는 상징이었다. 프랑스 혁명 이후 그런 헤어스타일로 사람들이 있는 곳에 나타나는 것은 머리카락뿐 아니라 머리카락이 붙어 있는 머리까지도 내놓는 일이었다. 결과적으로 조각과도 같은 헤어스타일은 곧 유행에서 사라졌고 그에 따라 그런 스타일을 만들어 내는 숙련된 미용사와 가발 제작자들의 일자리도 사라졌다. 가스파르 드 프로니는 바로 이 사소한 불행 속에서 기회를 발견했다.

프로젝트를 마친 후 그에 대해 회상하면서, 드 프로니는 자신에게 영감을 준 애덤 스미스의 『국부론』을 인용했다.

> 우연히 작가가 핀의 제조를 예로 들며 노동의 분배가 가지는 큰 장점들을 이야기하는 글을 읽었다. 문득 그 방법을 내가 맡고 있는 엄청난 과제에 적용시켜서, 핀을 제조하는 것과 같이 대수표를 만들면 되겠다는 발상이 떠올랐다.[5]

드 프로니가 성취한 업적—유례 없이 큰 규모의 대수표를 작성한 것을 능가하는—은 분업의 원리를 체계적으로 정신노동에 적용시킴으로써 100여 년 후 미래의 사무실 환경을 예측한 것이다(글상자 3.1 참조).

드 프로니가 라이프니츠와 같이 현대의 코드 발전을 가능하게 한 디지털 컴퓨팅 소프트웨어 개발의 선구자였다면, 디지털 컴퓨팅의 하드웨어를 개발한 공로는 또 다른 프랑스 혁명가, 유명한 방직업자이며 군인인 조제프 마리 자카르(Joseph Marie Jacquard)—혹은 조제프 마리 샤를(Joseph Marie Charles)로 알려짐—에게 돌아가야 한다.[6]

1801년, 프랑스 리옹의 실크 직조공들은 그들의 일이 기계로 대체될 것을 두려워하여, 함께 모여서 페달식 직기(織機) 모델을 파괴했다. 제2회 파리 산업 박람회(the Second Paris Industrial Exposition)에서 뛰어난 기술적 성취로 인정받아 동메달을 얻었으며 새롭게 특허까지 받은 직기였다.[7] 이 직기를 발명했던 조제프 마리 자카르는 이후 이렇게 회상했다. "쇠 부분은 중고로 팔리고, 나무는 불쏘시개로 팔렸으며, 나는 온갖 욕을 먹었다."[8] 그 오욕은 오래가지 않았다. 그 자신만이 아니라 세계 전체에 있어 다행한 일이었다. 3년 후 그는 기존 방직기의 제어 기제를 변화시킨 또 다른 직기를 발표했다. 다가올 100년 동안 직조 산업을 지배하고 일과 사회 조직에 지대한 영향을 끼칠 혁명의 씨앗을 뿌리는 성과였다.

기원전 2세기 중국에서 공인기(空引機)가 발명된 후 거의 2,000년 동안, 실크 직조는 따분하고도 까다로운 과정이었다. 무늬를 만들려면 실크를 짜는 사람이 날실(문양을 제자리에 유지하는 평행한 실)을 가닥가닥 들어올려서 각 줄의 씨실(디자인을 만드는 실)이 수직으로 지나가도록 해야 했다. 19세기부터 기계 제조업자들이 특정한 디자인을 짤 수 있는 방직기를 고안해 냈다. 가장자리에 걸이가 있는 막대를 이용해 정확한 순서로 날실의 특정 실을 들어올림으로써 인간의 팔과 손가락을 대체하는 혁신적인 방법이었다. 다만 그런 방직기는 하나의 디자인만 생산하는 고정적인 형태였기 때문에 다른 디자인을 생산하도록 변경시킬 수가 없었다. 프랑스와 유럽 다른 지역에서 중산층이 출현함에 따라 리옹 풍의 실크에 대한 수요는 급격히 늘어났으나 비효율적인 수동 방직기 때문에 실크 생산을 늘려 시장 점유율을 유지할 수가 없었고 그 결과 위기를 맞았다.

조제프 마리 자카르는 기술 혁신을 통해 고향을 구하는 쉽지 않

"사무실"의 탄생

드 프로니가 발전시킨 분업 관리에 대한 체계적인 접근법은 20세기에 이르러 경영과학이라는 이름을 갖게 되었다. 경영과학에 대한 최초의 그리고 가장 유명한 지지자는 부유한 가정에서 태어나 공장에서 자신의 소명을 찾은 프레더릭 윈즐로 테일러(Frederick Winslow Taylor)였다.

필라델피아의 유복한 가정에서 태어나 어린 시절 유럽에서 교육받은 테일러의 부모들은 이후 그를 뉴햄프셔 주의 엑서터에 있는 고급 기숙학교, 필립스 엑서터 아카데미(Phillips Exeter Academy)에 보냈다. 그렇지만 졸업 후 테일러는 엑서터 졸업생들이 밟는 평범한 길에서 벗어났다. 그는 아이비리그 대학 진학도 하지 않았고, 보스턴에 있는 회사에서 일자리를 구하지도 않았다. 그는 유압 작업장의 견습 기술자로 들어가 부모를 경악과 혼란에 빠뜨렸다.

이 공장에서의 경험으로 테일러는 부정적인 만큼 은밀하게 감추어져 있는 노동자들의 습성을 이해하게 되었다. 고도로 조직적이고 꼼꼼한 성격이었던 테일러는 20세기 초 작업 현장의 느슨한 습관과 체계의 부재에 소스라치게 놀랐다. 테일러는 이후 노동자들이 하나같이 "천천히 일을 하면서도 고용주에게는 활발히 일을 하는 것처럼 보이는 방법을 연구하는 데 상당한 시간을 할애한다."라고 주장했다.[9] 그렇지만 테일러는 이것은 노동자의 잘못이 아니라 깊은 생각을 거친 경영 기법이 부족한 탓이라고 결론지었다. 테일러는 경영의 핵심은 "노동(job)"을 구성하는 업무들을 정확하게 규정하는 능력이라고 단정했다.

특히 테일러는 노동자들이 자신들의 일을 이루는 업무들을 스스로 규정하게 두어서는 안 되며 노동자들이 업무를 수정하는 것은 절대 있을 수 없다는 강한 신념을 가지고 있었다. 그는 자유재량은 과학적으로 결정된 일과, 즉 코드에 철저히 귀속되어야만 한다고 주장했다. 그러한 일과를 규정하는 것은 경영진에게 다른 어떤 것보다 중요한 과제였다. 테일러는 이렇게 적었다.

> 방법의 강제적인 표준화, 최선의 도구와 작업 환경의 강제적인 채택, 강제적인 협력을 통해야만 빠른 작업을 보장할 수 있다. 표준을 채택하고 협력하도록 강제하는 임무는 전적으로 경영진의 몫이다.[10]

테일러는 노동자의 자유재량을 없애는 것이 현대적인 조직의 효율을 달성하는 데 꼭 필요한 요소라고 생각했다. 그는 효율이 생산의 "방법"―수행되는 구체적인 작업―에 직접적으로 연관된다고 믿었다.

테일러의 제자인 W. H. 레핑웰(W. H. Leffingwell)은 테일러의 방법론을 공장에서부터 점차 중요성이 커지고 있는 작업 영역, 즉 사무실로 확장하는 일에 나섰다. 레핑웰은 엄청난 분량을 자랑하는 두 권의 책을 통해 20세기 초반 사무실의 심각한 비효율을 관찰하고 과학적 경영 원칙의 시행이 사무실의 생산성을 어떻게 개선할 수 있는지 매우 상세하게 기술했다.

니킬 사발(Nikil Saval)은 자신의 계시적인 책, 『큐브: 작업 공간의 비밀스런 역사(Cubed: A Secret History of the Workplace)』에서 "레핑웰의 논문은 업무와 시간 연구의 무한한 세분화에 대한 테일러주의자들의 광기를 보여 줄 뿐 아니라, 사무실 생활 자체가 완전히 새로운 것이라는, 즉 관리자들이 사무실을 어떻게 조직하고 운영해야 하는지 거의 알지 못한다는 사실을 무의식적으로 드러낸다."라고 말한다.[11] 멜빌(Melville)의 『필경사 바틀비(Bartleby the Scrivener)』나 찰스 디킨스(Charles Dickens)의 『크리스마스 캐롤(A Christmas Carol)』의 독자들에게 친숙한 19세기식 "회계 사무소(counting house)"는 공장들만큼 중요하고 새로우며 생산성 있는 작업 영역으로 탈바꿈하였다. 사발에 따르면, "자체적인 규칙과 분위기와 문화가 있는 별개의 세계라는 '사무실'의 개념이 경영진의 지시 하에 정당화되고 있었다. 사무실은 더 이상 공장이나 현장에서 진행되는 '진짜 작업(real work)'에 기생하는 서류 창고가 아니라 진짜 작업이 실제로 이루어지는 곳이 되었다."[12]

은 도전에 나섰다. 그는 스무 살의 나이에 아버지의 실크 직조 사업을 물려받았지만 잘 운영하지 못해서 유산을 모두 날려 버렸다. 그는 한동안 노동자로 일했지만 프랑스 혁명을 틈타 빈곤한 생활에서 벗어났다. 그는 군인이 되어서 처음에는 잠시 혁명군에 대항해 싸웠지만 이후 노선을 바꾸어서 그들에 동참하여 싸웠다. 자카르는 47세가 되어서야 방직기를 개선하는 일을 시작했다. 그가 살던 시대 프랑스 남성의 평균 수명을 이미 지난 나이었다. 하지만 발명에 전념한 자카르는 곧 그의 소명을 발견했다.

이전까지 방직기의 자동 기능은 고정 패턴만 만들어 냈지만, 자카르는 적절하게 뚫린 구멍이 있는 나무 카드를 이용해서 비교적 쉽게 프로그램을 바꿀 수 있는 방직기 조종 기능 — 천공 카드라고 알려진 기술—을 기존 기능에 결합시켜 혁신을 이루었다. 직조 과정의 매 단계에서 끝에 고리가 달린 여러 개의 막대가 그 단계에 지정된 천공 카드로 내려간다. 구멍이 있는 곳에서는 막대가 카드 구멍을 지나 정해진 날실을 들어올리면서 씨실을 수직으로 밀어낸다. 구멍이 없는 곳에서는 막대가 저항을 만나서 내려가지 못한다(그림 3.1 참조).

자카르 직기의 가장 중요한 특징은 효율이 좋다는 점이었다. 어떤 복잡한 디자인도 손으로 작업하는 것보다 20배 빠른 속도로 만들어 낼 수 있었다. 1804년, 자카르는 "천공 카드로 날실의 움직임을 조종해 모든 줄의 직조를 통제함으로써 양단을 직조하는 직기"에 대한 특허를 받았다. 다음 해, 새로 왕위에 앉은 나폴레옹 보나파르트(Napoleon Bonaparte)는 자카르의 기술을 공공재로 삼는다는 포고령을 내린 며칠

(a)

(b)

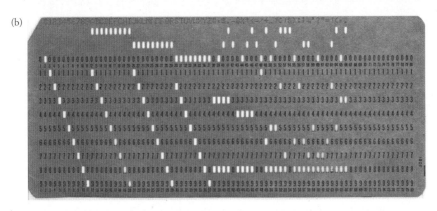

그림 3.1 자카르 직기와 IBM 컴퓨터의 천공 카드. 3.1a. 자카르 직기에 사용되는 천공 카드. 베를린 독일 기술 박물관(German Museum of Technology). 3.1b. 이것은 IBM 스타일 천공 카드의 앞면이다. 로마자 코드를 보여 준다.

후 리옹에 있는 자카르의 작업장을 찾았다. 발명가는 지금 돈으로 한 해 약 10만 달러에 해당하는 연금과 판매되는 모든 직기에 대하여 특허권 사용료를 받았다.

자카르의 발명이 리옹의 실크 방직 산업에 끼친 영향은 갑작스럽고도 대단히 긍정적이었다. 생산 수준과 임금이 극적으로 상승했다. 자카르가 사망하고 6년 후인 1840년, 포티스 백작은 자카르의 업적을 기리는 책에서 "자카르의 발명은 제조업 전반에 혁명을 일으켰다. 그 발명은 과거와 미래 사이를 연결하여 진보의 새 시대를 열었다."[13]라고 말했다. 같은 해, 리옹 시는 자카르의 첫 번째 직조기가 파괴당했던 자리에 그의 동상을 세웠다.[14]

18세기 후반부터 19세기 초반에 생산의 성격에서 나타난 변화는 유럽 정치 체계의 변화를 반영했다. 정치 질서와 제조업에서 코드가 발전하여 인간의 판단과 충동보다 우위에 서게 되면서 왕과 기능공들은 자유재량을 (루이 16세의 경우에는 머리까지) 내주어야 했다. 현대적인 민주주의와 자동화된 생산의 관행이 성숙하기까지 1세기가 넘는 시간이 필요하긴 했지만, 그것이 같은 시대에 같은 장소에서 시작되었다는 것은 우연이 아니다.

프랑스가 혁명의 시기에 코드의 발전을 이끌었지만 영국도 그리 뒤처지지 않았다. 리옹의 시민들이 자카르의 기념물을 세우던 시기, 그의 실용적인 발명은 영국 해협 건너에서도 일련의 새로운 혁신을 초래했다.[15] 이번 주인공은 놀라운 수학자들, 통념을 타파하는 발명가 찰스 배비지(Charles Babbage)와 러브레이스 백작부인 오거스타 에이다 킹

(Augusta Ada King)이었다.

런던은 1666년의 화재 이후 다시 성장하기 시작하면서 점차 주변 도시와 마을을 흡수했다. 티번 강(Tybourne, 이후 Tyburn) 기슭의 번(Bone)에 있는 세인트메리 마을도 그중 하나였다. 이 마을은 왕실에 귀속되었다 빠져나오기를 반복하며 여러 번 명칭이 바뀐 끝에 런던 근린 지역, 매러번이 되었다. 1800년 초, 매러번은 자유분방한 보헤미아 기질과 창의성의 중심지였다. 그 거주민 중 하나가 찰스 배비지라는 이름의 인습 타파주의 발명가였다.

캘리포니아 주의 마운틴뷰에 있는 컴퓨터 역사 박물관에 나열된 배비지의 업적을 보면 기술 백과 항목을 닥치는 대로 읽는 듯한 기분이 든다. 배비지는 등대 신호법을 개척했고, 검안경(檢眼鏡)을 발명했으며, "블랙박스" 녹음기를 이용해 철로의 상태를 모니터하고 참사의 원인을 판단하자는 제안을 했고, 조수의 힘을 이용해서 고갈된 석탄 매장량을 대체하자고 주장했다. 그는 또한 기관차 전반부의 배장기(排障器, 선로의 장애물을 밀어 없애는 데 쓸 수 있도록 기관차 앞에 붙이는 뾰족한 철제 기구 – 옮긴이), 철도 차량의 안전한 급속 분리 결합 기술, 다색의 극장 조명, 고도계, 지진 탐지기, 선박을 물살과 반대로 감아 올리는 예인선, 수중익선(水中翼船), 그와 함께 틱택토 대결을 할 수 있는 최초의 아케이드 게임을 고안했다.[16]

배비지에게 작업 현장의 활동을 상세히 관찰하는 일은 순수 수학을 발전시키는 것만큼 편안하고 즐거웠다. 인공 지능 분야의 선구자로

1978년 노벨 경제학상을 받은 허버트 사이먼은 (글상자 3.2 참조) 배비지를 관찰하고 "레오나르도 다빈치 이래 그 누구보다 세상에 귀감이 되는 삶을 살았으며 기초과학이 실용학문에 기여하고 실용학문이 과학에 기여할 수 있도록 노력한 사람이다. (……) 그는 동시대 어떤 사람보다 열정적인 수학자였으며 한편으로는 제조 기술의 발전, 특히 현대적인 형태와 대단히 가까운 디지털 컴퓨터의 발전에 헌신했다."라는 글을 남겼다.[17]

가스파르 드 프로니가 삼각함수표를 계산하는 데 성공한 것에 영감을 받은 배비지는 드 프로니가 개발한 코드를 기계적인 장치로 구현하려는 시도를 했다. 분업에 대한 대단히 체계적인 접근법으로 인해 드 프로니의 머릿속에서 아이디어가 떠올랐으며, 이는 글로 표현된 규칙 ―"소프트웨어" 형태― 으로 전환되어 실직한 미용사를 이용한 인간 컴퓨터로 이어졌다. 천재적인 기술자였던 배비지는 그 소프트웨어를 차분기관(Difference Engine)이라는 하드웨어로 바꾸었다.[18]

이 비범한 기계는 오늘날 삼각함수표를 계산하는 기발한 기계로서만이 아니라 배비지의 후속 발명품, 해석기관(Anlytical Engine)의 전신으로도 기억되고 있다.

배버지는 매러번의 집에 그가 간신히 완성한 차분기관의 일부를 수년간 전시했다. 이 기계는 그가 연 많은 파티에서 화젯거리가 되었다.[19] 차분기관은 다항함수를 표로 만들기 위해 고안되었다. 다항함수표는 조지 왕조와 빅토리아 왕조 시대의 영국에서 경제적으로 가장 중요한 분야인 항해와 공학에 사용되는 삼각함수표를 만드는 데 유용했다. 그렇지만 차분기관을 완성하기도 전에 배비지의 관심은 보다 야심 찬 프로젝트, 현대적인 프로그램식 컴퓨터의 조상이라 할 수 있는 다목적 문제 해결기, 해석기관으로 옮겨졌다.

배비지는 해석기관에 대한 영감을 다름 아닌 프랑스의 디지털 컴퓨팅 선구자 조제프 마리 자카르로부터 얻었다. 배비지는 복도에서 차분기관을 치우고 그 자리에 자카르의 초상화를 건 뒤 손님들에게 초상화를 어떻게 만들었는지 추측해 보라고 말했다. 웰링턴 공작을 비롯한 대부분의 손님들은 판화로 만들었을 것이라고 대답했다. 배비지는 그런 잘못된 추측에 반색을 했다. 그 초상화는 사실 자동화된 자카르 직기를 이용해 만든 정교한 직조 태피스트리였기 때문이다(그림 3.2 참조). 배비지는 인간이 만든 것과 구분할 수 없는 생산물을 만드는 컴퓨터의 능력이 그가 구상하고 있는 해석기관의 잠재력을 보여 준다고 생각했다.[20]

배비지는 해석기관의 작업을 혼자 진행하지 않았다. 그는 24시간 그의 조수로 일한 한 여성의 도움을 받았다. 아니 사실은 그녀와 공동으로 작업을 진행했다. 그녀의 이름은 오거스타 에이다 킹이었다. 러브레이스 백작부인이나 에이다 러브레이스로 더 많이 알려져 있는 그녀 역시 재능 있는 수학자였다. 1843년 러브레이스 백작부인이 기록하고 배비지가 일부 정보를 추가한 일련의 기술적 자료는 해석기관이 다목적 계산기로서 기능하는 방법을 배버지가 남긴 어떤 글보다 완벽하게 설명하고 있다. 차분기관은 특정한 항해표를 계산하기 위해 고안되었던 반면, 해석기관은 "특정한 함수의 결과를 표로 만드는 데에만 적용하는 것이 아니라 어떤 함수이든 계산해서 표로 만드는 데 적용할

"크리스마스 연휴 동안, 앨과 나는 생각하는 기계를 발명했습니다."

1956년 1월의 어느 저녁, 허버트 사이먼은 아내와 세 아이들을 그가 교수로 재직 중인 카네기멜론 대학교 산업행정대학원의 본인 사무실로 데려갔다. 아주 특별한 프로젝트 수행을 위해 그들의 도움이 필요했기 때문이었다. 그것은 세계 최초로 인간의 지능을 모방하는 프로그램을 실행하는 일이었다. 이 프로그램은 논리 이론가(Logic Theorist, LT)라고 불렸다. 그 달 초, 사이먼은 그가 담당하는 강의의 학기 첫 시간에 들어가서 이렇게 발표했다. "크리스마스 연휴 동안, 앨과 나는 생각하는 기계를 발명했습니다." 그 말은 분명한 사실이었다. 사이먼과 그의 동료, 앨런 뉴얼(Allen Newell)은 고트프리트 라이프니츠가 거의 3세기 전 "모든 추론의 진상이 일종의 계산으로 축소될 것이다."라고 묘사하며 예측했던 미래상을 현실로 옮긴 최초의 사람들이었다.[21]

사이먼의 발표는 조금은 성급했다. LT가 아직 컴퓨터에서 구동되기 전에 발표가 이루어졌던 것이다. 하지만 그가 이후 회상했듯이, 그들은 "프로그램을 어떻게 작성하는지" 정확하게 알고 있었다.

사이먼의 가족이 이 프로그램 개발에 참여한 것은 바로 그 시점이었다.

> LT의 컴퓨터 실행이 완료될 때까지 기다리는 동안, 앨과 나는 색인 카드 위에 영어로 프로그램의 구성 요소들(서브루틴)에 대한 규칙을 썼고 메모리의 내용(논리의 공리)에 대한 카드도 만들었다. 나와 앨은 가족들에게 카드 한 장씩 주고 각 사람이 사실상 LT 컴퓨터 프로그램의 구성 요소—하나의 특정한 기능을 수행하는 서브루틴 혹은 메모리의 구성 요소—가 되도록 했다. 각 참가자가 할 일은 다음 단계의 루틴에서 요구가 있을 때마다 자신의 서브루틴을 실행하거나 자신의 메모리에 있는 내용을 제공하는 것이었다.
>
> 우리는 이렇게 인간을 구성 성분으로 하는 컴퓨터를 통해 LT의 모의실험을 할 수 있었다. 자연이 자연을 모방하는 기술을 모방하는 셈이었다.[22]

이런 식으로 사이먼의 아내(훈련된 수학자가 아닌)와 당시 9, 11, 13세였던 아이들은 앨프리드 노스 화이트헤드와 버트런드 러셀(Bertrand Russell)의 『수학 원리(Principia Mathematica)』에 담긴 첫 스물다섯 개 정리를 증명할 수 있었다. 삼각함수표의 계산이 기계식 계산의 시조가 된 것처럼, 이 정리의 증명은 디지털 계산의 시조가 되었다. 인간 컴퓨터들을 이용해 미래에 중요한 의의를 가지는 개념을 증명한 것이었다. 1956년의 그날 저녁이 인공 지능 분야의 시작점이었다.

A LA MÉMOIRE DE J. M. JACQUARD.

Né à Lyon le 7 Juillet 1752 Mort le 7 Aout 1834

그림 3.2 조제프 마리 자카르. 이 자카르의 초상은 자카르 직기를 통해 실크로 직조된 것(1839)으로 이를 만들기 위해서는 2만 4,000개의 천공 카드가 필요했다. 이 작품은 주문을 통해서만 만들어졌다. 찰스 배비지는 이렇게 만들어진 초상 중 하나를 가지고 있었는데, 여기에서 영감을 받은 배비지는 자신의 해석기관에 천공 카드를 사용하는 아이디어를 생각했다. 이것은 영국 런던 과학박물관(Science Museum)의 소장품이다.
출처: 과학박물관, 런던, 영국.

수 있다. (······) 일정한 매커니즘을 일반 부호(general symbol)에 다양하게 결합시키는 일이 가능하려면, 문제의 운용과 추상적인 정신 작용 사이에 연결 고리가 만들어져야 한다." 러브레이스가 언급했던 "일반 부호"는 라이프니츠가 구상했던 보편 기호와 유사했으나, 이번에는 해석기관을 통한 실제적인 응용과 더 밀접하게 연관되어 있었다. 러브레이스는 컴퓨터에 의해 실행되는 코드, 즉 소프트웨어라는 아이디어를 처음으로 구상했다.

배비지와 러브레이스의 해석기관 연구는 큰 약진을 앞두고 있었지만 그들은 결국 결실을 보지 못하고 운명을 달리했다. 러브레이스는 1851년 서른여섯의 나이에 자궁암으로 사망했다. 배비지는 거의 80세까지 살았지만 실제로 움직이는 해석기관을 만들지는 못했다. 디지털 컴퓨팅에 대한 작업이 다시 본격적으로 진전되기까지 수 세대가 필요했다.

디지털 컴퓨팅의 발전은 부유층이 이용하는 매러번의 살롱에서 이루어졌다. 하지만 최초의 디지털 컴퓨터를 만들었던 사람들의 상황은 가스파르 드 프로니와 좀 더 비슷했다. 정부 관료 조직에서 일했으며 국가의 긴요하고 급박한 책무를 이행하는 데 방대한 계산이 필요해서 개발하게 되었다는 점에서 말이다. 또한 드 프로니가 그랬듯, 최초의 디지털 컴퓨터를 개발한 사람들도 처음에는 많은 수의 인간 컴퓨터들에게 작업을 위임해서 문제를 해결하려 했다.

디지털 컴퓨팅 역사의 첫 장면은 알고리즘의 진화와 일의 진화 사이에 처음부터 존재했던 깊은 관계를 분명히 보여 준다. 다음 장은 디지털 컴퓨터가 지적인 업무를 수행할 때 인간을 능가할 수 있다는 사실이 전혀 놀라운 일이 아님을 보여 줄 것이다.

디지털 컴퓨터는 애초에 그것을 위해 고안되었다.

4장

컴퓨터
날씨의 예측

인간 역사에서 날씨의 예측은 현실적으로 불가능한 일이었다. 1950년 3월 5일 일요일 오후 12시까지는 말이다.

바람과 하늘이 부리는 끔찍한 변덕 때문에 거의 모든 초기 문명들이 기상과 관련된 신들을 만들어 냈고 이에 주술사와 옛 사제들은 고대 사회에서 강력한 사회적 역할을 맡았다. 이집트에서 아멘은 바람과 창조의 신이었고, 안샤르와 안은 메소포타미아의 하늘을 관장하는 신과 여신이었다. 마오리 족에게는 타휘리마테아라는 날씨의 신이 있었고, 고대 그리스에서 올림포스 산의 통치자인 제우스는 신들의 왕이자, 하늘, 천둥, 법, 질서, 운명의 신이었다.

　그렇지만 하늘에 대한 경외와 두려움도, 기상 변화로 인한 피해를 줄이고자 하는 고대인들의 노력을 막지는 못했다.[1] 수메르인들은 거대한 규모의 관개 시설을 설치해서 비를 통제한 최초의 사람들이었다. 이로써 그들은 세계 최초의 도시, 우루크를 만들 수 있었다. 『길가메시 서사시』의 주인공 길가메시가 다스렸던 수도, 우루크는 유프라테스 강 유역에 만들어졌다. 또한 수메르인들은 문자를 발명했고, 세계 최초로 계산 과정을 기호화했다.[2] 가장 권위 있는 수메르 어휘 목록에 정리된 1,255개의 어표(語標)와 2,511개의 복합어 중에서 140개 이상이 물과 관련된다.[3] 유프라테스 강을 수메르어로 '부'(bu, 세차게 움직이다), '라'(ra, 범람하다, 넘쳐 흐르다), '눈'(nun, 위대한, 고귀한)이라는 말이 연결된 '부라 눈'(buranun)이라고 표현한 데에서 홍수에 대한 수메르인들의 집착이 얼마나 대단했는지 알 수 있다. 더구나 현존하는 수메르 평판의 내용 중 상당 부분이 수문학(水文學)과 관련된다. 『길가메시 서사시』에는 대홍수 ― 현존하는 여러 버전 중에는 구약 성서의 대홍수와 비슷한 것도 있다 ― 에 대한 묘사가 있는 것으로 유명하다. 이것은 수메르인들이 물과 날씨에 얼마나 집중하고 있었는지를 더 확실하게 보여 준다.

　우루크의 전성기로부터 거의 3,000년이 지난 때, 아리스토텔레스 가 『기상학』을 저술하였다. 이는 기후 현상을 체계적으로 설명하고자 한 최초의 시도였다. 아리스토텔레스와 동시대인이자 그의 제자로, 아테네에 있던 리케이온 학원의 책임자였던 테오프라스토스는 「바람에 대하여」와 「날씨의 징후에 대하여」라는 제목으로 날씨 예측에 대해 다룬 두 개의 짧은 논문을 썼다. 테오프라스토스의 이 두 논문은 단편적이고 부정확했지만 다음 20세기 동안 날씨를 예측하려는 서구인들의 시도에 틀을 마련해 주었다. 이런 시도는 계몽주의 시대에 에드먼드 핼리(Edmund Halley, 핼리 혜성의 그 핼리)와 조지 해들리(George Hadley)가 기상의 과학적 이해에 대한 기초를 닦을 때까지 계속 이어졌다.[4]

1922년, 기상 이론의 발전은 영국의 수학자이자 물리학자인 루이스 프라이 리처드슨(Lewis Fry Richardson)이 "미래의 언젠가는 날씨가 바뀌는 것보다 더 빠르게 계산을 진행하는 일이 가능해질 것이다. (……) 하지만 그것은 꿈에 불과하다."라는 대담한 추측을 내놓는 수준에 이르렀다.[5] 리처드슨은 이 꿈을 실현하기 위해 무엇이 필요한지에 대해 상당히 구체적인 생각을 가지고 있었다.

열대지방에서의 날씨 관측을 통해, 2,000개의 활성화된 요소가 [지구의 날씨 패턴에 대한 계산에 연관되어] 있음을 알게 되었다. 그러니 지구 전체의 날씨를 따라잡으려면 32×2,000=64,000개의 컴퓨터가 필요할 것이다. 엄청난 숫자이다. 얼마 후면 이 과정을 단순화할 수 있을 때가 올지도 모른다. 하지만 어떤 경우이든, 지구 전체 혹은 날씨가 영향을 미치는 영역별로 중앙 예보 공장이 필요하며 이는 방정식별로 전문화된 컴퓨터들로 이루어진다.[6]

"예보 기계"라고 이름 붙인 것에 대한 리처드슨의 구상에서, 그가 생각하는 "컴퓨터"는 기계적인 것도, 전기를 이용하는 것도, 아날로그도, 디지털도 아니었다. 사실 그것은 손으로 혹은 기계적인 계산기로 수학적인 계산을 해서 종이에 작업 내용을 기록하는 사람들이었다. 가스파르 드 프로니가 2세기 전에 사용했던 종류의 "컴퓨터", 즉 계산하는 사람들인 것이다. 계산 작업장의 일이 지루한 작업이 될 것이라고 생각한 리처드슨은 "인간 컴퓨터들이 이따금 새로운 작업으로 이동"하는 것이 좋겠다는 의견을 덧붙였다. 그가 새로운 작업이라고 할 때 의미하는 것은 다른 수학 함수의 계산이었다.[7]

리처드슨이 글을 쓸 당시, 그의 생각은 현실보다는 꿈에 가까웠다. 하지만 불과 15년 후, 24세의 천재 수학자 앨런 튜링(Alan Turing)이 『런던 수학회 논문집(The Proceedings of the London Mathematical Society)』에 디지털 컴퓨팅 기계의 원리를 설명하는 논문을 발표했다. 이 디지털 컴퓨팅 기계는 황당무계하게 받아들여졌던 리처드슨의 상상을 실현시킬 수 있는 잠재력을 가지고 있었다. 그는 이후의 논문에서 다음과 같이 적었다. "디지털 컴퓨터의 기본 개념은 인간 컴퓨터가 할 수 있는 모든 작업을 수행하기 위해 만들어진 기계라고 할 수 있다."[8] 그는 1920년대와 1930년대에 리처드슨을 비롯한 사람들이 사용한 바로 그 인간 컴퓨터의 작업을 통해 디지털 컴퓨터에 대해 설명했다.

"인간 컴퓨터는 정해진 규칙을 따르게 되어 있으며, 어떤 세부적인 사항에 대해서도 정해진 규칙에서 벗어날 권한이 없다. 이러한 규칙이 책에 적혀 있고, 그 사람이 새로운 작업에 투입될 때마다 책이 바뀐다고 가정해 보자. 또한 그에게는 계산을 할 수 있는 종이가 제한적으로 공급된다."[9]

1939년 2차 대전의 발발로 기상을 예측하기 위해서가 아니라 군사적인 목적에서 그러한 인간 컴퓨터들의 계산 작업이 급히 필요하게 되었다. 탄도 연구소(Ballistic Research Laboratory)—미 육군의 주요 무기 실험 시설—에서는 이런 특별한 작업에 대한 수요가 대단히 높았다. 때문에 펜실베이니아 대학교의 무어 전자공학대학(Moore School of Electrical Engineering)에 필라델피아 컴퓨팅 분과(Philadelphia Computing Section, PCS)라는 비밀 부서가 생겼다. 군은 펜실베이니아 대학교와 인근 대학교에서 100명의 인간 컴퓨터(대부분이 여성)를 뽑았다.[10]

이렇게 만들어진 PCS는 리처드슨이 상상했던 것과 정확하게 일치하는 제도상의 혁신이었다. 그럼에도 불구하고 과제를 달성하기에는 부족했다.[11] 1944년 8월, 수학자이며 육군 중위로 탄도 연구소와 PCS 사이의 연락 담당자였던 허먼 골드스타인(Herman Goldstine)은 이렇게 한탄했다. "계산 설비의 부족 때문에 아직 시작도 하지 못한 표가 진행 중인 표보다 훨씬 많다. 새로운 표를 준비해 달라는 요청이 하루에 여섯 번 꼴로 들어오고 있다."[12]

골드스타인은 PCS에만 매달리지 않았다. 1년 전 그는 동료 한 명과 무어 전자공학대학의 물리학 강사인 존 모클리(John Mauchly)를 찾아냈다. 모클리는 진공관으로 만들어진 디지털 컴퓨터를 이용하면 PCS 작업자들이 하고 있는 계산을 천 배 이상 빨리 완성할 수 있다는 내용의 제안서를 썼었다. 골드스타인은 모클리의 제안을 진행할 자금을 마련한 뒤 저명한 수학자 노이만(John von Neumann)을 리더로 끌어들였다.[13] 세계 최초의 다목적 디지털 컴퓨터를 만드는 일이 시작되었다.

2차 대전이 끝나고 6개월이 못 된 1946년 2월 14일, 육군은 전자식 수치 적분기 겸 계산기, 에니악(ENIAC, Electronic Numerical Integrator And Computer)이 완성되었다고 발표했다.

전쟁이 끝나자, 육군은 전쟁에서 나타난 수소 폭탄의 실현 가능성을 판단하기 위해 이 강력한 새 계산기를 이용했다. 하지만 처음부터 노이만은 핵연쇄반응보다 어려운 문제, 즉 날씨를 예측하는 일에 주목했다. 1946년 5월, 에니악이 가동되고 단 3개월 만에, 노이만은 무어 전자공학대학에 기상학 연구소를 창설하자는 제안서를 냈다.

이 프로젝트의 목표는 현재 이용 가능해지기 시작한, 그리고 미래에 이용 가능성이 점차 커지게 될 전자식 고속 디지털 자동 컴퓨팅으로 기상 역학 이론을 연구할 수 있게 하는 것이다. 또한 이 연구는, 고속 컴퓨팅을 이용한 이론화 작업을 효율화하려면 연구실과 현장 양측에서 어떤 조사가 더 필요한지 보여 줄 것으로 기대된다.

해군이 이 제안에 즉시 자금을 제공했고 1946년 7월 1일 연구가 시작되었다.[14]

지금까지 알려진 모든 기상과학을 에니악의 모든 운영상의 제약에 맞춘 일련의 프로그램으로 종합하는 것은 결코 간단한 일이 아니었다(글상자 4.1 참조). 그럼에도 불구하고, 시작한 지 3년이 좀 지나, 노이만과 그의 팀은 실험이 가능한 접근법을 만들어 냈다.

1950년 3월 5일 일요일 정오, 에니악 팀은 역사상 최초로 디지털

— 인간이 아닌 — 컴퓨터를 통한 날씨 예측을 시작했다. 에니악의 첫 디지털 날씨 예측 연산은 33일 낮과 밤 동안 계속되었다. 프린스턴 고등학술연구소(Princeton Institute for Advanced Study) 기상학 그룹의 책임자로 폰 노이만과 함께 이 작업을 감독했던 줄 차니(Jule Charney)는 1950년 4월 10일 그 결과를 이렇게 적었다. "우리는 에니악 작업의 일주일 연장을 허락받은 후 토요일에야 애버딘에서 돌아왔다. 이 추가된 일주일은 세상에 중요한 영향을 미쳤다. 4주가 지난 후 우리는 24시간 뒤의 기상 예보를 두 차례 실시했다. 알다시피 첫 번째 예보의 정확도는 그리 놀라운 수준이 아니었다. (……) 두 번째는 놀라울 정도로 좋았다."[15] 팀은 열광했다. 한계가 있기는 했지만, 기상 예보가 가능하다는 것을 입증한 것이다. 차니, 폰 노이만과 그들의 동료 랑나르 피에르토프트(Ragnar Fjørtoft)가 이 실험을 요약한 논문에서 말했듯이, "24시간 뒤 날씨를 예측하기 위한 계산 시간은 약 24시간이었다. 즉 날씨와 정확하게 보조를 맞출 수 있었다."[16]

날씨가 나타나는 것과 같은 속도로 날씨 예측을 할 수 있다는 것이 대단한 성과로 보이지 않을지도 모르겠다. 하지만 컴퓨팅의 선구자들은 이 초기 단계에 이미, 다른 사람들은 나중에야 배운 것들을 알고 있었다. 컴퓨터가 시간이 지나면서 점차 빨라지는 경향이 있다는 것을 말이다. 실제로 컴퓨터의 속도는 시간이 가면서 엄청나게 빨라졌다. 차니가 이후에 언급했듯이, "24시간 뒤 날씨를 예측하는 데 24시간이 걸린다는 것은 중요치 않았다. 그것은 순전히 기술적인 문제일 뿐이었다. 2년 후 우리는 같은 예측을 우리가 만든 기계로 5분 만에 할 수 있

계산 속도의 결정 요인

루이스 프라이 리처드슨, 칼 구스타프 로스뷔(Carl-Gustaf Rossby)를 비롯한 과학자들은 오래전부터 대기 변화를 원활하게 통제하기 위한 방정식을 연구해 왔다. 다만 지구의 규모와, 수치예보에 필요한 엄청난 계산량이 문제였다. 최초의 날씨 예보를 위해 에니악은 "순압성 와도 방정식의 수치적분"을 풀어 내야 했다.

에니악은 강력한 계산 도구였지만 한계가 없는 것은 아니었다. 폰 노이만이 당시 설명했듯이, 에니악은 대단히 빠른 사고 능력을 가지고 있었지만 기억력은 형편없었다. "20명의 사람들을 3년 동안 방 하나에 가둔 다음 20개의 탁상형 계산기를 지급하되, 메모할 수 있는 종이를 딱 한 장만 주고 계산하게 한다고 상상해 보라. 지우고 다시 적을 수는 있지만, 어쨌거나 계산할 동안 단 한 장만 쓸 수 있는 것이다. 병목 현상이 어디에서 빚어지는지 분명히 드러난다." [17]

인간 컴퓨터이든 기계 컴퓨터이든, 기억은 세 단계로 분류할 수 있다. 첫째, 처리 장치 가까이에 위치해 있어서 처리 장치에 대단히 빠르게 접근할 수 있는 기억이 있다. 인간의 경우, 처리 장치는 대뇌이고 이러한 유형의 기억을 단기 기억이라고 부른다. 컴퓨터의 경우에는 캐시 메모리라고 한다. 우리는 이 두 가지를 1차 기억(Level 1 Memory)이라고 한다. 컴퓨터(인간 혹은 기계)가 1차 기억으로 보유할 수 있는 데이터의 양에는 제한이 있다. 때문에 인간의 경우 종이 위에, 기계의 경우에는 RAM(Random Access Memory)에 데이터를 읽고 쓸 수 있는 능력으로 이를 보완한다. 폰 노이만의 예시에서 그가 설명하고자 한 병목 현상을 제대로 재현하려면 한 가지 제한이 더 필요하다. 각 계산하는 사람이 바로 접근할 수 있는 기억의 양에는 제한이 있으며, 이 기억은 임시적인 것에 불과하다는 것이다. 이를 2차 기억(Level 2 Memory)이라고 한다. 작업을 처리하는 사람들을 조금 편하게 만들어 주려면 세 번째 단계의 기억(장치)이 있어야 한다. 사람의 경우에는 인간 컴퓨터들이 정보를 찾아볼 수 있는 지하의 도서관이 될 것이고, 컴퓨터의 경우에는 하드 드라이브나 CD-ROM이 될 것이다. 이러한 형식으로 저장된 데이터는 보다 영구적이지만 접근하기가 더 어렵다. 우리는 이 세 번째 단계의 기억(장치)을 저장소라고 부른다.

하나의 계산 과정을 완료하는 데 필요한 작업을 하는 진행자에게는 다음의 것들이 필요하다.

- 계산을 위한 함수
- 매체에 15분 간격으로 저장된 인근 지역의 날씨에 관한 데이터(예를 들어, 종이 한 장에 읽을 수 있게 쓰인 일련의 수치)
- 함수값을 계산하는 처리 장치(인간 컴퓨터의 경우에는 기계식 계산기로 보충하는 대뇌)
- 출력 정보를 저장하는 매체(쓸 수 있는 빈 공간이 있는 종이)

이러한 계산 과정의 요소들을 고려하면, 계산 속도는 컴퓨터의 하드웨어 ─ 기계 자체 ─ 와 관계가 있다는 것이 분명해진다. 다른 측면은 주어진 하드웨어를 활용하는 전체적인 계산 전략 ─ 적용된 알고리즘이나 컴퓨터 프로그램 ─ 과 관련된다.

처리 장치의 속도는 관련 데이터를 사용할 수 있고 계산할 함수가 제시되어 있는 상황에서 개별 장치가 출력값을 처리하는 데 시간이 얼마나 필요한가에 따라 결정된다. 이것이 계산 과정의 최소 길이를 정한다. 문제가 간단하고 데이터가 기억하기 쉬운 것이라면, 계산 과정은 작업자가 머리로 (문자 그대로 혹은 비유적으로) 암산하는 데 필요한 시간만큼 짧을 것이다. 그러나 작업자가 (단기) 기억에서 함수를 불러오지 못하거나, 계산을 하는 동안 계속해서 종이를 참고해야 한다면 어떨까? 더 나아가서 계산할 함수가 너무 길어서 아무리 압축해도 할당된 종이에 들어가지 않기 때문에, 작업자가 구성 요소에 속하는 함수를 떠올리기 위해 반복적으로 데이터 저장소로 뛰어 내려가야 한다면 어떨까? 그런 경우, 아무리 효율적으로 조직하고 관리한다고 해도 전체적인 속도는 매우 느려질 수밖에 없다.

1차 기억과 2차 기억의 크기, 그리고 저장소에 접근하는 데 필요한 시간은 계산을 수행하는 데 필요한 전체 시간과 직접적인 관계가 있다. 전체 알고리즘을 조직적으로, 기술적으로 디자인하는 능력, 즉 기존의 제약 내에서 얼마나 효과적으로 움직이는가는 더 중요할 것이다.

게 되었다."[18]

　　"이진법"이란 "두 개 혹은 두 부분으로 만들어진 것, 두 개를 기반
으로 한 것"을 뜻한다. 0과 1로 이루어진 정보들이 이진법 컴퓨터를 이
룬다. 결과적으로, 이진법 컴퓨터가 가진 메모리와 저장소의 기본 단
위는 0이나 1의 값을 저장하는 비트로 정의된다. "비트(bit)"라는 말은
"이진수(binary digit)"의 준말이다.[19] 즉 "이진법 컴퓨터"는 "디지털 컴퓨
터"이다.

　　단일 비트로는 유용한 일을 많이 할 수 없었기 때문에 초기 컴퓨
터 과학자들은 또 다른 기본 단위, 바이트(byte)를 만들었다. 1바이트는
8비트―8일간의 날씨를 이진수로 기록했을 때의 메모리 크기―이다.
바이트를 이용하면 문자나 문장 부호를 명시할 수 있다(글상자 4.2 참
조).[20]

　　우리는 이진수를 사용해서 데이터―"금요일에만 비가 왔다"―를
부호화할 수 있을 뿐 아니라 명령―"비가 온 후에는 살수 장치를 동
작시키지 말 것" 혹은 "젖은 재료와 마른 재료를 따로 섞은 뒤, 혼합할
것"―을 부호화할 수도 있다.[21] 데이터와 데이터를 기반으로 행동을
취하라는 명령이 같은 이진법 언어로 전달되는 것이다.

　　디지털 컴퓨터의 능력에 관해서, 업계 분석가들과 저널리스트들
은 프로세서의 속도에 집중하는 경향이 있다. 측정하기가 쉽다는 이유
때문이기도 하고, 지난 반세기 동안 프로세서 속도가 인상적인 발전을
보여 주었기 때문이기도 하다(그림 4.1 참조).

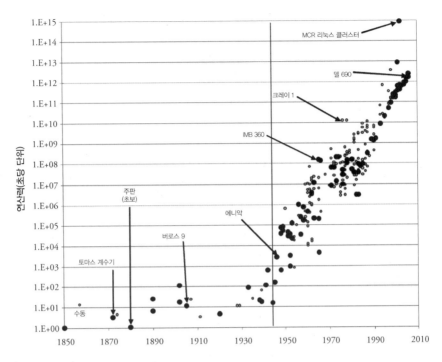

그림 4.1 초당 계산 수로 측정되는 연산력의 진보. 주의: 여기에 나타난 측정치는 연산력의 지표이다. 정의에 대한 논의는 본문을 참조하라. 수동 계산한 경우를 1로 정의했을 때의 비교치이다. 커다란 점은 비교적 신뢰할 수 있게 판단된 추정치이고 작은 점은 따로 확인이 되지 않은 문헌에 있는 추정치이다. 수직선은 생산성 증가의 구분점인 1944년에 위치해 있다.

출처: 윌리엄 노드하우스(William Nordhaus, 2007), 「2세기 동안의 컴퓨터 생산성 증가(Two Centuries of Productivity Growth in Computing)」, 『경제사 저널(The Journal of Economic History)』, 67호 1권 (3월); p. 143. 출판사의 허락을 받아 인용함.

인텔의 공동창립자 고든 무어(Gordon Moore)가 1965년 발표한 논문에서 비롯된, 그 유명한 무어의 법칙도 프로세서의 속도를 말하고 있다.[22] 무어는 집적 회로 하나에 들어가는 소자의 수가 매년 두 배가 된다(이후 2년마다 두 배가 되는 것으로 업데이트되었다)고 설명했는데 이는 프로세서의 속도 증가와 직접적인 연관이 있다. 무어가 처음 언급했던 양적 관계가 거의 50년 동안 지속되었다. 이는 노트북과 휴대전화 등

이진 코드 작성

특정한 장소에 대한 8일간의 강수 정보를 저장하려 한다고 생각해 보자. 날씨를 코드화하기 위해 해당 장소에서 그날 강수가 있을 경우 "1", 없을 경우 "0"이라고 적는다는 규칙을 세우고, 그에 따라 8일째인 일요일에 00000100이라는 결과를 얻었다고 치자. 이것은 단 하루, 금요일에만 비가 왔다는 의미이다. 8일간의 데이터를 이와 같이 기록하는 데에는 8비트의 정보가 필요하다. 이를 일반화하면 이진수 n개로 표현할 수 있는 가능성은 2의 n승, 즉 2^n이다. 1개의 숫자로는 $2^1=2$가지 가능성을 코드화할 수 있고, 2개의 숫자로는 $2^2=4$가지 가능성을 8개의 숫자로는 $2^8=256$가지 가능성을 코드화할 수 있다.

숫자가 늘어날수록 전달할 수 있는 정보의 양도 늘어난다. 하나의 숫자로는 단 두 가지 가능성, "그렇다", "아니다"만을 표현할 수 있다. 두 개의 숫자로는 "그렇다, 그렇다", "그렇다, 아니다", "아니다, 그렇다", "아니다, 아니다"를 표현할 수 있고, 3개의 숫자가 있으면 "그렇다, 그렇다, 그렇다", "그렇다, 그렇다, 아니다", "그렇다, 아니다, 그렇다", "그렇다, 아니다, 아니다", "아니다, 그렇다, 그렇다", "아니다, 그렇다, 아니다", "아니다, 아니다, 그렇다", "아니다, 아니다, 아니다"를 표현할 수 있는 것이다.

날씨의 예로 돌아가 보자. 날씨에 대한 "정보" — 특정 장소에서 주어진 8일이란 기간 동안 각각의 날에 강수가 있었느냐 없었느냐와 같은 간단한 질문에 대한 정보라도 — 를 가지고 있다는 것은 무슨 의미일까? 정보가 전혀 없다면 어떤 것이든 가능하다. 매일 비가 올 수도 있고 비가 전혀 오지 않을 수도 있다. 모두 합쳐 $2^8=256$가지 가능성이 있다. 내가 "00000100"이라는 결과를 기록했을 때 나는 저 256가지 가능성을 하나로 줄인 것이다. 그 정보를 전달하기 위해서는 8자리 이진수가 필요하다. 따라서 금요일에만 비가 왔다는 메시지에는 8비트의 정보가 들어 있다. 물론, 같은 정보를 "금요일에만 비가 왔다(it only rained on friday)"라는 활자로 전달할 수도 있다. 이를 각 숫자를 이진수로 표현해 이진 코드로 만들 수도 있다. 어떻게 하면 될까? 아주 간단하다. 각각의 알파벳에 1에서 26까지의 이진수를 배정하는 것이다. 예를 들어,

00001 = a
00010 = b

00011 = c

이런 식으로 계속해서

11010 = z

달리 말해 11010은 10진수 26의 이진법식 표현이고 "z"는 26번째 알파벳 숫자이다. 따라서 다섯 개의 숫자로 26개의 문자 중에서 우리가 소통시키고자 하는 하나의 문자를 특정할 수 있다. 그런 의미에서 한 개의 문자를 소통시키는 데 5비트의 정보가 필요하다(11010에 들어가는 숫자의 개수).

이 예가 보여 주는 것은 동일한 메시지를 소통시키는 접근법에도 효율성이 높은 것과 낮은 것이 존재한다는 점이다. "00000100"을 전달하는 데에는 8비트가 필요하다. "금요일에만 비가 왔다(it only rained on friday)"라는 메시지를 전달하려면 메시지 안에 있는 각 문자에 5 비트씩이 필요하다. "금요일에만 비가 왔다(it only rained on friday)"라는 메시지에는 24개의 문자(공백 포함)가 있기 때문에 이 메시지를 소통시키려면 약 120비트가 필요하다. (이 모든 메시지를 소문자로 적고 있다는 것에 주목하라. 소문자를 대문자와 차별화시키려면 비트를 추가해야 하기 때문이다.)

우리 주변의 모든 것들을 연결해 주는 유비쿼터스 센서, 즉 사물인터넷(Internet of Things)이 출현할 수 있게 한 원천기술이 무엇인지 설명해 준다. 달리 말하면, 무어의 법칙이 우리가 알고 있는 디지털 세계가 나타나게 해 준 것이다.

그렇지만 요리에서 당신이 어떤 종류의 오븐을 가졌는지보다는 주방에서 당신이 하는 일이 중요한 것처럼, 디지털 컴퓨터가 가진 진짜 힘은 특정한 목표를 달성하기 위해서 컴퓨터를 이용하는 전략에 좀 더 관련되어 있다. 차니와 그의 팀이 특정한 계산에 필요한 시간을 24시간에서 5분으로 줄일 수 있었다는 것을 생각해 보라. 1년 만에 속도가 3만 퍼센트(혹은 300배) 빨라진 것 — 무어의 법칙보다 훨씬 빠른 속도—은 주로 하드웨어보다는 계산 전략(코드)의 발전에 의한 것이었다. 기계지능연구소(Machine Intelligence Research Institute)의 카트야 그레이스(Katjaa Grace)가 최근 발표한 연구 보고서는 이 결과가 대단히 일반적이라는 것을 보여 준다.

그레이스는 여섯 개 특정 영역의 연산력 진보를 분석한 후에 "하드웨어 진전으로 인한 이득이 50퍼센트라면 알고리즘 진전으로 인한 이득도 그 정도로 크다."라는 것을 발견했다. 또한 "이들의 개선은 오랜 기간에 걸쳐서 점진적으로 이루어지며 비교적 완만한 곡선을 형성하는 경향이 있다."라고 보았다.[23]

그레이스의 발견으로 무어의 법칙이 가진 힘이 감소하는 것은 아니다. 무어의 법칙은 계산이 이루어지는 플랫폼의 힘이 증가하는 것을 설명한 반면, "그레이스 법칙"은 그 플랫폼에서 작동하는 알고리즘의 힘이 증가하는 것을 설명한다. 두 법칙은 상호보완적이다.

카트야 그레이스가 강조한 알고리즘의 진보는 코드 발전의 분명한 예이다. 7장에서 보다 상세히 설명하겠지만, 무어의 법칙이 설명하는 하드웨어 성능의 발전 역시 코드 발전의 예이다. 하드웨어 성능의 발전은 컴퓨터 칩 생산 "레시피"의 발전에 따른 결과이고, 이들 레시피는 5,000년도 전에 수메르 평판을 만드는 레시피가 발전했던 것과 아주 흡사한 방식으로 점진적인 발전을 해 왔다. 생산 "방법"을 체계적으로 땜질하고 수리하는 끈질긴 과정을 통해서 말이다. 그런 종류의 체계적 땜질과 수리는 코드 발전의 주된 동인이었기 때문에 인간 사회가 존재한 오랜 시간 동안 경제 발전의 주된 요인이 되기도 했다.

1부는 코드의 발전 ─ 코드가 무엇이며 그것이 역사의 여러 단계에서 어떻게 나타났는가 ─ 을 다루었다. 뗀석기, 문자 체계, 요리 레시피, 도시의 진화가 모두 코드의 발전을 보여 준다. 뗀석기를 제외하고, 각자 형태는 다르지만 앞으로 이들이 이 책의 주인공이 될 것이다.

이 장에서는 특히 우리의 역사적인 순간들과 관련이 있는 다양한 코드, 즉 디지털 컴퓨터에 의해 저장되고 실행되는 코드의 진화에 대해서 설명했다. 라이프니츠가 구상한 결합론적 "발명 논리(logic of invention)" ─ 아이디어 영역에서 분화와 재결합을 수행하는 언어 ─ 가 실현되었다. 디지털 컴퓨터는, 문자와 도시는 제외하더라도, 역사상 어떤 발명보다 더 커다란 영향력을 가졌다. 디지털 컴퓨터라는 코드의 발전은 날씨의 정확한 예측과 같은 놀라운 일을 가능하게 한 반면, 다시금 개인의 자율성과 재량권을 위협하고 있다.

디지털 컴퓨터의 힘은 너무나 거대하다. 세계 최고의 체스 명인도 2013년의 시합에서 그의 휴대전화에 모스 부호로 전달된 컴퓨터의 지도를 받았다는 혐의를 받아 자격을 잃었을 정도로 말이다.[24] 의사가 알고리즘이 추천하는 행동 방침을 따르는 대신 자의로 최선의 판단을 했다는 이유로 의료 과실 소송을 당하는 일이 일어나는 데 얼마나 걸릴까? 우리는 코드가 인간 노동자를 대체하는 데에서 더 나아가 인간의 권한을 찬탈하는 것을 어느 정도까지 허용하게 될까?

나는 이런 질문들로 2부를 시작하려 한다.

Part II

코드 경제학

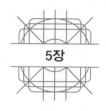

5장

대체
위대한 인간 대 기계 논쟁

나는 기계가 인간의 노동을 대체하는 것이
노동자 계층의 이익에 대단히 해로울 수 있다고 확신한다.
– 데이비드 리카도, 『정치경제학과 조세의 원리』, 제3판, 1821 –

코미디 센트럴(Comedy Central)의 〈사우스 파크(South Park)〉 시리즈를 좋아하는 사람들이라면 2004년의 "구우백(Goobacks)"이란 에피소드를 기억할 것이다. 여기에서 데럴 웨더스(Darryl Weathers)는 "미래에서 온 사람들"— 4035년의 인구 과밀과 가난으로부터 도망쳐 일자리를 찾아 사우스 파크 마을로 온 이주민 — 의 이주에 반대하는 주민 회의를 소집한다. (미래인들이 과거로 올 때 등(back)에 끈적이는 물질(goo)이 쌓이기 때문에 구우백(gooback)이라는 이름이 붙었다.) 뉴스 보도는 이 외계인들을 "모발이 없고 모든 인종이 혼합된 균일화 형태"로 목 뒷부분에서 나오는 듯한 일종의 에스페란토어 같은 걸 사용한다고 묘사한다. 그들은 곧 낮은 임금에 온갖 궂은일을 하겠다는 의향을 보여 준다. "미래에서 온 사람들이 노동력을 터무니없이 낮은 가격에 제공하고 있습니다." 웨더스는 시민들에게 "그들이 우리의 일자리를 빼앗았다."라고 불평한다. 사람들이 목소리를 모아 구호를 따라한다. "그들이 우리의 일자리를 빼앗았다."

"구우백"의 방송 이후 "그들이 우리의 일자리를 빼앗았다."라는 말 자체가 생명을 얻었다. 다시 말해 인터넷 밈이 된 것이다. 〈사우스 파크〉에 등장하는 여러 버전의 "그들이 우리의 일자리를 빼앗았다!"를 편집한 동영상은 2008년 유튜브에 올라온 후 8년 동안 140만 회 이상의 누적 조회 수를 기록했고 댓글은 4,700개에 이르렀다.

이 풍자적인 〈사우스 파크〉의 에피소드는 과학기술 혐오보다는 외국인 혐오에 초점을 두고 있기는 하지만 어찌 되었든 대단히 기민하고 날카로운 사회 비판을 담고 있다. 이 에피소드는 이민과 인공 지능, 경제적 취약성 사이의 본질적이고 중요한 연관성을 보여 준다. 미래학자 케빈 켈리(Kevin Kelly)는 그에 관해 아래와 같이 관찰했다.

AI는 인공적인 지능이라는 의미 외에도 "이질적인 지능(Alien Intelligence)"라는 의미도 된다. 우리가 다음 200년 내에 지구와 비슷한 수십억 개의 행성 중 하나에서 온 외계인과 만나게 될지는 확실치 않다. 하지만 그때까지 이질적인 지능을 만들게 될 것이라는 점은 거의 100퍼센트 확실하다. 이렇게 사람의 힘으로 만들어진 이질적인 것과 만났을 때 우리는 ET와 접촉했을 때 예상되는 것과 같은 혜택과 문제를 마주하게 될 것이다. 그들로 인해 우리는 스스로의 역할, 신념, 목표, 정체성을 다시 고려해야만 할 것이다. 인간이란 무엇인가? 우리의 첫 번째 대답은 다음과 같은 것이 되리라고 확신한다: 인간은 생물의 진화를 통해 만들어질 수 있는 것과 다른 새로운 종류의 지능을 발명하는 존재다. 우리의 일은 다르게 생각하는 기계를 만드는 것, 이질적인 지능을 창조하는 것이다. 그들을 만들어진 외계인라고 부르자.[1]

지난 몇 년간, "만들어진 외계인"의 맹공은 국가적인 집착 대상이 되었다. 이 주제가 처음으로 다루어진 것은 거의 200년 전이었다. 메리 셸리(Mary Shelley)의 1818년 작 소설, 『프랑켄슈타인(Frankenstein; or, The Modern Prometheus)』과 카렐 차페크(Karel Čapek)의 1920년 작 SF 희곡, 『R.U.R』[2]에서 다루어지기 시작한 주제는 이후 스탠리 큐브릭(Stanley Kubrick)의 〈2001: 스페이스 오딧세이〉와 리들리 스콧(Ridley Scott)의 디스토피아 걸작, 〈블레이드 러너(Blade Runner)〉에서 한층 더 발전되었다. 그 외에도 〈로봇 앤 프랭크(Robot and Frank)〉〈그녀(Her)〉〈이미테이션 게임(The Imitation Game)〉〈빅 히어로(Big Hero 6)〉〈채피(Chappie)〉〈어벤져스: 에이지 오브 울트론(Avengers: Age of Ultron)〉〈엑스 마키나(Ex Machina)〉 등 지난 2년간 나온 십 수 편의 영화가 점점 흐려지고 있는 사람과 기계 사이의 경계에 주목했다.[3]

대중매체가 만들어진 외계인에 매료된 배경에는 디지털 컴퓨터가 점차 지배력을 확장하고 있는 세상에서 인간의 노동이 살아남을 수 있을 것인가에 대한 보편적인 우려가 있다. 기업가이며 벤처 캐피털리스트인 마크 앤드리슨(Marc Andreessen)은 2011년 『월스트리트 저널』을 통해 이렇게 밝혔다. "컴퓨터 혁명이 일어난 지 60년, 마이크로프로세서가 발명된 지 40년, 현대적인 인터넷이 등장한 지 20년, 소프트웨어를 통해 업계를 전환시키는 데 필요한 모든 기술이 효과를 발휘했고 전 세계로 퍼졌다. 영화에서 농업, 국토 방위에 이르기까지 점점 더 많은 기업과 업계가 소프트웨어를 기반으로 운영되고 있으며 온라인 서비스로 제공되고 있다. 소프트웨어가 세상을 집어삼키고 있다."[4]

이 책의 도입 부분에서 언급했듯이, 디지털 컴퓨팅이 경제와 인간 사회에 광범위하게 미치는 영향에 대한 최근의 관심은 기계화의 영향에 대한 과거의 논란을 상기시킨다. 이미 언급한 에이다 러브레이스와 허버트 사이먼은 위대한 인간 대 기계 논쟁 초기에 참여했던 사람들이다. 이 논쟁에는 이후 짧게 언급하게 될 19세기 초의 경제학자 데이비드 리카도, 1930년대에 거시경제학 분야를 발명한 존 메이너드 케인스, 로봇공학의 아버지인 노버트 위너, 가장 최근의 인물로는 인터넷의 핵심 구조인 전송 제어 프로토콜과 인터넷 프로토콜(Transmission Control Protocol and the Internet Protocol, TCP/IP)의 공동 발명자인 빈트 서프(Vint Cerf)를 비롯한 사상의 역사에 기여한 중요한 인물들이 참여했다. 이들을 비롯한 많은 사람들(앞으로 이들의 식견에 대해서 전할 것이다)이 기술로 인한 혼란에서 얻는 혜택과 인간의 권한 및 자율성 상실의 측면에서 치러야 하는 대가 사이에서 인간 사회가 반드시 찾아야 하는 균형의 문제를 해결하기 위해 노력했다.

혼란을 불러올 수 있는 기계화와 자동화의 영향에 대해 처음으로 관심을 두었던 인물은 경제학자도 기술 분야의 전문가도 수학자도 아니었다. 그는 바이런 경(Lord Byron)으로 더 유명한 시인, 조지 고든 바이런(George Gordon Byron)이었다.

1812년 2월 27일, 바이런 경은 하원에서 첫 발언을 했다. 이 날의 논쟁은 스타킹프레임이라는 이름으로 알려진 기계식 방직기의 파괴를 중범죄로 판단, 사형을 언도할 수 있게 하자는 제안을 담은 프레임워크 법안(Frame-Work Bill)에 대한 것이었다. 프레임워크 법안은 1811년 11월 노팅엄셔에서 일어나기 시작한 기계식 방직기에 대한 공격들로 인해 만들어졌다. 이 공격들은 10년 전 프랑스의 리옹에서 벌어진 파괴 행위(3장 참조)와 유사했다. 최근의 공격은 자신들을 러다이트(Luddite)라고 부르는 직조 장인 동맹 ─ 그리 탄탄한 조직은 아니었다 ─ 이 일으킨 것이었다. 이들의 지도자는 제너럴 러드(General Ludd)로, 로빈 훗과 같은 가상의 인물이었다. 재산에 대한 러다이트의 파괴행위가 귀족들의 맹비난에 부딪히는 것은 충분히 예측할 수 있는 일이었으나, 바이런 경은 러다이트에 대한 공감을 표하고 기계식 방직기의 파괴에 극형을 부과하는 데 반대했다.

바이런의 이야기는 이렇게 시작했다. "자동 편직기의 채택으로 한 사람이 많은 사람이 하던 일을 수행할 수 있게 되었고 불필요한 노동자들은 직장에서 쫓겨났다. 그러나 그렇게 생산된 작업물은 질적인 면에서 열등하며, 국내에서 다 소화할 수 없어 바로 수출된다는 것을 고려해야 한다." 국내 시장은 기계식 방직기로 증가한 산출량을 모두 흡수할 수 없었지만 해외 시장에서는 가능했다. 바이런은 생산의 기계화가 나폴레옹 전쟁 이후의 교역 붕괴로 인해 발생한 낭비와 고통을 더욱 가중시킬 것이라고 주장했다. "이 나라가 한때 자랑하던 상업 환경에서라면 거대한 기계를 갖추는 것이 주인에게 이익을 주면서도 종에게 해가 되지 않을지 모르겠지만, 수출을 기대할 수 없고 일자리와 노동자가 줄어들고 있는 현재의 제조업 환경에서는, 이런 종류의 기계들을 들일 경우 그렇지 않아도 낙담한 피해자들의 고통과 불만을 실질적으로 가중시킬 것이다."

바이런 경이 하원에서 프레임워크 법안에 대해 한 연설은 2세기 동안 정치와 경제 이론의 핵심에 내재된 근본적인 문제를 표면화시켰다. "거대한 기계"의 채택이 실제로 "주인에게 이익을 주면서도 종에게 해가 되지 않는 것"이 일반적일까? 혹은 일부라도 그런 경우가 있을까? 그렇지 않으면 바이런이 주장했듯이 코드의 발전—이 경우에는 기계화—이 "몇몇 개인만을 부유하게 만들면서 노동자를 일자리에서 밀어내고 그들의 고용 가치를 떨어뜨리는 것"은 아닌가?

경제학 분야에서는 경제 사상사에서 가장 위대한 인물 하나가 마음을 바꾸면서 위대한 인간 대 기계 논쟁이 시작되었다.

데이비드 리카도는 1772년 4월 18일 런던에서 17명의 형제 중 셋째로 태어났다. 그의 아버지 에이브러햄 리카도(Abraham Ricardo)는 1763년 네덜란드에서 영국으로 이주해 가족이 경영하던 증권 중개 사업을 맡아 성장시켰다. 데이비드는 9세부터 11세까지 네덜란드로 보내져 네덜란드 어를 익히고 그곳의 포르투갈계 유대인들과 친분을 맺었다. 데이비드가 14세 때, 에이브러햄은 그를 가족 사업으로 끌어들였다. 그가 맡은 일은 꾸준히 늘어났다. 그렇지만 가족이 런던에서 인근의 도시, 보우로 이사를 한 직후 데이비드가 이웃에 사는 저명한 퀘이커교도 외과의의 세 딸 중 하나인 프리실라 안 윌킨슨(Priscilla Ann Wilkinson)과 약혼을 발표하자 가족과의 관계는 갑자기 악화되었다. 21세부터 리카도는 가족과는 별개로 주식 중개와 투기 일을 계속해 나갔다.

리카도는 재정적으로 큰 성공을 거두었기 때문에 10년 후에는 거의 은퇴 상태에 있으면서 지질학과 수학 등 다양한 지적 활동에 자유롭게 시간을 할애했다. 1799년 3월 프리실라가 병에 걸리자, 리카도 부부는 바스의 유명한 온천으로 요양하러 갔다. 그곳 도서관에서 우연히 애덤 스미스가 쓴 책을 발견하여 잠시 훑어 본 리카도는 책을 집으로 보내 달라고 부탁했다. 프리실라 리카도는 회복되었지만 그 남편의 경우, 삶의 방향이 완전히 바뀌었다. 『국부론』을 본 순간부터 우리가 경제학이라고 부르는 학문이 데이비드 리카도의 주요한 관심사가 되었다.

경제학 분야에서 리카도가 처음 선보인 분석 작업은 1809년 『모닝 클로니클(The Morning Chronicle)』에 익명으로 발표한 에세이 「금의 가격(The Price of Gold)」이었다. 이 에세이에서 리카도는 잉글랜드 은행(Bank of England)의 이사들―그 역시 이사 중 한 명이었다[5]―이 그들의 이익을 위해서 조직적으로 영국 파운드화의 가치를 떨어뜨려 왔다고 주장했다.[6] 1813년 의회가 옥수수의 교역을 제한하기 시작하자 리카도는 통화의 평가 절하 문제에서 교역 제한의 유해한 영향에 대한 문제로 관심을 돌렸다. 이 부분에도 그의 직접적인 경험이 유용했다. 그는 두 나라를 오가며 자랐고 금융 시장에서 짧은 경력으로 커다란 부를 일구었다. 이러한 연구의 결실이 1817년 출간된 『정치경제학과 조세의 원리(On the Principles of Political Economy and Taxation)』였다. 그 관점과 의의가 스미스의 『국부론』에 비견되는 책이다. 『정치경제학과 조세의 원리』에서 리카도는 비교 우위(comparative advantage)라는 개념을 도입했고 이는 경제학자들이 무역에서 얻는 이익을 이해하는 기본적인 틀로 남아 있다.

『정치경제학과 조세의 원리』는 리카도와 당대의 사람들이 정치경제라고 불렀던 것을 이해하려는 첫 시도를 담고 있다. 초기의 "고전" 정치경제학자들의 경우, 인간 사회에서 가장 중요한 생산 분야는 수천 년 동안 이어져 왔던 농업이라고 생각했다. 리카도와 그의 직속 선배들이 글을 쓰던 시대에는 농업의 코드 역시 상당한 발전을 이뤘지만, 근본 기술은 모두 한 사람이 익숙한 장비 — 쟁기, 괭이, 낫 — 를 쓰거나, 말이나 소의 힘을 빌리는 것에 관련되어 있었다.

부의 창출에서 토지를 우선시한 리카도의 견해는 『정치경제학과 조세의 원리』의 서문 첫 단락에서 드러난다.

토지의 생산물 — 노동, 기계, 자본의 통합적인 적용으로 그 표면에서 얻어 내는 모든 것 — 은 토지의 소유주, 경작에 필요한 가축이나 자본의 소유자, 그 산업에 종사하는 노동자라는 공동체의 3계급으로 각각 분배된다.

지주, 자본가, 노동자 사이의 생산 수익 분배에 대한 리카도의 견해는 부동산 투자에 대한 상투적 문구(마크 트웨인(Mark Twain)과 윌 로저스(Will Rogers) 덕분에 만들어진)로 요약된다. "땅을 사라. 땅은 절대 늘어나지 않는다." 리카도는 모든 국가의 노동자들이 덫에 걸려 있다고 보았다. 그들이 하는 일의 생산성이 높아질수록 노동자의 숫자는 더 늘어나고 그들의 궁극적인 행복은 감소한다고 말이다. 결국에 지주들이 엄청난 몫을 챙기는 동안 노동자들은 겨우 재생산을 할 정도의 몫만을 얻는다.

이러한 추론의 결과, 처음에 리카도는 기계로 구현된 새로운 코드가 노동자들의 행복에 미치는 영향에 대해 걱정했던 바이런과 같은 사람들이 내놓은 견해에 공감하지 못했었다. 동시대의 다른 선두적 경제학자들 — 가장 유명한 사람은 토마스 맬서스 목사(Reverend Thomas Malthus) — 과 마찬가지로, 리카도는 그들의 의도가 자원이 허락하는 대로 가족을 늘리는 것에 있는 한, 노동 대중의 상황을 개선하는 데 진전이 거의 없을 것이라고 생각했다. 노동의 진화가 가진 속성과, 생산에서 기계가 인간을 대체하게 된 것은 리카도나 다른 고전주의 경제학자들이 관심을 기울이던 문제가 아니었다. 새로운 코드의 도입이 생산성을 향상시켜 국민 소득을 늘렸다면 자동적으로 노동자에게 가는 몫이 늘어날 것이다. 즉 산출량이라는 파이가 커지면, 각 개인에게 돌아가는 파이 조각도 그에 비례해서 커지기 때문이다. 이런 견해를 지지하는 사람들은 임금의 총액이 국가의 "기금"에서 나오며 (파이를 조각내는 것처럼) 임금의 크기는 인구수가 변화해도 변하지 않는다고 생각했기 때문에, 이 주장은 임금기금설이라고 불린다(글상자 5.1 참조).

리카도가 그의 『정치경제학과 조세의 원리』 초판에 썼듯이 "자본은 제조업의 고용, 음식과 옷, 도구, 원료, 기계 등 노동을 실행하는 데 필요한 국부의 일부 요소이다. 자본의 증가에 비례하여 노동자에 대한 수요가 증가할 것이고, 해야 할 일의 양에 비례하여 그 일을 수행할 사람에 대한 수요가 늘어날 것이다."[7] 예를 들어, 하나의 쟁기로 일을 하는 사람을 생각해 보자. 조작하는 인간이 있지 않고는 쟁기가 기능할 방법이 없다. 따라서 자본과 노동이 완벽히 보완적이라는 가정 하에서는 기계가 노동자를 대체할 수 없다. 둘이 언제나 고정적인 비율로 사용되기 때문이다.

따라서 자본과 노동 간의 관계는 대체될 수 없을 것이라고 선험적으로 판단한 고전주의 경제학자들은 노동자들의 임금이 불변의 인구 통계 법칙에 의해 결정된다고 생각했다. "임금기금"의 몫을 두고 경쟁하는 사람들이 많아진다는 것은 각각의 사람이 적은 임금을 받는다는 것을 의미한다. 인류는 본능의 폭거 외에 인구 증가를 막을 체계적인 방법을 고안하지 못했기 때문에(적어도 18세기 후반까지는), 언제 어디서나 인구학적 압력에 의해 임금이 최저 수준으로 내려갔다. 결과적으로, 홉스가 남긴 유명한 말처럼 삶은 "형편없고, 야만적이고, 짧았다."

임금기금설

잉글랜드와 스코틀랜드의 정치경제학자들 — 대표적으로 애덤 스미스, 제러미 벤담(Jeremy Bentham), 존 스튜어트 밀(John Stuart Mill), 토머스 맬서스, 데이비드 리카도 — 이 새로운 기계가 노동자의 행복에 미치는 영향에 대해 처음 연구하기 시작했을 때, 그들의 출발점이 된 것은 최초의 정치경제학자인 프랑스 중농주의자들의 연구였다. 이들 중농주의자들의 이론에 동기가 된 것은 1789년 혁명 이전 — 드 프로니와 자카르로부터 한두 세대 전 — 프랑스에서 일어난 극적이며 전반적으로 긍정적인 변화였다.

당시 프랑스는 풍요로운 토지 때문에 번창한 나라였다. 프랑스는 대규모의 중산층이 발전한 최초의 나라였고 급속한 인구 증가와 소득 증가, 출생률 감소와 동반되는 인구학적 현상을 겪은 최초의 나라였다. 농업 생산은 프랑스 소득의 80퍼센트를 차지했다. 중농주의자들이 경제의 작용에 대해 논의할 때 토지의 총량을 정해진 것으로 간주하고 모든 부가 궁극적으로 토지에서 나온다고 상정한 것이 전혀 이상하지 않은 상황이었다. "산출량은 '투입량'과 상관관계가 있다."라는 것을 뜻하는 표기법, "산출량=F(투입량)"을 이용하면 다음과 같은 관계를 나타낼 수 있다.

$$산출량 = F(토지, 노동, 자본)$$

이 등식은 농업 생산의 과정에서 일어나는 일을 설명한다. 특정한 양의 토지, 노동, 자본이 결합되어 농작물이라는 형태로 특정한 양의 산출물을 내는 것이다. 등식은 농부가 노동을 토지, 자본과 결합시켜서 산출물을 내는 몇 가지 방법을 채용한다고 가정한다. 하지만 이 등식 자체는 어떤 특정한 방법도 제시하지 않는다. 즉 생산이 어떻게 이루어지는지는 제시하지 않는다.

잉글랜드와 스코틀랜드의 정치경제학자들은 대부분 경제에 대한 중농주의자들의 견해를 근본적으로 제로섬 게임이라고 받아들인다. 국가의 자본은 고정되어 있고 그 부는 국민에게 반드시 분배된다는 것이다. 토지는 산출물을 내고, 그 산출물은 지주, 노동자, 상인들에게 정해진 비율로 분배된다. 그러나 중농주의자들과 대조적으로, 영국의 고전주의 경제학자들은 토지만이 아니라 자본까지 국민 소득이 나오는 생산의 원천으로 보았다.[8] 고전주의 경제학자들은 당시 영국과 프랑스의 경제 구성에서 나타나는 차이를 반영해 기계를 국가 자본에 통합시켰다.

경제학에서 부의 분배에 대한 고전적인 견해는 다음과 같은 관계에 의해 표현되는 임금기금설로 요약된다.

$$임금 = 자본/인구$$

고전주의 경제학자들은 자본이 노동에 지급되는 임금률의 변화에 영향을 받지 않는다고 가정했기 때문에,[9] 이 이론은 인구의 증가가 당연히 임금의 감소를 부르며, 그 반대도 마찬가지라는 결론에 자연스럽게 도달했다.[10]

20년 후인 1798년 토머스 맬서스는 인구의 증가와 임금의 하락이 "대중 번영" 확대의 불가피한 결과라는 개념을 그의 책 『인구론(An Essay on the Principle of Population)』을 통해 발전시켰다. 맬서스는 소득이 많아진 가난한 사람들은 더 많은 아이를 갖는다는 관찰을 통해 결론에 도달했다. "노동 계급이 편안해지면 바로 행복에 대한 역행적이고 점진적인 움직임이 반복된다." 인류는 인구수와 1인당 소득 사이의 반비례 관계로 인해서 번갈아 나타나는 호경기와 불경기의 순환에 묶여 있다.[11]

임금기금설은 개념적으로는 난해했고, 현실적으로는 노골적인 잔인함을 담고 있었다. 한 예로, 이 이론은 가난한 사람들을 "지원"하려는 모든 시도가 헛될 뿐 아니라 역효과를 초래한다는 것을 암시한다. 구빈원에 있는 극빈자에 대한 모든 지원이 고정적인 국가 임금, "기금"에서 인출되기 때문에 필연적으로 고용 노동자들에게 보상을 할 기금이 줄어든다는 것이다. 이 이론은 1834년 구빈법(Poor Law)에 적용되었다. 수십 년 후 찰스 디킨스(Charles Dickens)는 구빈법을 통해 만들어진 구빈원의 존재를 맹비난했다.[12] 구빈원의 비참한 상황은 우연히 빚어진 문제가 아니라 주의 깊은 설계의 결과였다. 구빈원의 생활이 쾌적하지 못해야 모든 유형의 임금 노동이 공적 부조보다 매력적으로 보일 것이라는 계산이 깔려 있었다. 구빈원은 찰스 디킨스가 『크리스마스 캐롤』에 나오는 에버니저 스크루지(Ebenezer Scrooge)라는 인물을 착상하는 데 직접적인 영향을 주었다. 이 이야기에는 자선기금을 모금하는 두 신사가 계산기 역할을 하는 사무원, 밥 크래칫(Bob Cratchit) 한 명만 고용하고 있는 스크루지의 회계 사무실 문 앞에 나타난다. 짧은 대화 후에 한 신사가 스크루지에게 "빈민원에 가지 못하는 사람들이 많습니다. 많은 사람들이 차라리 죽음을 택하죠."라고 말하면서 빈민원을 지원해 달라고 요청한다. 스크루지는 맬서스 이론으로 대답한다. "차라리 죽음을 택해서 인구 과잉을 막는 것이 나을 거요."

코드는 이 이야기에 끼어들지 못했다.

그렇지만 몇 년 후 리카도의 입장은 바뀌었다. 위대한 인간 대 기계 논쟁에서 그의 견해가 바뀌었다는 것은 중요한 공공 정책에 대해서 의견이 바뀌었다는 것 이상을 의미했다. 이는 경제에서 수천 년 동안 지켜왔던 농업의 중심적 역할이 제조업으로 이전되는 상황에서, 경제학자들이 생산을 이해하는 방식에 근본적인 변화가 일어나리라는 점을 예고했다.

리카도가『정치경제학과 조세의 원리』를 쓸 무렵, 나폴레옹 전쟁의 종결은 유럽 경제의 혼란과 함께 심각한 결과를 불러왔다. 도시 노동자들의 비참한 상황과, 노동자들이 새로운 기계의 도입에 반대해 벌이는 폭력 시위가 임금기금설에 대한 재고를 촉발했다. 자동화 생산양식의 도입이 노동자의 행복을 위협할 수 있었을까?

바이런 경이 일찍이 언급했던 것처럼, 지속적인 기계화와 산업화의 역사는 임금기금설의 추종자들이 머릿속에 그리고 있던 그림과 크게 달랐다. 장기적으로 볼 때 산업 혁명은 영국인의 건강과 안녕에 대단히 긍정적인 영향을 미쳤지만, 19세기 전반의 50년은 영국 노동자들에게 유난히 힘든 시간이었다. 1770년에서 1815년에 이르는 기간에 대한 연구에서, 스티븐 니콜라스(Stephen Nicholas)와 리처드 스테컬(Richard Steckel)은 "1780년 이후 도시와 농촌에서 태어난 남성의 평균 신장이 줄고 13~23세 청년의 성장이 지연"되었으며, 잉글랜드 노동자의 신장이 동 시대 아일랜드 죄수와 동일하게 작아졌다고 보고했다.[13]

1830년대까지 리버풀과 맨체스터에서 태어난 인구의 기대 수명은 30세 이하로, 이는 잉글랜드에 흑사병이 유행했던 1348년 수준이었다.

이러한 당대의 현실 앞에, 퀘이커교도인 정치경제학자 존 바턴(John Barton)은 1817년『사회 노동 계급의 상황에 영향을 미치는 환경에 대한 고찰(Observations on the Circumstances Which Influence the Condition of the Labouring Classes of Society)』이라는 제목의 소책자를 출간했다. 바턴은 고전주의 경제학자들이 산업화의 실제 상황에 대해 내린 결론에 도전하는 대신, 임금기금설이 근거로 하고 있는 전제에 이의를 제기하고 이 이론이 어떻게 잘못된 결론에 이르게 되었는지를 보여 주었다. 바턴은 우선 임금의 상승에 비례해서 인구가 늘어난다는 맬서스 학파의 가정을 비판의 표적으로 삼았다. 그의 논거는 미래를 대단히 정확히 내다보았으며 동시에 대단히 간단했다. 그는 고전주의 경제학자들의 암묵적인 가정대로 노동과 자본이 완벽하게 보완적이라고 믿을 만한 선험적인 이유가 없다고 지적했다. 임금이 높아질수록 제조업자들과 농부들은 동물이나 기계로 인간의 노동을 대체하는 경향이 강해진다는 것이 보다 합리적인 가정이다.[14] 출생률의 상승이 아닌, 새로운 기계의 도입으로 인한 임금의 상승이 소득의 세대간 격차를 크게 하고 따라서 출산이 지연될 것이다.[15] 현실은 맬서스 학파의 주장과 정반대인 이 논리를 따라갔다.

리카도는 바턴의 책을 읽고 설득되었다. 그는 기계화의 문제를 대단히 중요하게 여겼고『정치경제학과 조세의 원리』의 제3판에「기계에 대하여(On Machinery)」라는 제목의 새로운 장을 추가했다. 그는 1821년 이전과는 판이한 의견을 피력했다. "나는 현재 지주와 자본가들이 수익을 얻는 기금이 증가하면 노동 계급이 주로 의존하는 다른 기금이 줄어들고 따라서 국가의 순세입을 증가시키는 바로 그 원인이 사람들을 실직시키고 노동자들의 상황을 악화시킬 수 있다고 말할 만한 근거를 가지고 있다."[16]

그렇지만 이 결론은 성능이 향상된 기계의 도입과 그에 따른 코드의 진화를 통해 사회가 발전한다는 리카도의 견해까지 바꾸지는 못했다. 리카도는 그의 교역 이론을 기계에 대한 관찰과 연계시켜, 세상 어디에선가는 경제적으로 가장 효율적인 기계가 채택될 것이 분명하고 그에 따라 임금도 영향을 받을 것이라고 말했다. "기계는 인간의 도움 없이는 움직이지 못한다. 인간의 노동 없이는 기계를 만들 수 없다."[17]

디킨스의 소설에 등장하는 것과 같은 구빈법의 악영향과 함께, 자본과 노동 사이의 대체 가능성을 받아들인 리카도로 인해 경제학자들은 임금기금설을 배제하는 방향으로 나아가게 되었다. 그는 새로운 기계의 도입이 노동자의 대체라는 결과를 낳는다는 개념을 받아들였다. 노동자들의 운명은 여전히 암울했으나 그것은 이제 맬서스 학파에서 말하는 결핍 때문이 아니라 기계가 노동자를 대체했기 때문이었다.

이렇게 위대한 인간 대 기계 논쟁이 격렬해지면서 코드, 노동자, 그리고 경제에서 생산활동을 통해 얻는 수익에 대한 경제학자들의 사고방식이 대대적인 변화를 시작했다.

위대한 인간 대 기계 논쟁은 거의 40년 후, 거의 1만 킬로미터 떨어진 곳에서 새로운 국면을 맞아 현대에 이르는 방향으로 전환되었다.

1868년 가을 샌프란시스코에는 기대감이 가득했다. 1차 대륙횡단 철도(First Transcontinental Railroad, 태평양 철도(Pacific Railroad)라고 알려지기도 했다)의 완성이 몇 개월 앞으로 다가온 때였다. 그렇지만 모두가 철도의 도래가 엄청난 번영을 가져올 것이라고 믿는 것은 아니었다. 헨리 조지(Henry George)라는 29세의 식자공도 이런 회의론자 중 하나였다. 조지의 연구는 이후 고전주의 경제학자들의 임금기금설에 변화를 가져왔으며, 위대한 인간 대 기계 논쟁에 새로운 차원을 선보였다. 논쟁의 이런 새로운 방향은 번영과 불평등 사이의 관계에 대한 현재의 논란과도 공명한다.

『샌프란시스코 타임스(San Francisco Times)』에서 일한 조지는 1868년 말 이 신문에 「철도가 우리에게 무엇을 가져다줄 것인가(What the Railroads Will Bring Us)」라는 제목의 사설을 실었다. 오늘날 디지털 기술의 발전으로 인한 사회 불평등에 관심을 두고 있는 사람들과 마찬가지로, 조지는 철도의 발전이 가져올 사회적 불평등에 대해 우려를 갖고 있었다. 조지의 사설은 "새로운 시대의 캘리포니아는 과거의 캘리포니아보다 더 위대하고, 더 부유하고, 더 강력해질 것이다. 캘리포니아는 더 많은 부를 가지게 될 것이다. 하지만 그것이 공평하게 분배될까? 캘리포니아는 더 많은 호화로움과 세련미, 문화를 누리게 될 것이다. 그렇다면 캘리포니아는 불결함과 빈곤이 거의 없는 보편적인 안락함을 누리게 될까?"라는 말로 시작되었다. 이 두 가지 질문에 대한 답은 철저하게 "아니다."였다. 조지는 철도의 도래로 캘리포니아의 운명이 "사람들을 거대한 도시로 몰아넣고 '산업 지도자들'의 통제 하에 있는 갱단으로 집결시킬 것"이며 그중 어떤 것도 "모든 미덕의 기반인 개인의 자주성을 발전"시키지 못할 것이라고 내다봤다. 그는 이렇게 결론지었다. "우리 캘리포니아에 큰 변화가 다가오고 있다. 우리는 이 변화를 막을 수 있어도 막아서는 안 되며 막으려 하더라도 막을 수 없다. 하지만 우리는 모든 방향에서 이 변화를 보아야 한다. 어두운 면뿐 아니라 밝은 면도 보고, 좋은 것은 서두르고 나쁜 것은 막기 위해 노력해야 한다."[18] 조지의 사설은 폐부를 찔렀다. 이 글은 광범위하게 읽히고 여러 번 인용되었으며, 이후 수십 년 동안 캘리포니아 학교의 필독문으로 자리 잡았다.

「철도가 우리에게 무엇을 가져다줄 것인가」가 발표되고 3년이 흐른 1871년, 조지는 말을 타다가 멈추고 샌프란시스코 만을 내려다보게 되었다. 이후 그는 그가 경험했던 계시의 순간을 회상했다. "달리 마땅한 이야깃거리가 없던 나는 지나가는 트럭 운전사에게 그중 어디가 비싼 땅인지 물었다. 그는 풀을 뜯는 소들을 가리켰다. 멀리 있는 소들은 생쥐처럼 작게 보였다. 운전사는 말했다. '나는 정확히 모르겠소. 하지만 1에이커에 수천 달러나 하는 땅을 가진 사람이 저쪽에 있소.' 부가 진전되면서 가난도 늘어나는 데 이유가 있다는 생각이 섬광처럼 찾아왔다. 인구의 증가로 토지의 가치가 높아지면 토지에서 일을 하는 사람들은 그 토지를 이용하는 대가로 더 많은 돈을 지불해야 한다."[19]

조지는 자신의 생각을 글로 옮기기 시작했다. 그 일은 거의 10년이 걸렸고 그 사이 가족은 파산 직전까지 갔다. 그는 마침내 1879년 한 권의 책을 자비로 출판했다. 그것이 바로 『진보와 빈곤(Progress and

Poverty)』이었다. 이 책은 세계적으로 200만 부 이상이 팔려 미국에서 당시까지 출간된 책 중에 상업적으로 가장 성공한 책이 되었다.

『진보와 빈곤』은 조지가 이전에 철도의 도래에 대해 제시한 주장을 보편적인 이론으로 만들었다. 내가 2장에서 서술했던 제인 제이콥스의 이론과 산타페 팀의 발견을 150년 앞둔 시점에서 조지는 인구 밀도의 증가(맬서스가 주장한 인구의 감소가 아니라)가 인간 사회의 번영을 증가시키는 원천이라고 주장했다. "부는 인구의 밀도가 가장 높을 때 가장 커진다. (……) 정해진 노동량으로 생산되는 부의 양은 인구가 증가하면서 늘어난다." [20] 인구 밀도가 높은 도시 사람들 사이의 잦은 상호작용은 코드의 출현과 진화를 가속시킨다. 인구의 증가와 늘어난 밀도는 자연스럽게 부의 증대를 가져오는 한편으로, 불평등과 빈곤의 증가 역시 불러온다. 왜일까? 노동의 결실을 거두어들이는 사람은 언제나 토지의 소유자이기 때문이다. 그는 이렇게 적고 있다. "[산업의] 생산력 향상이 노동의 보상 증가로 이어지지 않는 것은 경쟁 때문이 아니라 한쪽에서만 경쟁이 일어나기 때문이다. 토지(생산을 할 수 없는 땅을 제외한)는 이미 독점되어 있으며, 토지의 사용을 두고 생산자들의 경쟁이 치열하기 때문에 임금은 최저가 될 수밖에 없으며, 생산력 향상의 모든 혜택은 높은 임대료와 증대된 토지 가치의 형태로 지주에게 돌아간다." [21]

『진보와 빈곤』이 출판되기 10년도 전에 등장한『자본론(Das Kapital)』의 칼 마르크스(Karl Marx)와는 대조적으로, 조지는 "이해의 대립은 노동과 자본 사이에 일어나는 것이 아니다. 사실 대립의 한편에는 노동과 자본이 있고 다른 한편에는 토지 소유권이 있다."라고 말했다.[22] 이러한 분석이 함축하는 바는 단순하면서도 강력하다. 몇 사람의 손에 부가 편중되는 일을 막기 위해서는 정부가 자본과 노동, 즉 경제의 생산 요소에 대한 모든 세금을 없애고 이들 세금을 토지에 대한 단일 세금으로 대체해야 한다는 것이다. 여기에서 단일세 운동(Single Tax movements)이 시작되었다.

단일세 운동은 최근의 티파티(Tea Party, 미국에서 정부의 건전한 재정 운용을 위한 세금 감시 운동을 펼치고 있는 시민 중심의 신생 보수 단체-옮긴이)나 월가 점령 운동(Occupy movements, 2008년 발생한 글로벌 금융 위기 이후 극심해진 소득 양극화를 비판하기 위해 2011년 7월 월가에서 시작되어 전 세계에 번진 반자본 시위-옮긴이)을 합친 것보다 규모가 훨씬 컸고 영향력도 대단했다. 이 운동은 미국과 세계 전역의 지지자들을 통해 자체 잡지, 『단일세 리뷰(The Single Tax Review)』를 발간하기도 했다. 1901년(조지의 사망 4년 후)에 시작된 이 잡지는 1921년까지 계속 발간되었다.

위대한 인간 대 기계 논쟁 1라운드는 기계화에 초점을 맞추었고, 그 영역에서 역사는 명확한 평결을 내렸다. 기계는 인간의 노동을 완전히 대체하는 것이 아니라 보완하는 수단으로 밝혀졌다. 바이런 경의 하원 연설로 대표되는 기계화에 대한 반대 의견이 러다이트의 오류(Luddite Fallacy)로 알려지게 될 정도로, 이 논쟁에서의 승자는 명백했다.

일반적으로 우리가 알다시피, 19세기 중반 이후 영국의 산업 혁명은 노동자의 임금과 생활 수준을 극적으로 향상시켰다. 대개 도시의 공장에서 일하기 위해 고향을 떠난 노동자들은 필연적으로 직업에서 경영 코드가 강제하는 권위와 도시 생활의 다양한 제약에 종속되었고, 코드의 발전에 의한 생산 효율의 증대는 행복의 평균치를 크게 높였다. 헨리가 예측했던 대로 그러한 효과가 불평등하게 분배되긴 했지만 말이다. 조지메이슨 대학교의 경제학자 알렉스 태버럭(Alex Tabarrok)은 이렇게 표현했다. "러다이트가 오류가 아닌 진실이었다면 생산성이 2세기 동안 진전된 지금 우리는 모두 일자리를 잃었을 것이다."[23]

기계가 인간의 노동력을 대체하고 자동 조립 라인이 공장 노동자를 대체한 일이 인류 공동체에 전반적으로 긍정적인 영향을 주었다는 것은 역사가 확실하게 보여 주고 있다. 하지만 사무 노동자들이 디지털 컴퓨터로 대체된다면 어떨까? 이 역시 긍정적인 결과를 낼 것이라고 믿을 만한 근거가 있는가? 효율의 증대를 위해 개인의 자율성을 더 양보하는 일이 행복의 평균치를 향상시킬 만큼 큰 이익을 계속해서 낼까? 그렇다면 우리는 코드의 지속적인 발전이 만들어 낼 불평등의 증대를 기꺼이 받아들일까? 역사가 러다이트에 대한 부정적인 판단을 내리기는 했지만 이것은 심각한 문제다. 전 재무장관 래리 서머스(Larry Summers)가 디지털 와해(Digital Disruption)로 인한 노동자의 대체와 관련해『월스트리트 저널』에 썼듯이 "일자리가 생기는 부문보다는 일자리가 사라지는 부문이 더 많다. 소프트웨어 기술의 다목적적 측면은 그것을 통해 만들어진 업계나 일자리조차도 영원하지 않다는 것을 의미한다."[24] 이것이 어떻게 긍정적인 발전일 수 있을까?

역사는 이런 쉽게 대답할 수 없는 문제들에 얼마간의 길잡이를 제공한다. 현대는 자동화로 인해 정신노동자들이 생계를 위협받은 최초의 시대가 아니다. 18세기와 19세기의 회계 사무원 — 찰스 디킨스의 작품에서 밥 크래칫으로 구현된 — 은 수학적 계산을 하면서 책상에 앉아 고생스럽게 일을 해야 했다. 버로스(Burroughs, 그림 5.1 참조)라는 최초의 계산기가 출현하면서, 교육 수준이 훨씬 낮고 계산에 서툰 사람들도 회계 사무원의 일을 할 수 있게 되었다. 1920년대에는 장인이나 육체 노동자만이 아니라, 사무 노동자들도 기계화에 의해 생계를 위협받았다.

1926년 시카고 대학교의 경제학자 폴 더글러스(Paul Douglas)는『시스템: 비스니스 매거진(System: The Magazine of Business)』— 당대의『포브스(Forbes)』와 같은 잡지 — 에「'화이트칼라' 직업 시장에 무슨 일이 일어나고 있나?(What Is Happening to the 'White-Collar-Job' Market?)」라는 기사를 실었다. 더글러스는 기이하고 잠재적으로는 불안한 추세를 설명했다. 공장 노동자의 임금이 사무직 봉급 생활자의 임금을 따라잡고 있었다. 더글러스가 연구한 1889년에서 1922년까지 화이트칼라 일자리의 성장률은 공장 노동 일자리의 성장률의 두 배에 달했기 때문에, 이 사실은 기이해 보일 수밖에 없었다. 화이트칼라 노동자에 대한 수요의 강력한 성장세를 고려하면, 임금이 급격히 올라갈 것이라고 예상하게 마련이다. 그러나 자료는 임금의 완만한 하락세를 보여 주었다. 화이트칼라와 공장 노동자 봉급이 비슷해지는 것은 불안 요소였다. 화이트칼라 노동은 공장 노동보다 높은 수준의 교육을 필요로 했고, 비교적 편안한 중산층 생활로 향하는 새로운 통로로 여겨졌기 때문이다. 이렇게

	*
157.38	157.38
762.91	76291
435.75	435.75
800.76	800.76
43.02	43.02
987.25	987.25
500 00	500.00
1,003.50	1,003.50
245.65	245.65
82.47	82.47
4,250.86	4,250.86
1,014 75	1,014.75
243.92	243.92
914.75	914.75
5,475.80	5,475.80
14,850.07	14,850.07
410.25	410.25
.74	.74
9.10	9.10
27.72	27.72
896.35	896.35
1,238.63	1,238.63
7,800.00	7,800.00
10,000.00	10,000.00
127.34	127.34
77.01	77.01
303.24	303.24
3,808.89	3,808.89
458.92	458.92
1,456,789.34	1,456,789.34
11,025.22	11,025.22
600.10	600.10
2,250.85	2,250.85
14,823.45	14,823.45
8,207.12	8,207.12
2,100.00	2,100.00
1,555,723.11	1,552,723.11 *
2 3	

Facsimile of Figures Added and Listed by hand by the average Clerk in 9 minutes.

Facsimile of Figures Added and Listed by a Burroughs in 1½ minutes by an average operator.

FIGURE 1

Why the Burroughs is a Necessity

Expert operators on a Burroughs can add and list 500 checks, different amounts, in 6 min. 18 sec.

48

그림 5.1 "버로스가 왜 필수품인가?" 이 그림은 1910년 버로스 코퍼레이션(Burroughs Corporation)이 출간한 안내 책자에서 발췌한 것이다. 이 책자는 버로스 계산기(Burroughs Adding Machine)의 연혁과 사회적 영향에 대해 설명하고 있다. 이미지의 왼쪽에는 일련의 숫자들을 손으로 써서 더한 필기가 담긴 사진과 일반적인 직원이 일을 마치는 데는 9분이 걸린다는 설명이 적혀 있고, 오른쪽에는 버로우 계산기로 더한 수식과 일반적인 조작원이 일을 마치는 데는 1분 30초가 걸린다는 설명이 적혀 있다. 추정 시간의 정확도에 관계없이 중요한 점은, 버로스 계산기는 직접 손으로 숫자를 더할 때보다 교육받지 못한 서툰 사람들도 쓸 수 있었다는 것이다.
출처: 버로스 코퍼레이션(1910), 「사무직원의 고민, 시간과 노동력 낭비를 줄여 주는 더 나은 일일 작업 방식(A Better Day's Work at a Less Cost of Time, Work, and Worry to the Man at the Desk)」, 디트로이트, 미시건 주: 버로스 계산기 회사. 구글에서 디지털화함.

화이트칼라가 가진 이점이 사라지는 과정을 보면서, 더글러스는 "우리는 그리 멀지 않은 미래에 1918~20년까지와 비슷한, 즉 임금 노동자[즉, 공장 노동자]가 사무 노동자보다 더 돈을 많이 버는 상황과 마주치게 될 것이다. 기름때가 묻은 작업복이 아닌 희고 깨끗한 셔츠를 입고 일한다는 점이 사무직의 유일한 장점이 될 것이다."라고 경고했다.[25] 자료를 분석한 더글러스는 화이트칼라 임금과 공장 노동 임금이 비슷해진 세 가지 이유를 발견했다. 첫번째 이유는 화이트칼라 노동자에 대한 수요가 급속히 증가하는 동안 화이트칼라 노동자의 공급은 더 빨리 늘어났다는 점이었다. 이러한 현상은 노동자들이 공장 노동보다 사무 노동을 더 선호하고, 교육받은 노동자들이 증가하면서 화이트칼라 직종에 지원 가능한 인력 풀이 커졌기 때문에 나타났다. (최근 중국의 노동 시장에서도 비슷한 추세가 나타나고 있다.)[26]

두 번째 이유는 기계와 관련이 있다. 더글라스가 언급한 대로 "기계의 사용이 늘어나면서 사무실에서 필요로 하는 기술의 수준이 낮아졌다. 예를 들어, 구식 부기(簿記) 담당자는 글씨를 잘 써야 했고, 아주 정확하게 곱셈과 나눗셈을 할 수 있어야 했다. 오늘날 그 자리는 부기 기계를 조작하는 여성들이 차지했다. 그들이 숙련된 부기 담당자가 되는 데 걸리는 시간은 기껏해야 몇 주이다." 달리 말해, 기계의 도입은 인간의 역량을 보완하고 강화함으로써, 숙련된 노동자를 대체했다. 기계 덕분에 이전에는 노련한 노동자가 필요했던 업무를 비교적 기본적인 교육만을 받은 노동자도 수행할 수 있게 되었다.

이야기는 여기에서 끝나는 것이 아니다. 더글러스는 계속해서 이렇게 말하고 있다. "이 상황을 이렇게 달리 볼 수도 있다. 과거에는 경리가 부기를 위한 기술을 발휘했다면, 과거의 경리보다 훨씬 열등한 기술을 가진 사람이 경리로서 계산기를 조작하는 오늘날에는 공장 노동자가 계산기를 제조하기 위한 기술을 발휘한다. 이렇게 기술이 사무실에서 공장으로 이동하면서 기술에 대한 보상 역시 사무직 노동자에게서 공장 노동자에게로 이동했다."

이것은 대단히 중요한 문제로 책의 뒷부분에서 다시 다루게 될 것이다. 핵심은 더 뛰어난 기계를 산업 현장에 도입하는 것이 인간의 기술이나 역량을 기계로 코드화할 뿐만 아니라, 기술이라는 부담을 그 일의 한 부문에서 다른 부문으로 이전시키기도 한다는 것이다. 더글라스가 말했듯이, 20세기 초 부기 기술이 계산기를 제조하는 기술로 이전된 결과, 제조업의 임금이 상대적으로 높아졌다. 그에 상응하는 최근의 사례는 계산기를 제조하는 기술(IBM이나 델이 전성기를 구가하던 때를 생각해 보라)이 계산기에 발전된 명령을 입력하는 기술로 이전된 것이다. 그 결과로 프로그래머의 임금이 상대적으로 높아졌다. 기본 과정은 동일하다. 기술의 발전은 일부 노동자가 보유하고 있는 기술에 대한 수요를 감소시키고 다른 노동자의 역량을 강화하며 기술에 대한 필요를 한 부문에서 다른 부문으로 이전시킨다. (이후 더글러스는 수학자 존 콥(John Cobb)과 함께 발표한 책을 통해 경제에서의 자본-노동 대체 및 생산성에 대한 현대적인 연구의 초석을 마련했다. 글상자 5.2 참조)

폴 더글라스가 설명한 대로, 예측할 수 있는 반복적인 방식으로 코드가 발전함에 따라 일은 "분기"한다. 코드의 발전은 일의 분기라는

콥-더글라스 생산 함수

폴 더글러스는 1927년 봄 암허스트 대학교에서 강의를 하던 중 「생산 이론(A Theory of Production)」이라는 단순한 제목의 논문을 준비하기 시작했다. 당시 더글러스는 1889년부터 1922년까지 사용된 총 자본, 제조업 부문에 고용되어 있는 봉급 생활자의 수, 제조업 산출량 등 미국 제조업에 대한 자료를 공들여 모아 둔 터였다. 더글러스는 자료를 가지고 논문을 구상하던 중에 예상치 못했던 규칙성을 발견했다. 자본과 노동이 산출에서 차지하는 상대적인 몫이 전 기간 내내 일정했던 것이다. 수학자 찰스 콥과의 연구를 통해 그는 연구에서 다루는 기간의 자료를 일반화할 수 있다고 판단했다. 자본(K), 노동(L)의 투입과 생산된 산출물(Y)의 관계를 일반화된 생산 함수의 이형으로 표현할 수 있었던 것이다. 해당 자료에 맞는 구체적인 이형은 다음과 같았다.

$$Y = K^{0.25} \cdot L^{0.75}$$

콥과 더글러스가 이 특정한 함수 형태에 도달한 것은 그것이 경제에 대한 상식적인 추론과 일치하는 특성을 가지고 있다고 알려져 있었기 때문이다. 특히 이 함수는 "규모에 대한 수확 불변"을 보여 준다. 이는 이 함수가 생산 과정에 들어가는 모든 투입 요소(이 경우에는 자본과 노동)를 두 배로 늘리면 산출이 정확히 두 배가 된다는 의미이다. 1928년 그들은 전미경제학회(American Economic Association)의 학회지인 『아메리칸 이코노믹 리뷰(Amercan Economic Review)』에 공동 연구의 결과를 발표했다.[27]

콥-더글러스 생산 함수가 흥미를 끈 것은 그 함수가 제조업 투입과 산출에 대한 자료와 맞아떨어졌기 때문이 아니었다. 흥미로운 점은 콥—더글러스 생산 함수가 자본가와 노동자가 산출물을 공유하는 방식에 대한 이론상의 예측을 입증했다는 것이다. 이렇게 입증된 이론은 현대 경제학에서 분배에 대한 "인과응보(Just Deserts)" 이론—스펠링상 Just Deserts가 맞지만, Just Desserts라고 쓴다면 좀더 직관적으로 느껴질지도 모르겠다—이라고 알려져 있다. 존 베이츠 클라크(John Bates Clark, 전미경제학회가 매년 40세 이하의 가장 뛰어난 경제학자에게 수여하는, 경제학 분야에서 노벨상 다음으로 명망이 높은 존 베이츠 클라크 메달과 같은 이름)가 1888년 전미경제학회의 연설에서 처음으로 제기한 인과응보 이론은, 자본가가 아닌 노동자에 대한 산출물의 분배 비율은 노동조합의 구매력이나 자본가들 사이의 결탁과 같은 "왜곡"이 없는 경제일 경우 기술이라는 요소에 의해 결정된다는 것이다. 1899년 출간된 고전, 『부의 분배(The Distribution of Wealth)』에서 클라크는 이 이론을 이렇게 요약하고 있다.

> 사회 소득의 분배가 자연 법칙에 의해 통제되며 장애 없이 작동한다면 이 법칙이 생산의 모든 참가자에게 그 참가자가 만든 양만큼의 부를 준다는 점을 증명하는 것이 이 연구의 목적이다. 임금은 개인들 사이에 자유롭게 이루어지는 거래로 조정될 수 있으나, 그 경향성을 수치화한 임금률은 산업 생산에 노동이 기여한 비율과 같다고 본다. 마찬가지로 자본가의 이익도 자유로운 거래를 통해 조정될 수 있으나, 생산에 자본이 기여한 비율과 같은 수준의 이익을 얻는 것이 자연스러운 경향일 것이다.

산출물을 만드는 데 기여한 정도에 따라 추가 노동 시간은 보상받는다. 자본도 마찬가지다. 이러한 노동의 추가적인 생산, 즉 "한계" 생산이 늘어남에 따라 임금도 늘어난다. 자본의 추가적인 생산, 즉 "한계" 생산이 늘어남에 따라 자본에 돌아가는 수익률도 늘어난다. 노동과 자본 어느 쪽이든 이것이 암시하는 바는 명확하다. 얻어야 할 만큼 얻으므로 화를 낼 필요가 없다. 콥과 더글러스의 추정이 정확했다면, 저스트 데저트 이론은 1899년부터 1922년까지의 산출량 중 75퍼센트 — 75퍼센트는 위 함수의 지수 0.75와 정확히 일치한다 — 가 노동자에게 가야 한다고 설명한다. 실측치는 74.1퍼센트였다. 따라서 자본과 노동의 절댓값이 전체적인 산출량이란 파이의 크기를 결정하고, 콥 더글러스 생산 함수의 계수들은 자본과 노동에 주어지는 파이 조각의 비율 — 산출의 25.9퍼센트는 자본주에게 갔고 74.1퍼센트는 임금으로 노동자들에게 주어졌다 — 을 결정한다.

콥과 더글러스의 추정이 재산에 대한 자료와 대단히 정확하게 맞아떨어졌다는 사실은 신고전주의 생산 이론의 유효성을 입증하는 가장 중요한 요소이다. 그럼에도 불구하고, 더글러스 자신이 이후에 말했듯이, 찰스 콥과 함께 쓴 그의 논문은 "매우 부정적으로 받아들여졌다. 어느 누구도 우리의 연구에 대해 좋은 말을 하지 않았다."

그렇지만 시간이 흐르면서 콥과 더글러스가 개척한 접근법은 지지를 얻었다. 그들이 1928년의 논문에서 추정했던 함수 공식은 1950년대 실증 경제학과 이론 경제학 양쪽의 중추가 되었다. 이후 보다 복잡하고 유연한 함수 공식들이 나타나 대체되기는 했지만, 콥 —더글러스 생산 함수의 이형들은 가장 실증적인 생산 분석의 기본 틀로 남아 있다.

대단히 중요한 기제를 통해 인간의 행복을 증진하는 동시에 코드에 대한 인간의 의존을 늘린다.

이 장에서 나는 생산 과정을 제시하고 코드의 중요성을 수량화하려는 초기 경제학자들의 시도에 대해서 설명했다. 다음 장에서는 경제 시스템에서의 조직화된 상거래와 새로움의 근원을 이해하려는 경제학자들의 노력이 생물학적 시스템 내에서 생명과 새로움의 근원을 이해하려는 생물학자들의 노력과 얼마나 유사한지 설명할 것이다.[28]

다음 장으로 나아가기에 앞서, 바이런 경, 찰스 배비지, 에이다 러브레이스의 이야기를 간략하게 다룰 것이다. 이 이야기는 이 장의 처음에서 언급했던 "미래에서 온 이민자"로 인해 가장 많이 교육받은 노동자들에게 가해지는 위협과 관련된 다음 장의 주제, 즉 현재 코드 발전의 최첨단에 있는 머신 러닝 알고리즘과, 인공 지능을 가능하게 하는 디지털 시스템에 대해 짐작할 수 있게 해 줄 것이다.

1957년 허버트 사이먼은 운용과학회(Operations Research Society)에서 강연을 했다. 그는 "물리학자들과 전기공학자들이 디지털 컴퓨터의 발명과 큰 관련이 없었다는 것을, 디지털 컴퓨터의 진정한 발명자는 경제학자 애덤 스미스이며 그의 생각이 두 수학자 드 프로니와 배비지의 개발 단계를 거쳐 하드웨어로 옮겨졌다는 것"을 흥미롭게 관찰했다. 이후 사이먼은 드 프로니와 3장에서 언급한 미용사의 이야기를 상술하고, "드 프로니의 대규모 수표 제작에서 영감을 받은 배비지가 사무 업무에서 기계가 인간의 노동을 대신할 수 있다는 생각을 하고 자동 계

산 엔진의 고안과 제작에 착수하게 되었다."라는 결론을 내렸다.[29]

그보다 7년 앞서, 사이먼은 기업 중역들 앞에서 강연을 했다. 이 강연의 초점은 폴 더글러스의 관점을 상기하게 만드는 디지털 컴퓨터의 출현 — 당시로서는 5년밖에 되지 않은 — 에 맞추어져 있었다. 사이먼은 디지털 컴퓨팅의 발전에 대해 언급하면서, "현재 여러 과학자들이 진력하고 있는 이러한 발전에 대해 듣고, (……) 미래에 기업 중역들의 자리가 사라질까 지나치게 걱정하지 않기를 바랍니다. 오늘날의 기업 중역들이 잊힌 존재가 되기까지는 수 세대는 아니더라도 상당한 시간이 필요할 것입니다. 그럼에도 불구하고 저는 이러한 연구들을 (……) 우리가 경영 이론 — 현실과 상반되는 종류가 아닌 현실을 예견하는 종류의 이론 — 을 가질 때가 되었다는 징후로 봐야 한다고 생각합니다."[30]

참석한 기업 중역들이 디지털 기계가 점진적으로 그들의 노동을 대체할 것이라는 사이먼의 의견에 당혹감을 느꼈다면, 배비지와 공동으로 작업한 에이다 러브레이스의 관찰에서는 위로를 느꼈을 것이다. 러브레이스는 시를 쓰거나 음악을 작곡하는 데 사용할 수 있는—실제로 "어느 정도의 복잡성을 가진 정교하고 과학적인 곡"을 작곡할 수 있는—컴퓨터를 마음속에 그리긴 했지만, 컴퓨터가 인간적인 사고를 하거나 보다 고차원적인 과제를 맡을 수 있게 될 것이라고는 생각지 않았다. 그녀는 이렇게 적었다. "해석기관이 무엇이든 창작할 수 있는 것은 아니다. 해석기관은 작업을 수행하기 위해서 어떻게 해야 하는지 우리가 알고 있는 것이라면 무엇이든 할 수 있다. 해석기관은 분석을 따를 뿐이다. 분석적 관련성이나 진리를 예상하는 능력은 없다." 이후 앨런 튜링은 이 주장에 "러브레이스 백작부인의 반론"이라는 이름을 붙였다.

바이런이 하원에서 전개한 주장을 현대에 계승한 사람들 사이에서는 노동의 자동화로 "몇몇 개인만을 부유하게 만들면서 노동자를 일자리에서 밀어내고 그들의 고용 가치를 떨어뜨릴 것"이라는 우려가 계속되고 있다. 하지만 에이다 러브레이스는 유작을 통해 인공 지능 발전의 한계—어떤 컴퓨터도 흉내 낼 수 없는 인간적 인지, 경험, 창의력의 경계—가 존재한다고 주장함으로써 이러한 우려를 반박했다.

위대한 인간 대 기계 논쟁에서, 아이러니하게도 바이런과 러브레이스는 스펙트럼의 양극단을 차지했다. 바이런의 추종자들은 인간의 일을 대체하는 기계의 능력에 거의 한계가 없다고 주장하고 러브레이스의 추종자들은 그 반대라고 주장했던 것이다. 왜 이것이 아이러니일까? 에이다 러브레이스가 바이런 경의 딸이기 때문이다.[31]

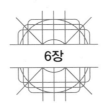

6장

정보
형편없는 계전기를 사용하는 믿을 만한 회로

철학은 늘 우리의 눈앞에 있는 위대한 책―우주 말이다―에 적혀 있다.
하지만 우선 거기에 쓰인 언어를 배우고 기호를
파악하지 않으면 그것을 이해할 수 없다.
− 갈릴레오 갈릴레이, 『세계의 체계』, 1661 −

2015년 1월 5일, 전미경제학회의 2차 연례 회의의 한 세션에 지나치게 많은 사람들이 몰리자 보스턴 경찰이 출동했다. 경관들은 많은 참가자들에게 소방법에 따라 방을 비우라고 지시했다.

어떤 이례적인 일이 경제학자들 사이에서 이런 열광적인 반응을 이끌어 낸 것일까? 문제의 세션의 제목은 〈경제학과 계량경제학에서의 머신 러닝 방법(Machine Learning Methods in Economics and Econometrics)〉이었다. 이 세션은 경제학 분야에 몸담은 사람들의 입장에서 엄청난 스타 파워를 가지고 있었다. 2007년 존 베이츠 클라크 메달을 받았으며 마이크로소프트의 수석 경제 고문을 지낸 스탠포드의 수전 애티(Susan Athey), 행동경제학의 신기원을 이룬 하버드의 센딜 멀레이너선(Sendhil Mullainathan)과 같은 초특급 토론자가 참석했기 때문이다. 그렇지만 사람들이 모여든 진짜 이유는 이 세션이 데이터 분석—혹은 빅데이터(Big Data)—이라는 신생 분야를 경제학에 어떻게 적용할 것인가에 대해 중점적으로 다룬 드문 경우였기 때문이다.

이 세션의 전체적인 맥락을 이해하기 위해서 제목에 등장한 "머신 러닝(machine learning)"이라는 용어부터 시작해 보자. 머신 러닝은 집약적인 계산량과 효율적인 패턴 매칭을 통해 답을 찾는다.[1] 그 한 예가 구글 번역이다. 구글 번역은 인간의 언어 습득 과정을 모방하는 대신 통계 기반 기계 번역이라고 알려진 기법을 채용한다. 이 기법은 우선 이전에 하나의 언어에서 다른 언어로 번역된, 가능한 많은 글로 이루어진 "학습 데이터세트(training dataset)"를 수집한 다음, 의미가 서로 부합할 가능성이 높아질 때까지 해당 데이터를 컴퓨터로 철저히 분석한다. 즉 서로 의미가 일치할 가능성이 높은 A언어로 된 특정한 구문 — 실제로는 문자열에 불과하다 — 과 B언어로 된 특정한 구문의 쌍을 찾아낸다. 그 정보를 저장하고 있다가 누군가 구글 번역 서비스에 구문을 입력하면 프로그램이 입력된 구문에 가장 잘 부합할 것 같은 구문을 제시한다.

구글 번역은 문법이나 통사는 물론 단어조차 "알지" 못한다. 이 프로그램은 개연성이 있는 쌍, 거대한 데이터 등 모두 인간의 지능이 이전에 만들어 낸 것들을 기반으로 답을 제시하는 것뿐이다. 지금은 휴대전화로 접근해서 알아볼 수 있는 시시각각의 일기예보 역시 같은 방식으로 이루어진다. 머신 러닝은 번역이나 날씨 예측에서 좋은—허버트 사이먼이나 앨 뉴얼 같은 초기 인공 지능 프로그래머들이 구상한, 대뇌 모방 구조를 이용한 기계 번역이나 기상 예측보다 나은—효과를 발휘하고 있다.

머신 러닝의 선구자, 레슬리 밸리언트(Leslie Valiant)는 1984년 그의 논문에서 이런 접근법을 "습득자 이론(A Theory of the Learnable)"이라고 묘사했다. "인간은 전형적인 의미의 명시적인 프로그래밍이 없이도 새로운 개념을 배울 수 있는 것으로 보인다. 이 논문에서 우리는 학습을 명시적인 프로그래밍이 없는 상태의 지식 습득 현상으로 간주한다."[2] 이 과정은 "학습자가 개념을 분명하게 예시하는 전형적인 데이터의 공급, 즉 학습 데이터세트에 접근할 수 있을 때" 시작된다. 머신 러닝 알고리즘은 학습 데이터세트를 이용해 패턴을 분석하고 개연성을 추정한 뒤 테스트 데이터세트(test datasets)를 이용하여 알고리즘의 성과를 평가하고 개선시킨다.

경제학 분야에서 "머신 러닝" 세션이 그렇게 많은 사람들—대부분이 경제학의 미래를 결정할 새로운 기법에 대해 알고자 하는 대학원생들이었다—을 불러 모았다는 것이 어떤 의미일지 생각해 보자. 연구상의 의문점 때문에 머신-러닝 알고리즘으로 패턴을 도출해 내고자 했을 수도 있지만, 일단 알고리즘이 패턴을 수용하면 이론이나 상세한 모의실험은 부차적인 것이 된다. 알고리즘과 데이터만으로도 결론은 자명하기 때문이다.

물론, 데이터 저널리스트 네이트 실버(Nate Silver)가 지적하듯이,

"데이터가 얼마나 많든 그것은 과학적인 추론과 가설 검증, 체계적 시스템 분석을 대신할 수 없다." 그럼에도 불구하고, 경제학에서 머신러닝의 도입과 활용이 급속도로 이루어지면서, 이제까지와 달리 코드가 경제학 연구의 핵심을 차지하게 되었고 전문 지식과 방법론적 타당성에 대한 개념도 도전을 받기 시작했다. 『외교 정책(Foreign Policy)』의 CEO이자 편집장인 데이비드 로스코프(David Rothkopf)는 최근 「매크로사우루스를 위한 진혼곡(Requiem for the Macrosaurus)」이라는 글을 썼다. 거기에서 그는 이렇게 말하고 있다.

> 오늘날의 경제 모델은 상대적으로 몇 안 되는 관련 변수에 의존하는 반면, 미래의 모델은 무제한적인 변수를 활용하여 정책 결정자에게 새로운 도구들을 개발할 기회를 만들어 줄 것이다. 이 새로운 모델의 대부분은 미시경제학자의 지식보다는 나노경제학자들, 작은 경제 단위와 큰 규모의 경제 단위 사이의 관계를 연구하는 최고 전문가들의 지식을 필요로 하게 될 것이다. 전반적인 시장 상황과 거기에 영향을 주는 요인들을 보여 주는 실시간 데이터 소스가 늘어나면서, 이를 기반으로 새로운 경제 이론도 나타날 것이고, 그러한 데이터를 분석하기 위해 유례 없이 강력한 도구들이 만들어질 것이다.[3]

하지만 거시경제학자들 — 로스코프가 "매크로사우루스"라고 말하는 — 은 이 새로운 분석 기법들로 인해 권위를 위협받고 있는 것이 자신들만이 아니라는 사실에 위안을 받을 것이다. 시카고 대학교의 경제학 교수이며 『괴짜 경제학(Freakonomics)』의 공저자인 스티븐 레빗(Steven Levitt)은 2015년 미국국립과학원에서의 연설에서 허버트 사이먼이 1950년에 기업 중역들에게 한 발언을 되풀이했다. "기업들이, 그리고 정책 결정권자들도 대단히 변화시키기 어려운 세상입니다. 중역들의 역할이 '모든 것을 아는 전문가'에서 '적절한 질문을 던지고 적절한 데이터를 모아서 그 질문에 대한 대답이 무엇인지 말할 수 있는 사람'으로 변화하는 세상입니다."[4]

코드를 기업의 의사 결정에 적용하는 문제는 학습과 코드의 진화—경제학 분야만이 아니라 경제 자체를 변화시키고 있다—를 다루는 마지막 장에서 이야기할 것이다.

허버트 사이먼은 1978년 그의 노벨상 수상 연구에서 다음과 같이 보았다. "경제학을 일종의 제국으로 볼 때 경제학자들의 인구 밀도는 매우 불균등하며, 별로 크지 않은 소수의 영역에 인구의 대부분이 모여 있다. 경제학의 심장부에는 국제 및 국내 경제와 시장에 대한 규범적 연구가 있으며 여기에서 주요하게 다루는 문제는 자원의 완전한 고용, 효율적인 자원 분배, 경제 산물 분배의 형평성이라는 세 가지이다."[5] 자원의 할당과 분배에 대한 질문이 주를 이루는 '심장부'는 이렇게 붐비는 반면, 기업—인간 사회와는 대조적으로, 존재 자체로 '경제'를 규정하는 창의적인 활동 주체들—의 실제적인 행태와 관련된 분야는 2차 대전까지 변두리에 해당했으며 인구 밀도도 희박했다. "그곳의 주민들은 예전처럼 주로 산업 기술자, 행정을 연구하는 학생, 기업 기능 전문가였고, 이들 중에는 경제학과 관련이 있는 사람이 없었다. 찰스 배비지와 같은 수학자, 디지털 컴퓨터의 발명가이며 엔지니어인 프레더릭 테일러, 행정가인 앙리 파욜(Henri Fayol) 등이 두드러진 선구자들이었다."[6]

사이먼은 다음과 같이 덧붙였다. "그렇지만 2차 대전까지는 거의 버려졌던 이 영역이 군의 운영과 병참에 대해 연구한 과학자, 수학자, 통계학자들에 의해 재발견되었고 '운영 연구(Operations Research)' 혹은 '운영 분석(Operations Analysis)'이라는 새로운 이름을 얻게 되었다. 운영 연구자들은 사회과학 공동체로부터 너무나 외떨어져 있었기 때문에 그 영역에 들어가고자 하는 경제학자들은 그들만의 거주지를 따로 만들어야 했을 정도였고, 그들은 이 거주지를 '경영과학'이라고 불렀다."[7] 경영과학은 코드에 초점을 둔다는 점에서 중심지의 경제학과 달랐다. "이 학문은 무엇을 결정하는가에 대한 이론이라기보다는 어떻게 결정하는가에 대한 이론이다."[8]

사이먼은 "제한된 합리성(bounded rationality)"에 대한 연구로 노벨상을 수상했다. 제한된 합리성이란 사이먼 스스로가 만든 말로 경제학에 대한 그의 기여는 이를 중심으로 했다. 그렇지만 이 말은 중심지와 변두리 거주지에 대한 사이먼의 비유에서 알 수 있듯이, 생산의 산출물이 아니라 방법에 대한, 그리고 모든 의사 결정의 기저를 이루는 근본적인 정보 처리에 대한 체계적 질문이 하찮게 인식되고 있음을 암시한다.

사이먼은 노벨 경제학상을 수상했음에도 불구하고 자신이 경제학자들로부터 소외받고 있다고 느꼈다. 우선, 그는 자신을 경제학자가 아닌 행동과학자라고 생각한 데다 자신이 명확하게 보고 있는 사실을 이해하지 못하는 사람들을 그리 잘 참지 못했다. 더구나 1970년대 학문의 추세는 완벽한 정보가 제공되고 있다는 가정 하에 자원의 분배에 집중하며, 이전에 그가 몰두했던 생산 알고리즘을 대부분 무시하는 신고전주의적 선택 모델 쪽을 향하고 있었다.

즉 20세기 경제학과 관련된 과학적 탐구의 전반적인 경향을 볼 때, 허버트 사이먼, 찰스 배비지, 프레더릭 테일러가 살고 있는 곳은 경제학상 "인구 밀도가 낮은" 변두리였고, 이것이 사이먼이 노벨상 수락 연설을 할 때의 실제 상황이었다.

학부에서 가르치는 경제학은 승리자들이 쓰는 역사가 어떠한가를 보여 주는 가장 좋은 예이다. 신고전주의 경제학의 방법론이 20세기 중반 수없이 많은 승리를 경험한 덕분에, 학생들은 경제 내 자원의 분배—코드보다는 선택, 그보다 정도는 덜하지만 생산보다는 소비—에 대한 연구가 경제학의 전체인 것처럼 배우게 되었다. 그렇지만 실질 경제에서는 물론이고 경제 사상의 역사에서도 선택과 코드는 언제나 공존한다.

선택에 치우친 경제학자들의 연구 경향은, 신고전주의 선택 이론을 세운 세 명의 학자 중 하나로 현대 경제학의 아버지라고 인정받는 윌리엄 제본스(William Jevons)의 일화에서 더없이 명확하게 드러난다.

제본스는 데이비드 리카도와 마찬가지로 애덤 스미스의『국부론』

을 읽고 경제학 연구를 시작하게 되었다. 제본스가 20대에 사업을 했다는 것 역시 리카도와 닮아 있다. 그런 경험을 통해 그는 시장이 복잡하게 작동하며 복잡한 세상을 단순화, 조직화하려면 수학이 필요하다는 점을 깨달았다.[9] "인과가 무한히 복잡하게 꼬여 있어서 우리가 제대로 다룰 수 없을 정도이다. (……) 실제로 수량에 관한 경제학 분야는 언제나 수학적이어야 할 필요가 있지만, 큰 성공을 거둔 대부분의 다른 학문 분야에서 이 강력한 표현 방법을 경시한 결과, 정밀하고 보편적인 진술이나 정량적 법칙을 쉽게 이해할 수 있게 하는 일들이 이루어지지 않고 있다."[10]

당시에 선호되던 도구는 미적분학을 이용한 최적화였다. 미적분을 사용함으로써, 또한 자원 분배 시의 선택에 의해 좌우되는 경제적 경험을 근본적으로 구조화함으로써 제본스는 한계 분석의 도구를 고안하게 되었으며, 이 도구는 오늘날 학생들이 학부 과정에서 배우고 있는 신고전주의 경제 이론의 핵심이 되었다.

보통의 이야기는 이쯤에서 끝난다. 하지만 제본스에 대한 이야기는 아직 많이 남아 있다. 그와 동시대인인 헨리 조지와 마찬가지로, 제본스는 평생 동안 그가 태어난 도시의 역사에 존재하는 근본적인 모순을 이해하기 위해 노력했다. 사회적 수준에는 분명한 진전이 있었지만 사회 내 개인과 집단이 가진 재산에는 큰 격차가 있었던 것이다.

제본스는 1835년 9월 1일 리버풀에서 태어났다. 아버지는 철강 사업을 했고 어머니는 예술가였다. 리버풀은 17세기에 급속하게 성장하면서 노예 무역에서 중심적인 역할을 맡게 되었다. 대영제국이 1807년 노예제도를 철폐하자 시민들은 도시의 미래를 크게 걱정했다.[11] 그러나 리버풀이 곧 파멸을 맞을 것이란 예측은 근거가 없는 생각으로 밝혀졌다. 급속히 늘어난 미국 식민지와의 무역이 노예제 폐지로 인한 경제적 공백을 메꾸었다. 1807년부터 제본스가 태어날 때까지 리버풀 항을 통과하는 선박의 수는 2배 이상 늘어났다.

그러나 도시의 인구와 노동자의 임금이 꾸준히 증가하는 와중에서도 유산자와 무산자를 나누는 심각한 경제적 균열이 나타났다. 부유한 리버풀 사람들이 부둣가를 떠나 도시 외곽에 새롭게 조성된 부촌에 자리를 잡으면서 시내 중심에 남겨진 사람들은 형편없는 환경에서 살게 되었다. 이미 32세에 불과했던 리버풀의 기대 수명은 1830년부터 1850년 사이에는 25세라는 충격적인 수준까지 내려갔다.

이러한 현실에 직면한 제본스는 19세기 산업 체계가 가진 불평등에 대해 대단히 민감해졌다. 그는 1870년의 에세이에서 "지금 바로잡아야 할 악이 있다는 것을 아무도 눈치채지 못한 것일까? 지속적으로 파업이 발생하고 광범위하고 강력한 노동조합이 부상한다는 것은, 지금 이 나라의 관습이 산업의 발전에 심각한 지장을 주고 있다는 이야기가 아닌가?"라는 질문을 던졌다. 평등을 지지하는 현대인들만큼이나 뚜렷하게 제도적 혁신의 필요를 주장한 제본스는 "자본가들이 낡은 관습에 매달려 자신들이 받고 있는 특혜를 장막 속에 감추고, 노동자들을 별개의 계급으로 보며 그들의 이익을 자신들과 완전히 반대되는 별도의 것이라고 여긴다면, 과거처럼 미래에도 문제가 생길 것이다."라고 말했다.[12]

제본스는 노동조합이 고용을 제한하는 경향이 있다는 현대 신고 전주의 경제학자들의 의견에 동의하면서도 노동조합을 긍정적인 사회 기관으로 보고 이렇게 말했다. "다양한 단체들은 문명화의 신호이자 수단이다."[13] 그는 노동조합을 금지하고 억압해야 한다고 여긴 대부분 의 동시대인들과 달리, 이익 공유를 기반으로 "보다 유용하고 이익이 되는 형태의 조직"을 만들어야 한다고 제안하면서 "협력(partnership)"이 나 "협동조합(co-operative)"과 같은 이름을 사용했다.

나는 노동자들 스스로가 자본가가 되는 때가 오기를 바란다. (……) 나는 고용주들이 직원들에게 수익을 많이 나누어 준다면, 협동조합을 통해 자본을 조달하는 노동자 운동이 나타날 것이라고 믿는다.[14]

산업 현장에서의 불평등이 노동조합과 중재위원회의 활동으로 해 결되는 기본 시스템과 비교할 때, 이익을 분배하는 협동조합이 기반이 되는 시스템은 공장주와 노동자의 이해관계를 조정하는 데 보다 유리 할 것이다. 한 세기 후의 현대적 계약 이론을 미리 내다보면서, 제본스 는 "어떤 분야에서든 노동자에게는 기존 체제에 이익을 가져다주거나 해를 끼칠 수천 가지 기회가 있다."라고 보았다. 그는 이렇게 말을 이 어갔다. "[노동자가] 정말로 자신의 이익이 고용주의 이익과 일치한다 고 느끼게 만들 수 있다면 회사의 수익이 여러모로 크게 증가할 것이 라는 데 의심의 여지가 없다." 그는 이렇게 결론지었다. "산업에서의 협력 관계는 지금까지 특정한 분야의 사업이나 실험에서만 드물게 존재했던 혁신임에 틀림없다. 하지만 나는 이것이 분명히 '유용하고 시급하게 필요한 혁신'이라고 확신한다."[15]

제본스는 이익 공유 협동조합이라는 아이디어를 최초로 고안한 공을 다른 사람에게로 돌렸다. 그는 다름 아닌, 차분기관의 발명가이자 초기 코드 경제학자, 찰스 배비지였다. "마땅히 그래야 하는 만큼 널리 알려지지는 않았으나, 내가 아는 한, 내가 지지하는 시스템의 진짜 입안자는 찰스 배비지이다."라고 그는 적었다. "거의 40년 전에 「제조업의 경제에 대하여(The Economy of Manufactures)」라는 놀라운 저술을 출간했는데, 이 책이 보여 주는 천재성에 대해서는 과대평가라는 것이 불가능하다."[16]

제본스는 공공 정책이 아닌 경제 이론의 경우, 선구적인 진화 이론가 허버트 스펜서로부터 감화를 받았다(글상자 1.1 참조). 그는 위대한 고전주의 경제학자인 애덤 스미스의 큰 영향을 받은 학자였기 때문이었다. 스펜서처럼 대담하게, 하지만 다른 방법을 사용한 제본스는 수학과 논리학을 통해 자연 법칙을 발견하고 설명하려 노력했다. 이런 욕구로 인해 제본스는 정리(定理)를 증명할 수 있는 세계 최초의 기계─배비지 차분기관의 후손이자 사이먼과 뉴웰이 구상한 선구적 논리 이론가(LT) 프로그램의 직계 선조─를 발명하게 되었다(글상자 3.2 참조).

윌리엄 제본스가 신고전주의 선택 이론에 기여한 바는 가히 역사적인 일이었지만, 더 중요한 것은 이 교과서적인 경제학의 설계자가 코드 경제학자이기도 했다는 점이다.

경제학 교과서가 오늘날과 같은 모습을 갖춘 것은 지금으로부터 80년도 더 전인 격동의 1930년대였다. 스페인에서는 파시즘과 공산주의의 격렬한 전투가 벌어졌고 유럽의 다른 지역까지 위협하고 있었다. 일단의 젊은 학자들(주로 제본스가 교편을 잡았던 런던 경제대학교와 케임브리지 대학교 소속)은 정치적 양극화가 심화되어 가는 와중에도, 경제학의 방향을 주관성과 이념으로부터 객관성과 과학 쪽으로 이끄는 데 감탄스러울 정도의 노력을 기울였다. 그들의 비전은 연역법에 기초하여 이해를 진전시키고자 하는 논리적 실증주의의 힘에 의지하는 것이었다.

수학을 연구하는 논리적 실증주의자들 ― 특히 버트런드 러셀과 앨프리드 노스 화이트헤드―의 계획은 제본스로 하여금 정리 증명 기계를 발명하게 한 계획과 유사했다. 모든 수학적 해석을 몇 가지 핵심 공리에서 파생된 결과로서 체계화하는 것이었다. 러셀과 화이트헤드로부터 영감을 받은 이 선구적 경제학자들은 공리에서 파생된 결과라고 정의할 수 없는 모든 이론을 제거하는 일에 착수했다. 노벨상 수상자 존 힉스는 이를 "경제학 이론의 숙청"이라고 일컬었다.

그 후 80년 동안, 핵심 공리를 통해 모든 경제학 이론을 재창조하고 가능한 경우 그 이론들을 실증적으로 시험하려는 계획 ― 경제학에서의 신고전주의 혁명으로 알려지게 된 계획―은 여러 차원에서 성공을 거뒀다. 그렇지만 러셀과 화이트헤드가 진두지휘했던 수학에서의 논리적 실증주의 계획은 그렇지가 못했다. 경제학에서의 신고전주의 혁명이 막 시작되는 시점에 독일의 수학자, 쿠르트 괴델(Kurt Gödel)은 수학에서의 논리적 실증주의 계획에는 해소할 수 없는 자기모순이 존재하며 따라서 실패할 수밖에 없다는 것을 증명하는 논문을 발표했다. 괴델의 논문은 발표 직후 수학계에 혼란을 불러왔다. 새로운 이론들 — 하이젠베르크의 불확정성 원리(Heisenberg Uncertainty Principle), 안드레이 콜모고로프(Andrey Kolmogorov), 클로드 섀넌(Claude Shannon), 노버트 위너, 앨런 튜링의 핵심적인 발견까지 — 역시 엄청난 충격을 일으키며 과학적인 연구의 핵심을 정의하였다. 이러한 이론들은 정보 이론이라고 알려진 연구 분야의 기초를 형성했다.

정보 이론은 커뮤니케이션 문제를 기술 및 생물, 사회적 작용의 중심에 놓는다. 클로드 섀넌의 논문, 「형편없는 계전기를 사용하는 믿을 만한 회로(Reliable Circuits Using Crummy Relays)」는 해당 이론의 실제 사례를 보여 주었다. 섀넌이 논문을 쓸 당시, 대규모 커뮤니케이션 네트워크(섀넌이 일하고 있던 벨 전화회사(Bell Telephone Company)가 운영하는 전화 시스템과 같이)는 오류가 쉽게 발생하는 수십만 개의 부품으로 구성되어 있었다. 문제는 불완전한 부품 — 섀넌 논문의 제목에 있는 "형편없는 계전기" — 으로 이루어진 네트워크를 이용해서 인간의 목소리를 어떻게 부호화시키고 전국으로 전송하며 수신하는 쪽에서 쉽게 해독할 수 있게 만들 것인가였다.[17]

문제를 더 자세히 파악하기 위해서 수십 년 전에 클로드 섀넌이 그린 도해(그림 6.1 참조)를 살펴보자. 제임스 글릭(James Gleick)은 그의 걸출한 저서, 『인포메이션: 인간과 우주에 담긴 정보의 빅히스토리(The Information: A History, a Theory, a Flood)』에서 섀넌의 모델을 다음과 같이 요약하고 있다.

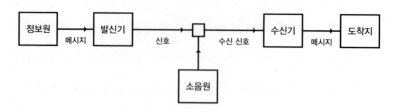

그림 6.1 커뮤니케이션 시스템의 기본 원칙에 관한 클로드 섀넌의 도해
출처: 『클로드 엘우드 섀넌의 논문 선집(Claude Elwood Shannon Collected Papers)』에서 발췌. NJA 슬로운과 에런 와이너 편. © 1993 IEEE, 제임스 글릭 『인포메이션: 인간과 우주에 담긴 정보의 빅히스토리』(2011), 뉴욕, 뉴욕 주: 랜덤하우스; p. 527. IEEE와 Wiley의 허락을 얻어 인용함.

커뮤니케이션 시스템은 반드시 다음의 요소를 갖추어야 한다. ① 정보원(information source)은 메시지를 만들어 내는 사람이나 기계이다. 정보원은 전신이나 전보에서와 같이 단순히 문자열일 수도 있고 시간과 다른 변수의 함수—$f(x, y, t)$—에서처럼 수학적으로 표현되어 있을 수도 있다. 섀넌은 컬러 텔레비전과 같은 복잡한 사례의 구성 요소는 3차원 연속체 내의 3개 함수라고 말한다. ② 발신기(transmitter)는 "일정한 방식으로 메시지를 조작"해서, 즉 메시지를 부호화해서 적합한 신호를 만든다. 전화는 음압을 아날로그 전류로 변환한다. 전신은 문자를 점, 대시 기호, 공백으로 부호화시킨다. 보다 복잡한 메시지는 표본 추출, 압축, 정량화, 교차 배치를 거친다. ③ 경로(channel)는 "신호를 전달하는 데 사용되는 매체"이다. ④ 도착지(destination)는 시스템의 다른 한쪽 끝에 위치한 "사람(혹은 물건)"이다. 일반적인 대화의 경우 말하는 사람의 대뇌와 성대, 공기, 듣는 사람의 귀와 대뇌가 커뮤니케이션 요소가 된다.[18]

여기에서 바로 알 수 있는 것이 있다. 커뮤니케이션에 비용이 들지 않고 신호 전송이 완벽하다면, 즉 소음 문제가 없다면 정보 이론의 소재가 사라진다는 것이다. 그러나 세상은 그렇지 않다. 소음이 넘쳐나고, 커뮤니케이션에는 비용이 들고, 신호 전송은 완전치 못하다. 문제는 신뢰성이 낮은 사람들과 신뢰할 만한 경제를 만들어야 한다는 것이다. 이런 의미에서 경제는 정보를 처리하는 유기체와 같다.

1956년 DNA 구조가 발견된 후 수십 년 동안 정보 이론은 생물학자들 사이에서 중심적인 위치를 차지했다. 2002년 노벨 의학상 수상자인 시드니 브레너(Sydney Brenner)가 1971년 말했듯이, "나는 이 새로운 분자생물학이 이 방향 — 진화의 알고리즘, 프로그램, 고급 논리 컴퓨터를 연구하는 방향 — 으로 가야만 한다고 생각한다. 물리학이 법칙의 관점에서 연구되거나, 분자생물학과 같은 과학이 기제의 관점에서 언급되는 지금이야말로, 알고리즘, 레시피, 절차를 연구해야 할 때일지도 모른다."[19] 브레너가 설명한 변화의 결과로, 유전자 치료와 바이오 컴퓨터가 출현하는 등 생명과학 분야에서 지속적인 혁명이 일어나 극적인 효과를 보여 주었다.

경제학을 정보 이론의 일부로 이해할 필요가 있다는 것은, 다른 사람과 노하우를 공유하려 할 때 커뮤니케이션 문제가 중요하다는 뜻이다. 달리 말하면 코드가 중요하다는 것이다.

지난 2세기 동안, 생산 과정에 대해서는 고전주의와 신고전주의 경제학에서 나타난 것보다 훨씬 더 많은 연구가 있었고, 연구, 교육, 정책에 미친 영향력도 두 학파만큼 지배적이었다. 최소한 150년 동안, 경제학 분야의 가장 저명한 기여자들 중에는 경제학의 기본 원칙에 대해, 신고전주의 선택 이론의 표준적인 경제학 교과서에 나타나는 것과는 아주 다른 사고방식을 제안하는 발전된 사상을 가진 사람들도 있었다.

저명한 수리경제학자 앨프리드 마셜(Alfred Marshall)은 1910년 출간된 『경제학 원리(Principles of Economics)』에서 "경제학의 메카는 경제 역학보다는 경제 생물학에 있다. 하지만 경제를 생물로 보는 것은 기계로 이해하는 것보다 더 까다롭다. 따라서 토대의 상당 부분을 기계에 빗댈 수밖에 없었으므로, 흔히 정적인 상태에 대한 비유로 '평형'이라는 용어를 사용한 것이다."[20] 같은 시기에, 오스트리아의 경제학자 요제프 슘페터는 『경제 발전 이론(The Theory of Economic Development)』에서 기업가를 "새로운 조합을 만드는" 역할을 맡은 경제 행위자로 설명했다. 여기서 "새로운 조합"이란 본질적으로 경제와 관련된 코드의 재조합이다.[21] 즉, 허버트 사이먼을 비롯한 일련의 경제학자들은 경제와 관련된 정보의 수집, 공유, 처리의 문제를 중점적으로 연구했다.[22]

다른 분야 — 특히 진화생물학과 분자생물학 — 의 기본적인 개념을 경제학과 결합시킨 이 학자들은 경제학 내에서 독자적인 연구 분야를 개척했다. 이들의 연구는 생산자로서의 사람과 경제의 발전을 이끄는 알고리즘에 중점을 두었다.

이 연구 분야가 바로 코드 경제학이다.

7장

학습
일의 분배

> 오류가 없는 기계를 기대한다면,
> 지능도 기대할 수 없다.
> – 앨런 튜링, 런던수리학회 강연, 1947 –

줄리아 차일드가 남편 폴과 1946년 9월 1일 결혼한 후 처음으로 차려 준 식사는 적포도주 소스에 끓인 골 요리였다. 먹을 수가 없는 음식이었다. 놀라울 것도 없는 일이었다. 34세의 나이에 막 결혼한 줄리아는 요리하는 법을 배운 적이 없기 때문이다. 캘리포니아 주 패서디나의 유복한 가정에서 태어난 줄리아는 어깨너머로 가족의 식사를 준비하는 모습을 본 적도 없었다. 가족의 요리는 고용인이 맡았고 그 결과물은 영양가는 있되 솜씨는 없는 것이었다. 가족은 충실하게 그리고 규칙적으로 식사를 했지만 음식에 대해서 이야기를 나눈 적은 없었다.

줄리아는 결혼을 하고 2년 후 전환점을 맞았다. 폴이 파리 주재 미국 대사로 발령을 받은 것이다. 폴은 1920년대에 프랑스에서 산 적이 있었다. 1948년 11월 3일, 대서양을 횡단하는 대양 정기선 아메리카 호를 타고 프랑스에 막 도착한 폴은 1345년 루앙의 라쿠론(La Couronne)이란 레스토랑에서 줄리아에게 프랑스 요리를 소개해 주었다. "패서디나에서는 금요일 저녁에 고등어 조림을 먹곤 했습니다." 줄리아는 이후 회상했다. "7월 4일에는 달걀 소스를 곁들인 대구 피시볼, '데친' 연어를 먹었고 시에라에서 캠핑을 할 때는 가끔 팬에 구운 송어를 먹었죠. 하지만 라쿠론에서는 이전에 경험하지 못한 높은 수준의 생선 요리와 식사 문화를 만났습니다."[1]

이후 4년 동안, 줄리아 차일드는 프랑스 요리에 깊이 빠져들었다. 처음에는 열정적인 식당 고객으로, 그리고 다음에는 집안의 요리사로, 마지막에는 야심찬 셰프로서 말이다.

그녀는 주방에 대한 경험이 부족했지만 유명한 요리 학교 코르동 블뢰(Cordon Bleu)의 책임자를 설득해서 1년짜리 식당 전문 경영자 과정에 입학할 수 있었다. 이 수업에는 제대군인원호법(GI Bill)에 따라 파리에서 공부하는 2차 대전 참전 용사 11명이 포함되어 있었다. 그녀는 단호하고 체계적인 접근으로 처음부터 두각을 나타냈다.

학교에 있지 않을 때는 집에서 실험을 했습니다. 약간 정신 나간 과학자 같았죠. 몇 시간이나 마요네즈에 대해서 연구를 하기도 했으니까요. 아무도 상관하지 않는 것 같았지만 저는 대단히 흥미롭다고 생각했습니다. 날씨가 추워지면 마요네즈는 갑자기 끔찍한 골칫거리가 되었습니다. 기름이 계속 분리되었기 때문입니다. 올리브 오일이나 방의 온도에 변화를 주면 그런 일이 일어나지 않았습니다. 결국 과정의 처음으로 다시 돌아가 각 단계를 과학적으로 연구하고 모든 것을 적어 두었습니다. 연구가 끝나고 나자 마요네즈에 대한 주제로 역사상 그 어떤 사람보다 더 많은 글을 썼다는 생각이 들었습니다. 이런 식으로 저는 실패할 염려가 없는 레시피를 발견했습니다. 감격스러웠죠.[2]

13년에 걸쳐 1만 시간이 넘는 연구 끝에 줄리아 차일드는 첫 요리책, 『프랑스 요리 기술의 마스터링(Mastering the Art of French Cooking)』을 완성했다. 다음 수십 년 동안 그녀의 격려 속에 수백만 명의 미국인들이 가정에서 직접 요리 실험을 시작하고 최소한 "본 아페티(Bon appétit)"라는 프랑스 어를 배울 수 있게 되었다.

로버트 프로스트(Robert Frost)는 "숲 속에 두 갈래 길이 있었고 나는—, 사람들이 적게 간 길을 택했다. 그리고 그것이 내 모든 것을 바꾸어 놓았다."라고 썼다.[3]

과학의 역사는 연구의 불모지에서 갈라져 나온 갈래길로 가득 차 있다. 『계간 경제학 저널(Quarterly Journal of Economics)』(현재 최고의 경제학술지)의 창간호에 전미경제학회의 초대 회장, 프랜시스 워커(Francis Walker)가 발표한 논문도 경제 사상사에서 "모든 것을 바꾸어 놓았다"는 선택을 받지 못한 길의 한 예였다.

남북 전쟁 참전 용사이기도 한 워커는 획기적인 통계학 분석으로 저명한 경제학자 — 경제학 분야의 초기 데이터 과학자라고 불러도 좋을 인물이다 — 의 대열에 서게 되었다. 워커는 1870년 미국 인구조사 감독관으로서, 데이터 시각화의 선구적인 작업인 『미국 통계 지도(Statistical Atlas of the United States)』의 제작을 감독했다.[4]

워커는 동시대인인 윌리엄 제본스와 마찬가지로 고전주의 경제학자들의 임금기금설(글상자 5.1 참조)을 날카롭게 비판한 사람으로 알려져 있다. 제본스와 워커의 길이 갈라진 부분은 그 대안에서였다. 제본스의 길은 경제학을 "동기의 과학"으로 보는 방향이었다. 그가 보기에 기업의 의도는 이윤을 극대화하는 것이므로, 기업은 노동력의 효용성이 거기에 소비해야 할 자본의 효용성과 같아서 본전 치기가 불가능해지기 직전까지 노동자를 고용한다. 이러한 공식으로 인해 기업들은 근본적으로 다른 기법들을 채용하게 되었다. 그러나 자본과 노동 간의 배분율을 정할 때 가장 효율적인 것을 선택 — 경제학자들이 배분적 효율이라고 부르는 선택 — 하는 문제가 부각되면서 생산 자체가 갖고 있는 복잡성이 잊히게 되었다. 일부 기업이 더 나은 코드를 채용해서 다른 기업보다 계속해서 나은 성과를 낼 가능성은 배제되었다.

워커는 완전히 다른 접근법을 택했다.[5] "어떤 공동체나 업종, 시장의 어떤 상태에서나 일어나는 현상이 있다. 일부 사람들은 상당한 이익을 보고, 다른 일부 사람들은 큰 이익을 보고, 또 어떤 사람들은 엄청난 이익을 보는 데도 전혀 이익을 실현하지 못하는 사람들이 생기는 것이다. 같은 규모의 자본으로 같은 기회가 주어지는 같은 사업을 해도, 어떤 사람들은 계속 재산을 잃는 반면 다른 사람들은 재산을 두 배, 세 배로 늘려 간다."[6] 기업 수익에 대한 데이터를 워커의 직관을 확인할 수 있을 만큼 대규모로 이용할 수 있게 되는 데 거의 1세기가 걸렸다. 그러한 데이터를 이용할 수 있게 되자마자 그의 주장이 입증되었다. 기업들 사이의 이익 분배는 정확히 그가 제시한 것처럼 매우 편향되어 있었다. 많은 수의 소규모 기업들이 적은 이익을 올리는 반면에 소수의 대기업들이 장기간에 걸쳐 엄청난 이익 — 애플과 알파벳 (Alphabet, 구글의 모기업)의 특출한 수익성이 명확한 사례를 제공하고 있다 — 을 얻고 있는 것이다.

그렇다면 수익성이 높은 이들 기업은 어떻게 성공하게 된 것일까? 그들은 어려운 문제를 비교적 효과적인 방식으로 해결하는 관리 체계를 통해 성공을 이어가고 있다.

우리가 하고자 하는 초과 생산 달성은 다음과 같은 간단한 수단을 이용하여 힘을 적절한 대상에게로 돌릴 때 일어난다. ① 원료와 기계의 모든 불필요한 낭비 제거. ② 대담한 지출, 즉 지출을 면밀하게 살펴서 세세한 불필요한 부분에서는 절약하되 기기나 프로세스의 개선에는 대담하게 비용을 투자하는 것. ③ 시장 수요를 가장 적절한 순간에 즉각적으로 충족시키는 것. ④ 판매 시점이나 지불 조건에 대한 건전한 판단.[7]

워커는 보다 수익성이 높은 기업가들이 그런 성과를 낼 수 있는 것은 그들이 협잡꾼이나 사기꾼이어서가 아니라 다른 기업가보다 어려운 문제를 효과적으로 해결할 수 있기 때문이라고 주장한다. 지난 1세기 동안, 워커의 이러한 추측을 지지하는 연구가 늘어났다. 그러한 연구는 코드의 발전을 위한 세 가지 핵심 기제로, 학습, 진화, 플랫폼 개발을 통한 복잡도의 계층화를 든다. 이는 경제학, 경영과학, 항공공학, 진화생물학, 그리고 물론 프랑스 요리에까지 미친다.

이는 실천한다고 완벽해지는 것이 아니라는 걸 보여 준다. 실천하면 개선될 뿐이다. 개인의 수준에서는 대단한 발견이 아니다. 학습은 우리의 신경망이 수행하는 주요 기능 중 하나이기 때문이다. 대부분 인간들은 그것이 무엇이든 간에, 학습을 통해 결국 잘하게 된다. 이 학습 능력이야말로 사실 인간이라는 종족이 성공하게 된 근거이다. 게다가 인간은 가족, 마을, 도시, 그리고 회사 등 공동체의 학습 능력 또한 진화시켜 왔다.[8]

인간의 학습 능력이 대단하긴 하지만 인간이 해결을 목표로 삼는 문제 역시 그렇다. 줄리아 차일드의 이야기는 일견 일상적으로 보이는 생산 활동 — 그녀의 경우에는 마요네즈를 만드는 것 — 도 그 목표를 단순한 능숙함이 아닌 완벽한 통달에 둘 경우, 대단히 어려운 과제가 된다는 것을 보여 준다. 여기에서 줄리아의 이야기가 프랜시스 워커가 발전시킨 가설과 연결된다. 줄리아 차일드의 성공은 태생적으로 혹은 어린 시절의 경험에서 얻은 우위로 인한 것이 아니었다. 그녀가 요리를 배우기 시작한 것은 34세 때였다. 그녀가 일에 이용한 역량은 실험하고, 배우고, (더 중요하게는) 학습의 결과를 꼼꼼히 기록하는 결연한 의지였다.

줄리아는 자서전의 한 부분에서 실행 가능한 레시피를 개발한 경험을 미국 가정에서 바게트를 굽는 일과 연결시켰다. 나는 이것을 이 책의 「들어가는 글」 서두에 인용했다. 차일드가 대단히 명확하게 설명했듯이, 학습은 새로운 "조합 방법"을 상상하고 시험하는 과정이다. 우리는 최선의 접근법—우리는 그것이 무엇인지조차 알지 못한다—을 찾았을 때 학습을 멈추는 것이 아니고, 더 이상 간단하게 개선할 수 없는 적당한 접근법을 발견했을 때 학습을 멈춘다.

그렇지만 집단으로서의 학습은 개인의 학습을 단순히 합한 것 이상이며, 사실 이 둘은 근본적으로 다르다. 줄리아 차일드가 보여 준 학습 경험을 프랜시스 워커가 좋은 관리자와 나쁜 관리자에 관련해서 발전시킨 가설에 연결시키려면, 한 걸음 더 나아가야 한다. 실험하고 배우고 학습의 결과를 면밀하게 기록하려는 결연한 의지가 마을이나 기업에도 얼마나 성공적인 전략인지 이해해야 하는 것이다.

이 문제를 탐구하면서 우리는 생산에 관한 실증주의 경제학에서 기업 차원의 학습 곡선보다 보편적이거나 중요한 발견은 거의 없다는 점을 알게 될 것이다. 경제학자 제임스 베슨이 언급했듯이, "새로운 기술을 대규모로 실행하는 데 필요한 지식과 기술을 개발하는 일은 해결에 오랜 시간이 걸리는 어려운 사회적 문제이다. (……) 새로운 기술을 고안하고, 만들고, 설치하고, 운영하고, 유지하기 위해서는 발명 이상의 것이 필요하다. 처음에는 이러한 새로운 기술적 지식의 대부분이 천천히 발달한다. 교실에서 학습되는 것이 아니라 경험을 통해 학습되기 때문이다. 역사상 노동자들은 기술적 지식을 교실에서가 아니라 공식적인 훈련과 경험의 조합을 통해 획득해 왔다. 그들은 일에 중요한 기술적 지식의 대부분을 '직접 일을 함으로써 익히는' 식으로 얻었다."[9]

경제학에서, 생산 과정에서 일을 하면서 익히는 학습의 전형적인 사례는 마요네즈 제조가 아니라 비행기 생산이다. 그 이야기는 미국을 비행의 전성기로 나아가게 해 준 전설적인 인물, 진 비달(Gene Vidal, 작가 고어 비달(Gore Vidal)의 아버지)로부터 시작된다. 1895년 사우스다코타에서 태어난 진 비달은 웨스트포인트 육군사관학교에 다니기 위해 동부로 이주했다. 그는 웨스트포인트에서 미 육군 항공단 최초의 파일럿이자 미식축구 팀의 주장이 되었다. 그는 10종 경기 미국 대표로 1920년 올림픽에 참가했으며, 이후 전미 미식축구 연맹의 전신인 전미 프로 미식축구 협회에서 워싱턴 세너터스(Washington Senators) 소속 선수로 활약했다. 1920년대 후반, 비달은 비행사 아멜리아 에어하트(Amelia Earhart) 등과 함께 일하면서 다음 50년 동안 주요한 미국 항공사로 발전하는 세 개의 회사, 트랜스월드 항공(Transworld Airlines, TWA), 이스턴 항공(Eastern Airlines), 노스이스트 항공(Northeast Airlines)이 설립되는 데 기여했다.

1933년 비달은 미 상무성 산하 항공산업청의 책임자로 임명되었다. 이 새로운 역할을 맡은 그는 바로 그의 최종 목표를 달성하는 일에 착수했다. 포드 모델 T의 개발로 자동차에 대한 접근이 대중화된 것처럼 "가난한 사람들을 위한 비행기" 생산으로 비행 세계를 대중화하는 일이었다. 그는 최소한 1만 대의 생산을 가정하고 한 대당 700달러에 판매할 수 있는 금속제 2인용 비행기의 생산 계획에 50만 달러를 투자하기로 마음먹었다. 그는 연방 정부가 대공황기에 설치한 공공산업진흥국에 후원을 요청했다. 실직한 기술자와 기계공들에게 일자리를 주는 방식으로 이 계획을 지원해 달라고 제안한 것이다. 그들의 과제는 누구나 이용할 수 있는 비행기를 제작하는 것이었다.

1933년 11월 디자인 공모를 발표했으나 우호적인 반응을 얻어 내지 못했다. 당시의 항공기 제작자들에게 1,000달러 이하의 가격에 천으로 덮인 2인승 비행기를 생산하는 것은 대단히 어려운 일이었다. 그들은 대당 700달러의 비용으로 금속제 비행기를 생산한다는 비달의 비전이 실현되기 어렵다고 생각했기 때문에 그 비행기를 "올−메탈(all-metal)"이 아닌 "올−멘탈(all-mental)" 비행기라고 조롱했다. 비달이 정부에서 만난 새 동료들—큰 영향력을 가진 해럴드 아이크스(Harold Ickes)를 포함—은 개인 비행기가 공공사업이 아니라는 단순한 이유로 공공산업진흥국을 거쳐 도급을 내주는 일을 탐탁지 않게 생각했다.[10]

하지만 비달은 단념하지 않았다. 항공산업청에 연구·개발 예산은 없었지만 조사관에게 항공기를 조달할 예산은 있었다. 항공산업청은 그 예산을 이용해서 "가난한 사람들을 위한 비행기"의 사양에 맞는 "안전한 항공기" 아이디어 경연 대회의 개최를 발표했다.

비달의 계획을 둘러싼 논란의 와중에, 비달과 같은 해에 태어난 항공공학자 시어도어 P. 라이트(Theodore P. Wright)는 항공기 산업에서 제조량과 비용에 관한 15년간의 연구 결과를 편집해 발표했다. 라이트는 소량 주문에 대해서는 비달이 목표로 하는 대당 700달러의 비용이 비현실적인 것이 사실이지만, 1만 대 생산이라는 가정을 고려하면 비달의 목표 원가가 그렇게 허황하지 않다는 것을 밝히는 데 관심을 보였다. 라이트는 다량의 비용 변동 데이터를 이용해서 답을 찾으려 애썼다.

「항공기 제조 비용에 영향을 주는 요인(Factors Affecting the Cost of Airplanes)」이라는 라이트의 논문 첫 페이지에는 손으로 그린 표가 자리했다. 여기서 드러난 데이터는 놀라운 실증적 발견을 보여 주었다. 산출량의 증가에 따라 인건비가 일정하게 급감했던 것이다. "생산 도중 산출물의 디자인이 크게 변하지 않는다는 가정 아래" 산출량이 두 배가 될 때마다 1대당 인건비가 20퍼센트씩 감소하는 경향을 보였다. 다르게 표현하면, 첫 100대의 비행기를 생산하는 데 드는 평균 인건비는 1,000달러이지만, 다음 100대의 비행기를 만들 때 드는 평균 인건비는 그 80퍼센트인 800달러가 되는 것이다. 라이트는 이러한 비용 감소가 이루어지는 원인으로, 공정의 개량과 표준화, 낭비의 감소, 단위당 간접비의 감소 그리고 비행기를 생산하는 노동자의 개별적인 학습을 들었다(그림 7.1 참조).

라이트의 논문이 발표된 이후 단위당 인건비의 감소와 누적 생산량의 관계를 함수로 나타내는 수많은 연구들이 쏟아져 나왔다. 이러한 관계는 "학습 곡선(learning curve)"이라는 일반 어휘가 되었다. "가파른 학습 곡선"은 새로운 활동에 대한 강도 높은 참여로 생산성의 상당한

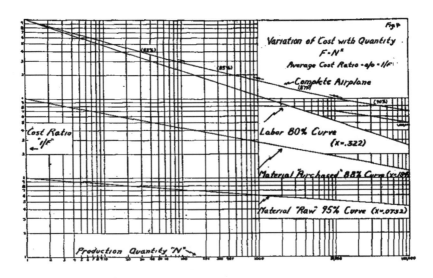

그림 7.1 라이트에 의한 기체 생산에서의 비용 감소 추정.
출처: 라이트, T. P.(1936). 「항공기 제조 비용에 영향을 주는 요인」, 『항공과학 저널(Aeronautical Sciences)』 2호, pp. 122-128.

상승을 가져올 가능성이 있는 프로세스에서 나타난다. 이들 연구는 조직 학습의 원리뿐 아니라 라이트가 말한 구체적인 정량적 결과—생산량이 두 배 증가할 때 단위당 인건비는 20퍼센트 감소한다—까지 확인했다. 정량적인 결과가 규칙적이며, 보편적으로 활용 가능하다는 점 때문에 학습 곡선은 기업, 특히 제조업계의 기획 업무에서 가장 중요한 자리를 차지하게 되었다(글상자 7.1 참조). 기업들은 생산 규모를 추정한 후에 신뢰할 만한 실제 원가를 예상해서 이를 근거로 제품의 가격을 결정할 수 있다.

학습 곡선의 영향은 산업계에 국한되지 않았다. 베슨이 2015년 그의 책, 『경험학습』에서 말했듯이, 기업의 학습은 미국의 전쟁사에서도

전략적 도구로서의 학습 곡선

지난 50년 동안 인텔보다 학습 곡선을 전략적 도구로서 효율적으로 사용한 회사는 없을 것이다. 인텔은 미래의 학습에 대한 상세한 예측을 바탕으로 수 세대에 걸친 인텔 칩들을 고안하고 가격을 설정하여 생산·판매했으며, 작업 현장에 대한 계획적인 연구 개발을 통해 학습 진도가 예상대로 이루어지도록 만들었다.

1968년 인텔을 설립했으며 무어 법칙의 창시자로 널리 알려진 고든 무어는 몇 해 전, 코드와 기업 학습 곡선의 직접적인 관계를 나타내기 위해 인텔의 전신인 페어차일드 반도체(Fairchild Semiconductor)의 초기 몇 년간에 대한 글을 썼다.

> 우리 여덟 명은 쇼클리 반도체(Shockley Semiconductor)를 떠나 페어차일드 반도체를 시작했다. (……) 우리는 총책임자를 구한다는 광고를 냈고 우리 회사를 경영할 수 있다고 생각한 많은 세일즈맨들이 지원서를 제출했다. 우리는 그중에서 당시 세계 최대의 반도체 회사였던 휴스 세미컨덕터(Hughes Semiconductor)의 엔지니어링 부문 책임자, 에드 볼드윈(Ed Baldwin)의 이력서를 발견했다. 볼드윈은 경영학 석사만 돼도 누구나 아는 간단한 것들을 우리에게 가르쳤다. 그는 조직의 각 부분마다 다른 업무를 맡게 해야 한다는 것을 알려 주었다. (……) 모든 일이 잘 돌아가고 있었다. 공정과 시제품의 개발, 제작 준비 엔지니어링이 완료되었다. 우리에게는 상세한 레시피가 모두 기록된 두꺼운 공정 사양서와 호기심 있는 고객이 있었다.[11]

이런 평화는 오래가지 않았다.

> 어느 날 회사에 출근한 우리는 볼드윈이 그가 고용을 제안했던 일단의 사람들과 회사를 떠나 바로 옆에 경쟁사(림(Rheem))를 차렸다는 것을 알게 되었다. 그들은 우리가 개발했던 제조 "레시피"를 가지고 갔다. 하지만 귀중한 것이 남아 있었다. 혼자서도 어떻게 해야 할지 생각해 낼 수 있는 능력을 가진 일단의 엔지니어 겸 관리자들이 만들어져 있었던 것이다. 우리는 해냈다. 그들이 떠난 후 우리가 한 대응은 볼드윈이 개발을 이끌었던 제품을 개선(하고 제조)해서 기술적으로 경쟁하는 것이었다. 결국 법원은 공정 사양서의 복사본을 돌려주어야

한다는 판결을 내렸지만 그것은 더 이상 문제가 되지 않았다.[12]

무어가 언급한 반도체 생산에 관한 "모든 상세한 레시피가 모두 기록된 두꺼운 공정 사양서"는 내가 "생산 알고리즘"과 교대로 사용하고 있는 "생산 레시피" 개념을 분명하게 보여 주는 사례이다. 그러한 레시피의 존재는 기술 변화의 교과서적인 묘사에서 빠진 요소, 즉 "생산 가능 곡선(Production Possibilities Frontier)"—주어진 기술 수준에서 정해진 양의 자본과 노동을 사용해서 얻을 수 있는 최대 생산량을 말하는 용어—의 우상향 이동을 의미한다. 무어의 언급은 투입물을 조합해서 시장에 맞는 신뢰할 수 있는 제품으로 만들기 위해 채택된 레시피의 개선이 학습 곡선의 하향 곡선으로 나타나는 생산성 향상의 기저가 된다는 것을 시사한다. 생산 레시피는 무어가 말한 일종의 "공정 사양서"라고 할 수 있다. 무어가 "조직의 각 부분마다 다른 업무를 맡게 해야 한다"는 원칙이 "경영학 석사만 돼도 누구나 아는 간단한 것들" 중 하나라고 말한 것처럼, 생산 레시피 또한 조직 내에서 각기 다른 역할을 하는 팀들이 일정 기간 내에 내린 결정들 모두를 의미한다고 생각할 수도 있다.[13]

무어는 기존의 제품과 공정을 개선하는 능력이 회사의 생존에 극히 중요하다고 강조한다. 그는 페어차일드에 "충성한 사람들"이 볼드윈의 배신에 보인 반응이 "볼드윈이 개발을 이끌었던 제품을 개선(하고 제조)해서 기술적으로 경쟁하는 것"이었다고 말한다. 역동적인 환경에서 성장하고 경쟁에서 이기기 위해서는, 생산 계획에 들어가는 투입물의 조합법보다는 독자적인 기술 개발 방식, 즉 기업의 전반적인 생산 레시피가 더 중요하다는 것이다.[14]

중심적인 역할을 했다. 당시는 미국이 2차 대전에 발을 들인 긴박한 상황이었다. 북대서양에서는 독일 잠수함, 유보트 — 〈이미테이션 게임(The Imitation Game)〉이라는 영화를 본 사람이라면 친숙할 독일의 암호 코드, 이니그마(Enigma)의 보호를 받았던 잠수함 — 가 거칠 것 없이 움직이고 있었다. 독일이 이렇게 상당한 전술적 우위를 유지하는 한, 미국이 동맹국들을 지원할 수 있는 유일한 방법은 유보트가 침몰시키는 속도보다 빠르게 전함을 만드는 것이었다. 그런 이유로 진주만 공습이 있고 몇 달 후에, 프랭클린 루스벨트(Franklin Roosevelt)는 2,400만 톤 규모의 상선 건조 능력을 키우라는 대통령령을 발표했다. 비달의 700달러 비행기와 마찬가지로, 생산량이 늘어남에 따라 단위당 조선 비용이 크게 감소하는 일종의 기적이 일어날 것이란 가정에서 이러한 지시가 내려진 것이다. 이 특별한 기적의 이름은 학습 곡선이었다. 전쟁 수행을 위해서는 다행스럽게도, 기적은 실현되었다. 전쟁 중에 조선소의 노동자당 생산량은 4배 증가했다.[15]

라이트는 2차 대전 중에도 항공기 생산을 위한 일을 계속했다. 1941년 그는 생산관리국 항공기 부문의 참모 부장 자리를 맡아 워싱턴 D.C.로 옮겨갔다. 그는 이후 항공기 합동 위원회의 회장으로 지명되었다. 이 자리에서 라이트는 조선에서 성공했던 것과 동일한 학습 곡선 기반의 방법을 이용해서 전쟁 중에 항공기 생산량을 측정하고 늘리는 데 도움을 주었다.

시간이 흐르면서, 기업 학습 곡선은 경제학자들의 연구에 영향을 주었고, 소비 연구에서 수요의 하향 곡선이 중요한 의미인 것처럼 생산에 대한 경제학 연구에 중요한 것으로 받아들여졌다. 이론에 견고한 기반을 제공할 가능성이 있는, 광범위하게 관찰되는 실증적인 규칙성을 나타낸 것이다. 1962년 미래의 노벨상 수상자, 케네스 애로(Kenneth Arrow)는 「경험학습의 경제적 영향(The Economic Implications of Learning By Doing)」이라는 논문을 썼다. 광범위한 영향력을 발휘한 이 논문에는 라이트의 기체 생산 결과가 언급되었다. 그는 자신의 모델에 라이트가 1936년 적용했던 방정식을 통합시켰다. 30년 후, 또 다른 미래의 노벨상 수상자, 로버트 루카스가 애로의 논문만큼이나 큰 반향을 일으킨 「기적 만들기(Making a Miracle)」라는 논문을 썼다. 이 논문은 동아시아 국가들의 급속한 경제 발전을 이해하는 데 초점을 맞추었고 장기적인 성장의 동인에 대한 설명의 뼈대를 만들기 위해 리버티 호(Liberty Ships, 2차 세계 대전 때 미국이 대량 건조한 수송선 – 옮긴이)의 이야기를 이용했다. 학습 곡선을 입증하고 경험학습 현상이 경제의 발전에 미친 효과를 검토하는 식으로 많은 사람들이 이 논문에 기여했다.[16]

비달이 모델 T와 같은 비행기를 만들어 내기 위해 개최한 경연은 어느 정도 성공을 거두었다. 우승작이 결정된 것이다. 더욱이 비달이 바라던 대로 상업 항공기 서비스에 대한 접근이 결국 대중화되었다. 그렇지만 세스나(Cessna)를 비롯한 금속제 저가 2인용 비행기의 인기에도 불구하고, 항공 서비스의 대중화는 직접 조종할 수 있는 저가 비행기의 개발을 통해서가 아니라, 진정으로 전 세계적인 상용 항공 서비스 회사 —트랜스월드, 이스턴, 노스이스트 등—가 비행기 생산, 서비스, 관련 기술 등 엄청나게 다양한 요소들을 개발함으로써 이루어졌다.

2010년, 스탠퍼드 대학교의 니컬러스 블룸(Nicholas Bloom)이 이끄는 일단의 경제학자들은 임의로 선택한 인도의 대규모 섬유업체 몇 곳에 한 가지 제안을 했다. "앞으로 한 달 동안, 우리는 현재의 경영 관행을 평가하고 개선 방안을 제공할 것입니다." 이들 중에 임의로 선택한 하위 집단에게는 추가적인 제안을 덧붙였다. "권장 사항의 구현을 위해, 4개월간 집중적인 현장 컨설팅을 제공할 것입니다."

『계간 경제학 저널』에 발표된 실험의 결과는 극적이었다. 연구자들이 말한 대로, 추가적으로 4개월의 집중적인 현장 컨설팅을 받은 기업들은 세 가지 부문에 대해 "통제 집단"보다 상당한 발전을 보였다(그리고 경영 관행도 크게 개선되었다). "첫째, 품질과 효율의 향상, 재고의 감소로 그들의 평균 생산성은 11퍼센트 증가했다. 둘째, 더 나은 정보 흐름으로 인해 소유주들이 중간 관리자들에게 많은 결정권을 위임함에 따라 의사 결정권이 보다 분산되었다. 셋째, 현대적인 경영과 관련된 데이터 수집, 분석의 필요로 인해 컴퓨터의 사용이 늘어났다."[17] 더욱이, 추가적인 지원을 받은 기업들은 컨설팅이 무료로 제공되지 않았더라도 그 비용을 지출한 보람이 있었을 만큼 수익이 향상되었다. 이 실험의 결과로 의문이 제기되었다. 왜 이 회사들은 좀 더 일찍 경영 관행의 개선을 위해 도움을 구하지 않은 것일까?

블룸과 공저자들은 전 세계의 경영 관행에 대해 연구하면서 10년 이상 수행한 사전 작업을 기반으로, 프랜시스 워커가 옳았다는 것을 증명하는 간단한 설명을 제공했다. 기업을 경영하는 것은 쉽지 않다는 점을 말이다(그림 7.2 참조). 좋은 관리자는 어려운 문제를 해결할 수 있어야만 한다. 이것은 학습할 수 있는 관행이지만 상당한 노력과 전문가의 도움이 있어야만 가능하다. 앨프리드 마셜이 1910년 그의 명작, 『경제학 원리』에서 말했듯이, "자본의 많은 부분은 지식과 조직으로 이루어진다. 그리고 이것의 일부는 사유 재산이지만 다른 일부는 그렇지 않다. 지식은 가장 강력한 생산 엔진이다."[18]

신고전주의 생산 모델들은 대부분 비용을 들이지 않고 복제하고 실행할 수 있는 공공 지식과 조직 같은 범주에 집중하는 반면, 코드 경제학은 그러한 것들이 인간 사회의 진보를 이끄는 기업을 만드는 일과는 실질적으로 큰 관련이 없다고 말한다. 이는 단일 기업 차원의 코드—여기서 "생산 알고리즘"이라고 부르는 것—에 해당 기업 특유의 구성 요소들이 포함되기 때문이다. 지배적인 생산 집단들과 거리가 먼 생산자는 많은 대가를 지불하고 시행착오를 겪으면서 생산 방법을 배워야만 한다. 독점적인 가치를 지닌 벤처들을 만들어 낼 수 있는 생산 레시피를 시장의 주도로 발전시키려면, 실험하고, 학습하고, 학습의 결과를 세심하게 기록하는 결연한 의지가 필요하다. 따라서 지역과 국가들 사이에 관찰된 차이를 이해하는 데는 경영자들 간의 차이—프랜시스 워커가 상정하고 니컬러스 블룸, 존 반 리넨(John Van Reenen)과 동료들이 수량화함—를 중심으로 봐야 한다.[19]

기업들이 가지고 있는 생산 알고리즘의 효과에는 상당한 차이가 존재하지만, 2차 대전 이후 경영이 전문직화되면서 그 효과가 균등해졌다. 복잡한 공급망을 개발하는 데는 가스파르 드 프로니가 채용한 전략보다 훨씬 더 복잡한 경영 접근법이 필요했다. (예를 들어 종합 품

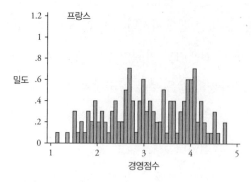

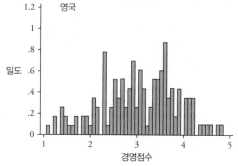

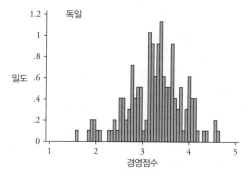

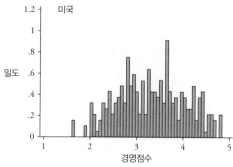

그림 7.2 관행의 확산을 입증하는 국가별 경영 점수의 분포. 블룸과 반 리넨(2007). "이것은 경영 점수(18가지 관행에 대한 각 회사 점수의 단순 평균)의 분포를 보여 준다. 1은 최악의 관행을, 5는 최선의 관행을 나타낸다. 135개의 프랑스 기업, 156개의 독일 기업, 151개의 영국 기업, 290개의 미국 기업에 대한 관찰 결과이다."

출처: 니컬러스 블룸과 존 반 리넨(2007), 「기업과 국가별 경영 관행의 측정과 설명(Measuring and Explaining Management Practices Across Firms and Countries)」, 「계간 경제학 저널」 122(4): pp.1351–1408. 옥스퍼드 대학교 출판부의 허락을 받아 인용함.

질 관리 시스템의 개발을 생각해 보라.) 경영학자 피터 드러커는 그의 명저 『피터 드러커의 매니지먼트(Management: Tools, Responsibilities, Practices)』의 첫 문장에서 이렇게 말했다. "현대 경영의 부상은 역사의 주요 사건일지도 모른다." [20] 페니실린, 트랜지스터, 인터넷이 가져온 혁명적인 영향력과 비교해 보아도 드러커의 지적은 옳다. 경영과 기술 표준의 개발이 결합되면서 단순히 기계뿐 아니라 조직 간의 상호 정보 교환과 협력도 가능해졌다. 이에 따라 기업들은 그 어느 때보다 더 커지고 공급망은 더 복잡해지고 있다.

이 과정에서, 우리는 마침내 6장에서 언급했던, 머신 러닝에 관한 회의 세션에 어째서 그렇게 많은 사람이 모였는지 그 미스터리(그리 큰 일은 아니지만)를 해결하게 된다. 머신 러닝의 실제 도구들은 이미 30년 동안 사용되어 왔다. 즉 수전 애티를 비롯한 명사들의 이야기를 듣기 위해 회의장에 모인 대학원생들은 그런 도구들에 대해 알고자 한 것이 아니었다. 해당 세션에 대한 열띤 반응은 머신 러닝 알고리즘에 직접 삽입할 수 없는 해석, 질문, 직관의 측면에서 볼 때, 경쟁적인 환경에서 머신 러닝 도구들을 사용하는 것이 이득이라는 뜻이다. 프로그램을 다운로드하는 것만으로는 그러한 차원의 빅 데이터 분석에 접근하지 못한다. 이런 수준의 데이터 과학 전문가의 식견에 접근하기 위해서는 그들과 함께 그 방—이 경우에는 문자 그대로—에 있어야 한다.

이런 의미에서 데이터 과학은 요리와 같다. 줄리아 차일드가 유명해진 까닭은 요리의 모든 측면을 성문화시키려는 10년에 걸친 시도를 보여 주는 『프랑스 요리 기술의 마스터링』이 출간되었기 때문이 아니라, 전문가가 아닌 청중에게 그녀가 요리하는 동안 그녀와 함께 주방에 있을 수 있는 기회를 주는 선구적인 요리 프로그램이 성공했기 때문이었다. 이런 구성 방식이 엄청난 인기를 모은 것은 요리에 글로 전달하기에는 어려운 점이 있다는 단순한 이유 때문이었다. 보여 주는 것도 좋지만, 직접 행하는 것은 더 좋다.

마요네즈를 만드는 기술을 통달하기 위한 줄리아 차일드의 노력, 기업 경영 관행에서 지속적으로 나타나는 차이에 대한 니컬러스 블룸과 존 반 리넨의 유력한 논증, T. P. 라이트의 기업 학습 곡선 입증은 모두 경제 정보 상에 "도무지 말이 통하지 않는" 것들이 존재한다는 점을 확인하는 데 도움을 준다.

즉 경제적인 노하우를 소통하는 일이 교과서의 생산 모델에서처럼 비용 없이 완벽하게 이루어진다면, 숙련된 요리사가 간단한 소스를 수주에 걸쳐서 실험하고 레시피를 기록하는 일은 없었을 것이다. 서로 다른 업계, 지역에 있는 기업들 간의 경영 능력에 심각한 격차가 나타나는 일도 없었을 것이다. 기업들이 동일한 물건을 계속 생산할 때 시간이 흐름에 따라 단위당 비용이 줄어드는 일도 없었을 것이다.

이 모든 사례는 코드 경제학의 핵심이 되는 다음의 사실을 강조한다: 커뮤니케이션의 불완전성은 이론이 아니다. 그것은 어디에나 존재하며 피할 수 없는 물리적인 현실이다.

다음 두 개 장에서 우리는 기업 차원의 학습─특히 생산 레시피의 개선을 위한 체계적인 연구─을 벗어나 도시, 지역, 전체 경제에서 이루어지는 학습 주도의 진화로 초점을 옮길 것이다. 이렇게 보다 넓은 배경에서 프랑스 생물학자, 프랑수아 자코브(Francois Jacob, 자크 모노(Jacques Monod), 앙드레 루오프(André Lwoff)와 함께 1965년 노벨 의학상을 수상)가 1977년 『사이언스(Science)』에 기고한 에세이, 「진화와 땜질(Evolution and Tinkering)」에서 설명했던 "자연 선택에 의해 해결되어야만 하는 특정한 문제"에 대해 생각해 보자.

> 자연 선택은 모든 생물에 부과된 다음 두 가지 제약의 결과이다:
> ① 재생산의 필요. 이는 유전적 기제─부모와 비슷하지만 동일하지 않은 유기체를 생산하기 위해 돌연변이, 재조합, 성교 등의 특별한 장치를 통해 세심하게 조정된─에 의해 실현된다. ⑪ 환경과의 영속적인 상호작용의 필요. 생물은 열역학자들이 말하는 개방형 시스템이며 물질, 에너지, 정보의 지속적인 유입을 통해서만 살아남을 수 있다.[21]

유전적 과정은 수렴과 보존을 선호하지만, 환경과의 지속적인 상호작용에서 요구되는 학습과 적응의 과정은 발산과 탐험을 선호한다. 유전 코드가 표출되는 것, 예를 들어 수정란 같은 것이 완전히 실체화된 유기체로 성장하는 과정(생물학자들은 후성(後成)이라고 부른다)은 예측 가능하고 오류가 없는 반복에 의존한다. 그렇지만 완전히 실체화된 유기체는 학습과 적응을 필요로 하며 이는 탐험과 변화에 의존한다.[22]

이와 비슷한 생각이 저명한 생태학자, 그레고리 베이트슨(Gregory

Bateson)이 1978년 발표한 『정신과 자연(Mind and Nature: A Necessary Unity)』에도 나타나 있다. "우리는 부분적으로 서로 격리된 두 개의 시스템(임의성과 발견에 관련된)과 만난다. 하나의 시스템은 개인 안에 있고 학습이라 불린다. 다른 하나의 시스템은 유전과 인류에 내재해 있으며 진화라고 불린다. 하나는 단일한 생애의 문제이고 다른 하나는 수세대에 걸친 개체들의 문제이다."[23]

문자 그대로도 그리고 비유적으로도, 두 번째 과정 — 진화 — 은 모두 DNA에서 시작한다.

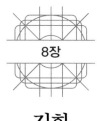

8장

진화
생명의 코드

자연과학의 비유에서 지침을 얻고자 한다면, 물리학보다는 생물학에서 나온
비유를 추천한다. 진화생물학에서는 명확한 가르침을 얻을 수 있지만 분자생물학
으로부터 얻는 가르침은 그보다는 덜 명확할 것이다. 특히 분자생물학을 통해서는
몇몇 기본 기제―이중 나선 구조의 DNA나 미첼 교수가 대단히 우아하게
설명한 에너지 전달 기제 등―가 넓은 범위의 복잡한 현상들을 어떻게 설명하는지
이해할 수 있을 것이다. 정량적 구조의 법칙과 정성적 설명의 힘,
그리고 정량적 설명이 가진 힘이 과학에서 어떤 역할을 하는지 알게 될 것이다.
― 허버트 사이먼, 노벨상 수상 연설에서, 1978 ―

매사추세츠 주 휘트먼에 있는 식당, 톨하우스의 주인인 루스 웨이
크필드(Ruth Wakefield)는 1937년의 어느 날 쿠키를 만들다가 견과가 떨
어졌다는 것을 알게 되었다. 그녀는 네슬레 초콜릿 조각들을 부셔서
반죽에 넣었다. 초콜릿이 녹으면서 반죽에 흡수되어서 일반적인 초콜
릿 쿠키가 되리라고 생각했던 것이다. 그렇지만 오븐에서 팬을 꺼낸
그녀는 쿠키 안에 초콜릿 조각이 남아 있는 것을 발견했고 그렇게 해
서 초콜릿 칩 쿠키가 탄생했다. 이야기는 그렇게 전해진다.

사실, 웨이크필드는 초콜릿 칩 쿠키를 발명하기 6년 전에 첫 요리

책을 발간한 숙련된 제과·제빵사였다. (이 요리책은 레시피가 888개로 늘어나 28번이나 재판된 베스트셀러였다.) 웨이크필드와 함께 일했던 사람들은 그녀가 이 네슬레 초콜릿이 반죽 속에서 녹지 않는다는 것을 잘 알고 있었다고 말한다. 웨이크필드가 이 발명에 대해서 언급한 경우는 수십 년 후에 한 인터뷰가 유일했다. "우리는 아이스크림을 곁들인 얇은 버터 스카치 너트 쿠키를 팔고 있었습니다. 모두가 그 쿠키를 좋아하는 것 같았지만 저는 손님들에게 뭔가 다른 것을 내고 싶었습니다. 그렇게 해서 톨하우스 쿠키를 만들게 되었죠." 같은 시기 또 다른 기자는 웨이크필드가 "이집트 여행에서 돌아오는 길에 그 레시피를 생각해냈다."라고 말했다.[1]

그녀가 영감을 받은 자세한 내력이야 어떻든, 웨이크필드와 그녀의 남편 케네스(Kenneth)가 식당을 경영하는 법을 잘 알고 있었다는 것만은 분명하다. 그들은 1930년에 톨하우스를 시작했다. 검은 화요일(Black Tuesday)이라고 불리는, 1929년 10월 29일의 주가 폭락이 있고 불과 몇 개월 후였다. 영업 사흘째, 50달러였던 영업 자본은 10달러로 줄어들었다. 넉넉지 않았던 초기 자본과 불길한 타이밍에도 불구하고 대공황기에 그들의 사업은 크게 성장했다. 보스턴에서 케이프코드로 가는 길에 자리잡고 있는 톨하우스인은 자동차 운송의 증가와 휴가라는 개념의 대중화라는 두 가지 추세의 덕을 봤다. 웨이크필드가 그 유명한 영감의 순간을 경험할 즈음, 이 식당은 100명 이상의 종업원을 거느리고 있었고 하루에 1,000명의 손님을 받았다. 이로써 웨이크필드 부부는 50만 달러 이상을 벌어들였고 그 지역의 유명 인사가 됐다.

1940년대와 1950년대에는 작곡가 콜 포터(Cole Porter), 배우 에델 머먼(Ethel Merman)과 베티 데이비스(Bette Davis), 야구선수 조 디마지오(Joe DiMaggio), 영부인 엘리너 루스벨트(Eleanor Roosevelt) 등이 이 식당의 단골이었다.

서비스는 톨하우스의 성공에서 음식만큼이나 중요한 요소였다. 2차 대전 후의 한 논설은 이 식당 주인 부부의 야망과 전쟁의 승리에서 비롯되어 산업 성장에 불을 지피고 있던 미국의 활력을 보여 주고 있다. "어떤 군사 조직이나 어떤 공장의 생산 라인도 이보다 더 순조롭게 결집되지 못했다. 나무랄 데 없이 완벽한 운영 체제를 볼 때 지속적인 연구와 장기적 계획이 있음이 드러난다." 모든 톨하우스 직원들이 식당에서의 기본 서비스 과정을 담고 있는 7페이지 분량의 매뉴얼을 숙지해야 한다는 사실은 전쟁과 산업에 유사성이 있다는 것을 믿게 한다.

톨하우스인을 차별화시켜 큰 성공에 이르게 한 레시피는 초콜릿 칩 쿠키 — 이 레시피는 아직도 네슬레 초콜릿 칩 포장지에 인쇄되어 있으며 내가 이 책의 「들어가는 글」에서 언급한 것도 바로 그 레시피이다 — 요리법이 아니라 웨이크필드 부부가 식당을 운영하는 데 채택했던 경영상의 "레시피"이다. 요리를 준비하기 위한 레시피들은 이 포괄적인 조직 코드 — 톨하우스인에서의 식사 경험을 통제하는 관행 — 의 "하위-레시피"로 생각할 수 있을 것이다.

생산 레시피 — 조직적인 규모로 실행되는 코드 — 는 활동의 범위가 전혀 다를 뿐 요리 레시피와 아주 유사하다. 생산 레시피는 여러 개의 하위 작업으로 이루어지며 이들을 함께 실시했을 때 명확하게 명시된 대로의 산출물이 나온다. 각 하위 작업에서는 처리 방식을 조정하고 실험할 수 있으며, 이러한 처리 방식의 변화(즉, 다른 레시피)는 다른 산출물을 내게 된다. 선구적인 진화경제학자 시드니 윈터(Sidney Winter)가 1968년 썼던 대로, "'케이크를 구울 줄 안다는 것'은 '케이크의 재료를 모두 모으는 방법을 아는 것'과 같지 않다. 케이크를 구울 줄 안다는 것은 케이크 레시피에 상세히 명시된 연속적 작업을 수행하는 방법을 아는 것이다."[2] 코드 경제학에서는 이 차이가 무엇보다 중요하다.

시드니 윈터의 말은 그와 거의 동시대인으로 앞서 내가 인용한 적이 있는 시드니 브레너의 언급, "물리학이 법칙의 관점에서 연구되거나, 분자생물학과 같은 과학이 기제의 관점에서 언급되는 지금이야말로, 알고리즘, 레시피, 절차를 연구해야 할 때일지도 모른다."라는 말과 같은 의미이다.[3] 삶을 만들어 가는 방법은 삶의 요소들을 모으는 방법과는 다르다.

DNA가 삶의 레시피를 코드화한 것이라면, 생산 레시피는 경제의 DNA이다.

지난 장에서 설명한 학습 곡선의 연구에 T. P. 라이트가 참여한 시기에 그의 동생 수얼 라이트(Sewall Wright)는 「진화에서 돌연변이, 교배, 근친 교배, 선택의 역할(The Roles of Mutation, Inbreeding, Crossbreeding and Selection in Evolution)」이라는 논문을 발표했다. 이 논문이 진화생물학 분야에 미친 영향은 T. P. 라이트의 「항공기 제조 비용에 영향을 주는 요인(Factors Affecting the Cost of Airplanes)」이 경영학자와 경제학자들에게

미친 영향만큼이나 컸다.[4]

수얼 라이트는 진화생물학의 현대적 통합에 큰 기여를 했다. 즉 유전적 성질을 결합과 재조합의 공식으로 표현한 극소유전학(그레고어 멘델(Gregor Mendel)이 처음으로 주창함)을 시간의 흐름에 따라 변화하는 모집단의 특성을 묘사한 거시적 진화론(허버트 스펜서의 가설을 바탕으로 찰스 다윈(Charles Darwin)이 주창함)과 체계적으로 통합시킨 것이다. 수얼 라이트의 연구는 다윈의 이론을 상당히 발전시켰으며 진화생물학에서 다른 연구의 영역으로 연결되는 다리를 놓았다.

그가 쓴 「돌연변이의 역할」은 유전적으로 새로운 것이 특정한 개체군에 도입될 때 거칠 수 있는 두 가지 기제를 구분하는 것으로 시작된다. 첫 번째는 다윈이 강조했던 한 점 돌연변이(single-point mutation)이다. 한 점 돌연변이는 자손에게 점진적인 변화를 만들어 낸다. 두 번째는 멘델이 강조했던 유성 생식이다. 유성 생식은 자손에게 대규모 조합 변화를 일으킨다. 라이트는 본질적으로 만족스럽지 못한 돌연변이의 속성을 진화의 유일한 원인으로 보았다. "유전자 돌연변이의 특징 ―우연히 유래되고, 드물게 발생하며, 그 영향이 큰 때는 해로운― 은 진화에 불리해 보인다. 하지만 유성 생식을 할 경우, 다음 세대로 이어질 수 있을 만큼 크게 해롭지 않은 제한된 수의 돌연변이들은 자연선택에 따라 작용 가능한 범위에서 거의 무제한적인 변이의 가능성을 제공한다." 라이트는 고등 생물의 경우 문자 그대로 천문학적인 수의 유전자 조합이 가능하다는 것을 설명함으로써 자신의 주장을 뒷받침했다.[5] 유성 생식에 의한 엄청난 조합 가능성 때문에 고등 생물(인간을 비

롯한)은 엄청난 유전적 다양성을 보인다.[6]

라이트는 시간의 흐름에 따른 진화의 과정을 체계적으로 연구하기 위해, 각 유전자 조합이 특정 환경에 얼마나 잘 "적응(fitness)"했는지에 따라 레벨을 부여하는 "지형도(landscape)" 아이디어를 도입했다. "진화의 문제는 생물종이 계속해서 낮은 곳에서 높은 곳으로 나아가게 만드는 매커니즘이 무엇인가이다. 이런 일이 일어나기 위해서는, 해당 종이 자신들이 차지한 좁은 영역 주변의 다른 지역을 탐험하게 하는 대규모의 시행착오 매커니즘이 필요하다. 진화하기 위해서 종들은 [돌연변이가 주도하는] 자연 선택의 지배를 벗어나야 한다."[7]

유성 생식은 그러한 매커니즘을 제공하며, 개체군은 이를 통해 개선된 변종에 적합한 지형을 찾는다. 폐쇄적인 개체군에서는 근친 교배와 자연 선택이 결합해서, 지형도 상의 유전자 조합 분포 "오르막(uphill)"을 정해진 숫자의 "극댓값(peak)"으로 향하게 하는데, 이는 환경에 유리한 적응을 할 수 있는 최댓값으로 정의된다. 개체군이 그러한 극댓값에 수렴될 정도의 충분한 시간이 흐른 후에는 정체가 시작된다. 돌연변이는 개체군이 지형도에서 최고도의 적응 레벨에 이른 후에도 변형을 계속 도입할 수 있지만, "종은 극댓값에 가까운 일정 영역을 차지한다. (……) 동일성이 전혀 없는 서로 다른 개체군의 경우에도 [지형도에서] 점유한 구역은 일정하게 유지된다." 그러한 조건에서는 "전혀 새로운 (반복된 적 없는) 돌연변이, 처음부터 [나타나자마자] 유리한 작용을 하는 돌연변이가 등장하지 않는 한 더 이상의 진화는 일어나지 않는다."[8] 같은 종이지만 전혀 다른 개체군과 우연히 마주치지 않는

한, 해당 종이 이 함정에서 벗어나는 가장 효과적인 방법은 종종 이종 교배할 수 있는 아종으로 분화하는 것이다. 이를 통해 해당 종이 점유한 영역을 근본적으로 넓힐 수 있는 완전히 새로운 유전자 조합이 정기적으로 도입된다.

라이트가 내린 1차적인 결론은, 진화를 위해서는 새로운 것을 발생시키는 다양한 기제들, 돌연변이, 선택, 근친 교배, 이종 교배 사이에 균형이 필요하다는 것이다. 단기적으로는 전문화가 경제의 확장과 생산성의 향상을 낳지만, 장기적으로는 탐색 가능성의 고갈로 진화의 막다른 길에 이르게 된다. 종의 성공, 그리고 기업과 지역의 성공은 이러한 요소들의 균형에 좌우된다. 잘 알려진 세계적 프랜차이즈 기업의 초기 역사가 이를 잘 보여 준다.

레이 크록(Ray Kroc)은 밀크셰이크 기계를 판매하는 영업사원이었다. 1956년 그는 난관에 봉착했다. 해밀턴 비치(Hamilton Beach)라는 회사가 새롭게 저가 믹서 라인을 내놓아서 그의 사업을 위협하고 있었다. 항상 새로운 기회를 찾고 있던 크록은 그의 영업 기록에서 눈에 띄는 주문 내역을 발견했다. 캘리포니아 주의 샌버너디노에 있는 한 레스토랑에서 8대의 멀티 믹서를 주문했다는 기록이었다. 멀티 믹서는 한 번에 5잔의 밀크셰이크를 만들어 냈다. 한 번에 40잔의 밀크셰이크를 만들어야 하는 식당이 있다고? 강한 호기심을 느낀 크록은 샌버너디노로 갔다. 딕 맥도날드(Dick McDonald)와 맥 맥도날드(Mac McDonald) 형제가 햄버거와 핫도그를 파는 작은 식당에 들러 보기 위해서였다.

그 식당은 크록이 봐 왔던 여느 식당들과는 달랐다. 당시 인기를 모으던 드라이브인 식당들과 대조적으로, 맥도날드 형제의 식당에는 좌석이나 서빙하는 종업원이 없었고, 메뉴는 치즈버거, 햄버거, 프렌치프라이, 청량음료, 밀크셰이크뿐이었다. 모든 음식이 공장의 조립라인과 같은 식으로 준비되어서 주문하자마자 고객에게 전달되었다.[9]

루스 웨이크필드와 마찬가지로, 맥도날드 형제는 대공황 때 식당을 개업했다. 그들은 5,000달러를 대출받아서 1937년 캘리포니아 아케이디아에 에어드롬(Airdrome)이란 핫도그 가게를 열었다. 1940년 그들은 샌버너니노로 영업장을 옮겼고 이름을 맥도날드 바비큐(McDonald's Barbeque)로 바꾸었다.[10] 8년 후, 전후 경제가 회복되기 시작하면서 형제는 파격적인 실험을 시작했다. 식당의 문을 완전히 닫고 한 달 후에 조립 라인과 같이 효율적으로 식사를 제공하는 데 최적화된 새로운 사업 모델을 가지고 다시 문을 열었던 것이다. 그들은 이러한 디자인을 "스피디 서비스 시스템(Speedee Service System)"이라고 불렀다.

좋은 아이디어를 바로 알아보는 재능을 가지고 있던 크록은 그들의 사업 방식에 완전히 매료됐다. 그는 맥도날드의 이름과 사업 방식에 대한 특허권을 사들여 사업을 시작했다. 크록은 1955년 캘리포니아 데스플레인즈에 맥도날드 1호점을 열었다. 5년 만에 그는 전국 200개의 새로운 체인점을 가지게 되었다. 그는 가맹점주들에게 "품질, 서비스, 청결, 가치"라는 회사의 모토를 강화하는 시스템을 고수하라고 거의 강박에 가까운 압력을 넣었다. 1961년 그는 설립자들로부터 회사를 사들였고 이렇게 맥도날드 체인 제국이 시작되었다.

1987년 쓴 자서전에서 크록은 맥도날드 성장의 뒤에 있는 가맹 기반 시스템의 정수가 무엇인지 설명했다.

식당 개발, 교육, 마케팅 조언, 제품 개발, 설비의 구성 요소에 대한 연구 등 모든 것이 서로 연결되어 있다. 이는 전국적인 광고 및 지속적인 경영 원조와 함께 매우 귀중한 지원 시스템을 이룬다. 이 모든 지원에 대해 개별 운영자들이 지불하는 금액은 총매출의 11.5 퍼센트에 불과하다. 이건 정말이지 거저 주는 것과 다름없다.[11]

맥도날드의 가맹점 운영 절차는 최대한 쉽게 설계되었다. 크록이 말했듯이 "특별히 똑똑할 필요도 고등 교육을 받아야 할 필요도 없다. 다만 열심히 일하고 매장을 운영하는 일에만 집중하려는 마음가짐이 있어야 한다."[12]

크록은 반복적인 하위 업무들로 나뉘는 하나의 프로그램을 만들었다. 운영자는 가맹점주에게 제공된 매뉴얼을 따름으로써 하위 업무들을 관리할 수 있다. 조직의 DNA와 같은 역할을 하는 매뉴얼은 다양한 환경에서도 스피디 서비스 시스템이 필수적인 구조나 기능을 상실하지 않고 작용하게 해 준다.

그 사이 캘리포니아 아케이디아와 멀리 떨어진 곳에서는 두 명의 젊은 과학자들이 다른 유형의 코드 구조를 찾고 있었다. 그들의 발견은 과학을 변화시키고 세상에서 인간의 위치를 보는 관점에 큰 영향을 미쳤다.

1953년 3월 1일 일요일 저녁, 제임스 왓슨(James Watson)과 프랜시스 크릭(Francis Crick)은 영국 케임브리지의 이글이라는 술집으로 갔다. 그날 아침 왓슨은 DNA 구조의 수수께끼를 풀려는 두 사람의 시도에 돌파구가 될 것으로 보이는 깨달음의 순간을 경험했다. 아직 미완성인 모델에서 가장 중요한 것은 염기쌍이었다. 이 염기쌍의 본을 판지로 만들어 연구해 왔던 왓슨은 해결책을 제시하는 예상 밖의 대칭을 발견했다. 하지만 발견을 목전에 두고 갑자기 연구가 꽉 막히고 말았다. 왜 일까? 판지 본으로는 구조에 대한 확신을 가질 만한 정밀한 연구가 불가능했기 때문이었다. 그들은 인근에 있는 기계 공장에 금속제 염기쌍 모델을 주문했지만 배송이 늦어졌다. "그날 밤에는 이중 나선 구조를 확실히 밝혀 낼 수 없었다." 왓슨은 이후 회상했다. "금속제 염기쌍을 손에 넣을 때까지는 어떤 모델을 만들어도 확신을 가질 수 없는 상황이었다." 가능한 배열을 시험하고 추측한 대칭을 확인할 축소 모델 없이는 정확한 구조를 생각해 냈다는 것을 다른 사람에게는 물론 스스로에게도 설득시킬 수 없었다.

낭비할 시간이 없었다. 노벨상이 걸려 있다는 것을 충분히 인지하고 있던 왓슨과 크릭—당시로서 각기 24세와 36세였고 과학계에서 그리 알려지지 않았다—은 당대 최고의 화학자 라이너스 폴링(Linus Pauling)을 상대로 다윗과 골리앗의 싸움을 벌이고 있었다. 그들이 목표로 하고 있는 일은 더없이 귀중한 것이었다. 말 그대로 생명의 코드를 발견하는 최초의 사람들이 되는 일이었다.

생화학을 공부하는 학생이었던 왓슨과, 물리학자였다가 생물학자로 전향한 크릭은 모두 저명한 양자역학 연구자, 에르빈 슈뢰딩거(Erwin Schrödinger)가 쓴 『생명이란 무엇인가?(What Is Life?)』란 제목의 얇은 강의집을 읽은 후 유전 코드의 구조를 연구하게 되었다. 오래전에 폴링은 취리히에서 슈뢰딩거의 제자가 되었다. 『생명이란 무엇인가?』에서 슈뢰딩거는 생명을 이해하는 데 필요한 근본적인 문제를 설명했다. 열역학 제2법칙의 지배를 받아 모든 닫힌계가 질서에서 무질서로 움직이는 세계에서, 어떻게 계속해서 복잡도가 커지며 질서를 유지하는 자생적 섬—즉 삶—을 관측할 수 있는 것일까? 다르게 표현해(그리고 노버트 위너의 비유를 차용해), 우주의 엔트로피가 항상 증가한다면, 어떻게 생명은 혼돈과 무질서라는 어마어마한 조류를 거슬러 상류로 헤엄쳐 가는 일을 할 수 있을까?[13]

슈뢰딩거는 당시에 분자생물학으로 알려진 것을 대략적으로 요약하면서, 삶에 대한 지침은 반드시 "비주기성 고체"의 형식을 취해야 한다고 보았다. "평범한 벽지"와 같이 동일한 패턴이 계속적으로 반복되는 수정 등의 주기성 고체와 달리, 이런 비주기성 고체는 말하자면 "지루한 반복이 아니라 라파엘로(Raffaello)의 태피스트리처럼 정교하고, 일관되고, 의미가 있는 디자인을 보여 주는 걸작"과 비슷하다.[14] 슈뢰딩거는 이 비주기성 고체를 "유전 물질(Heredity Substance)"이라고 말하면서 그가 제기한 엔트로피의 수수께끼를 풀 방법을 설명했다. "유전 물질의 높은 내구성을 지극히 작은 크기와 조화시키기 위해서, [자연은] '분자의 발명'으로 무질서로 향하는 경향을 피해야만 했다. 여기서 발명된 분자는 비정상적으로 크고 대단히 차별화된 질서를 가진 걸작이어야 했다."¹⁵ 이런 식으로 생명의 코드는 "무질서로 향하려는 사물의 자연적 경향"을 위배하지 않고 자연이 어떻게 기존 질서의 유지와 복제를 허용하는지 드러낸다(글상자 8.1 참조).

『생명이란 무엇인가?』는 유전 코드의 구조를 탐색하는 과학계에 대한 도전장으로 여겨진다. 왓슨, 크릭, 폴린은 이 도전에 응답한 사람들이다. 두 팀 ─ 왓슨과 크릭 팀과 폴링의 팀 ─ 은 거의 동일한 증거, 즉 ① 저해상도의 DNA 그림자 이미지를 보여 주는 엑스레이 회절 사진, ② 슈뢰딩거가 말한 "유전 물질"에 요구되는 "높은 내구성"을 가질 수 있는 구조가 무엇인지 판단하기 위한 기본 화학 법칙에서 출발했다. 왓슨과 크릭은 폴링에 비해 상당히 우위에 있었다. 그들의 동료, 로절린드 프랭클린(Rosalind Franklin)이 얼마 전 모델 구축에 지침이 될 새로운 엑스레이 회절 사진을 만들어 냈기 때문이다. 그 발견으로 경주의 속도가 빨라졌다.

왓슨은 술집에 들렀던 3월 1일 "오후까지 푸린과 피리미딘을 생산할 수 있는지 [금속 가공] 공장에 알아보러 갔었고, 별 수고를 들이지 않고 두어 시간 만에 납땜한 최종 부품을 받아볼 수 있었다."라고 말했다.

필요한 부품을 얻은 왓슨은 바로 연구실로 갔다. "빛나는 금속판들은 바로 모델을 만드는 데 사용되었다. 처음으로 모든 DNA 요소들이 존재하는 모델이 만들어졌다. 나는 약 한 시간에 걸쳐 엑스레이 자료와 입체 화학 법칙을 만족시키는 위치에 원자를 배치했다."¹⁶

2년에 걸친 꾸준한 탐색과 발견에 이은 그날 아침의 작업으로 DNA 구조의 수수께끼는 풀렸다(그림 8.1 참조). 몇 개월 후 두 사람은

그림 8.1 이중 나선 구조에 대한 오리지널 모델과 제임스 왓슨(왼쪽), 프랜시스 크릭(오른쪽). © 포토 리서처스 (Photo Researchers)의 허락을 받아 인용함.

인공물과 자연물의 차이

"인공물과 자연물의 차이는 즉각적이고 명료해서 누구나 알 수 있다고 여긴다." 자크 모노가 1972년 발표한 책, 『우연과 필연(Chance and Necessity)』은 이렇게 시작된다. "칼은 그것을 만든 사람이 사전에 머릿속으로 의도한 대로 만들어졌다. 물체는 그 존재 이전의 의도에 의해서 탄생하며 물체는 그 의도를 물질적으로 표현한다. 물체의 형태는 그 물체가 모양을 갖기 전부터 기대된 기능에 의해 결정된다."(p. 3) 그에 반해 우리는 자연의 물체가 "물리적 힘의 자유로운 작용에 의해서 어떤 디자인, 어떤 '계획'이나 목적도 없이 만들어졌다."라고 인식한다. 인공물과 자연물이 엄밀히 구분된다는 우리의 가정은 두 가지를 구분하는 객관적이고 반복 가능한 방법을 찾으려 할 때부터 문제에 부딪힌다. 화성 탐사선이 이런 유형의 장치를 탑재하고 있다고 상상해 보라. 외계의 물체들을 조사해서 지능을 지닌 외계 생명체의 산물이라는 징후를 찾는 것보다 더 흥미로운 일이 있을까? 모노는 과거에 지능이 있는 생명체가 존재했다는 증거를 탐사하기 위해서는 "그들이 만든 산물을 찾고 알아볼 수 있어야 한다. 인간이 만들 산물과는 완전히 다르더라도 말이다."라고 말한다(p. 4).

우리는 미시적 영역 이외의 자연물에서는 기하학적 형태—직각이나 정삼각형 등—를 보기 힘들지만 인공물에서는 자주 관찰할 수 있다고 간단하게 생각한다. 나뭇잎의 내부 구조, 삼각주나 정맥망이 가진 특유의 가지형 패턴, 연기가 만들어 내는 소용돌이 패턴 등은 인공물을 훨씬 뛰어넘는 복잡한 디자인으로 보인다. 따라서 우리는 인공물의 구조적 특징이 거시적 차원의 규칙성과 반복성이라고 결정하고 이를 찾기 시작한다. 하지만 화성의 물체에 이런 식의 프로그램을 적용하면 곧 문제에 봉착하게 된다. 예를 들어 수정은 반복되는 단순한 기하학적 형태로 이루어져 있다. 벌집처럼 육각 기둥이 반복되는 구조인 것이다.

모노는 여기에 이르면 자연물과 인공물을 구조적 특성을 기반으로 구분하는 접근법이 성공할 가능성이 낮다는 판단에 이르게 될 것이라고 말한다. 이제 우리는 처음의 아이디어로 돌아가서 새로운 기계를 만들기로 한다. 자연물과 인공물을 그들이 목적을 드러내는가에 따라 구분하는 기계를 말이다. "이렇게 프로그래밍된 기계는 검토하는 대상의 구조뿐 아니라 궁극적인 기능까지도 조사한다. 하지만 우리는 결국 한층 더 실망스러운 결과를 얻게 된다. (……) 자연 기관인 눈이 '목적'—이미지를 포착하려는 목적—을 실현시키고 있으며, 카메라가 탄생한 근원이기도 하다는 점을 부정하는 일은 자의적이고 무의미하다. 카메라를 '설명'

하는 목적은 눈의 구조를 설명하는 것과 똑같으므로, 이를 부정하는 것은 더 말도 안 된다."
(p. 8)

이런 사유 끝에 모노는 요점을 이야기한다. "모든 인공물은 생물에 의해 만들어진 산물이다. 생물은 이 산물을 통해 아주 명백한 방식으로 모든 생물이 예외 없이 공통적으로 가지고 있는 기본적인 속성 중 하나를 드러낸다. 즉 생물은 목적을 지니고 있는 존재라는 점이다. 그와 동시에 생물은 구조를 통해 목적을 드러내고 활동(예를 들어 인공물의 제작)을 통해서 이 목적을 이룬다."(p. 9)

「효소 및 바이러스 합성의 유전적 조절에 관한 발견」으로 노벨 생리·의학상을 공동 수상했던 모노는 코드와 생명의 관계에 대해 알고 있었다. 6장에서 논의했듯이, 생명의 DNA 코드는 모노와 그 동료가 발견한 바로 그 기제, 효소(단백질과 RNA)와 바이러스의 합성을 거친다.

DNA는 목적을 가지고 산물을 만든다. 사람도 그렇다. 이것이 모노의 통찰이다.

이 발견을 정리한 논문을 『네이처(Nature)』에 기고했다. 생명의 코드를 전달하는 DNA의 역할에 대해서 그들은 이렇게 말했다. "우리가 가정한 특정한 쌍이 바로 유전 물질의 복제 기제가 된다는 것을 눈치챘다." [17]

7년 후, 제임스 왓슨과 프랜시스 크릭은 DNA 구조의 발견에 대한 공로로 노벨 생리·의학상을 수상하기 위해 스톡홀름으로 갔다.[18]

허버트 스펜서가 "적자생존(Survival of the Fittness)"이라는 단어를 도입하고 1세기 후, 수얼 라이트가 진화생물학에 적응 지형도라는 개념을 도입하고 50년 후, 왓슨과 크릭이 DNA의 구조를 발견하고 25년 후, 스튜어트 카우프만(Stuart Kauffman)과 사이먼 레빈(Simon Levin)이라는 두 젊은 과학자가 진화 이론을 한 걸음 더 발전시켰다. 그들의 진화적 적응 지형 모델은 유전자와 진화 과정 자체가 공유하는 두 가지 특성, 복잡도와 상호 의존성을 통합하였다. 카우프만과 레빈의 이론 체계는 일반적인 모델링 체계에서 진화 과정의 본질적 특징을 끌어냄으로써 두 라이트 형제의 업적—적응 지형에 대한 수얼 라이트의 연구와 「항공기 제조 비용에 영향을 주는 요인」에서 증명했던 학습 곡선에 대한 T. P. 라이트의 연구—을 연결하는 기술적 다리를 마련했다.

카우프만과 레빈이 1987년 발표한 논문 「험준한 지형에 적합한 보행에 대한 일반 이론(Towards a General Theory of Adaptive Walks on Rugged Landscapes)」은 이렇게 시작된다. "적응 진화는 대단히 복잡한 결합 과정이다." 여기서 "복잡"하다는 것은, 유전자는 결합을 통해 스스로를 표현하며 유전자의 돌연변이는 여러 유전자의 기능에 영향을 미치므로 유전 코드의 변화와 그에 따른 적응 사이의 관계는 복잡할 수밖에 없다는 뜻이다. 진화생물학의 이러한 상호 의존성은 유전자들 사이의 상위성 상호작용(epistatic Interaction)이라고 알려져 있다. 상위성 상호작용은 진화에 의해 해결된 문제를 일종의 "최악의 루빅큐브(Rubik's Cube from Hell)"로 만든다. 지엽적으로 적응을 개선하는 변화가 전체적으로 적응을 감소시키는 결과를 낳는 것이다. 카우프만과 레빈은 이어서 진화에 의해 해결된 문제의 구조와 컴퓨터 과학이나 물리학에서 나오는 복잡한 조합적 문제의 구조 간에 유사성이 있음을 언급했다.[19]

카우프만과 레빈은 이 책 지난 장의 끝에서 인용했던 프랑수아 자코브의 에세이를 언급하면서 자신들의 모델을 소개했다. 진화의 과정이 최적화보다는 땜질에 훨씬 가깝다는 생각을 발전시킨 모델이었다. "자연 선택은 엔지니어들이 일을 하듯이 작동하는 것이 아니다. (……) 그것은 땜장이 ― 무엇을 만들게 될지는 정확히 알지 못하지만 이용할 수 있는 모든 것을 이용해서 운용이 가능한 물건을 만드는 일꾼 ― 처럼 일을 한다."[20] 이것은 단순한 형식에서 복잡한 형식으로 움직이는 점진적인 과정이다. "진화는 아무런 준비 없이 새로운 것을 내놓지 않는다. 진화는 이미 존재하는 것을 바탕으로 시스템을 바꾸어 새로운 기능을 추가하거나, 단세포 형태에서 다세포 형태로 진행하는 과정과 같이 여러 시스템을 합쳐 보다 정교한 시스템을 만드는 식으로 작동한다."[21] 지속적인 진화는 그 자체로 복잡도를 증가시키고, 이는 진화 과정의 결과인 생명체가 점점 더 많은 제약과 만나게 된다는 것을 의미한다. "시스템이 받는 제약들은 복잡도에 따라 달라진다. 안정성과 열역학에 의한 제약은 언제나 존재한다. 하지만 복잡도가 커짐에 따라 추가적인 제약―생명체의 재생이나 사회 체계의 경제적 요구―이 나타난다."[22] 태고의 늪지에서 생성된 새로운 분자는 기본적인 물리 법칙만 따르면 세상에서 독자적으로 생존할 수 있다. 하지만 새로운 유전 조합이 그와 비슷한 수준으로 독자적인 생존을 할 수 있으려면 물리학 법칙에 순응해야 할 뿐 아니라 해당 환경 내에서 매개체가 가지고 있는 "적응성"을 높여야 한다. 새로운 기술적 조합은 기존의 기술보다 향상되어야 하고 그것을 기록, 공유, 복제한 사람들에게 충분한 가치를 제공해야 한다.

카우프만과 레빈 모델은 강력하면서도 단순했다. 길이가 N인 유전자 코드를 상상해 보라. 이 코드 내의 각 유전자는 두 개의 가능한 "상태"―이진법 컴퓨터의 "0"과 "1" 같은―중 하나로 되어 있다.[23] 진화적 문제의 어려움은 유전자 사이에 일어나는 상호작용의 평균수를 나타내는 매개변수 K로 조정할 수 있다. NK 모델이라고 불리는 이 모델은 생물학적 시스템 내에 나타나는 여러 가지 진화의 특징들을 재현할 수 있다. 진화는 점점 더 복잡해지는 변수들을 중심으로 이루어진 적응 지형에 대응하는 유전자의 보행법이라고 할 수 있다.

진화생물학에서 유래한 이 같은 모델이 기술의 진화를 설명해 줄 수 있을까?

삶이란 곧 변치 않는 재생산 능력 그 자체이다. 유기체, 과정, 조직은 시공간에 걸쳐 자기 증식을 위한 환경을 만든다. 맥도날드의 이야기가 이를 분명히 보여 준다. 레이 크록이 성공한 것은 본질적으로 시간이 흐름에 따라 도처에 전파할 수 있는 코드—이 경우에는 프랜차이즈 매뉴얼—를 생성하는 데 성공했기 때문이었다. "셀 수 없이 많이" 팔린 맥도날드 햄버거는 코드 경제학에서의 성공 유형을 보여 준다. 그러나 소비자의 입맛이 변화하면서 맥도날드가 최근 직면하게 된 문제들이 보여 주듯이, 유기체가 자기 증식에서 성공을 거두었다고 해서 학습과 적응의 필요성이 사라지는 것은 아니다. 사실 복잡한 형태의 생명이 독자적으로 생존하기 위해서는 학습과 적응 능력—특히 본능적이고 무의식적인 다양성에 대한—을 반드시 갖추어야 한다.

이렇게 해서 우리는 딕과 맥 맥도날드 형제와 스피디 서비스 시스템의 사례뿐 아니라 루스 웨이크필드가 톨하우스 식당의 직원들을 위해 만든 표준 운영 절차에 대한 7페이지짜리 매뉴얼과 줄리아 차일드가 엄청난 노력을 기울여서 시험하고 기록한 『프랑스 요리 기술의 마스터링』의 레시피, 그리고 5,500년 전 수메르인들의 평판에 기록된 맥주 레시피로 돌아오게 된다. 이들 각각의 경우에 생산 레시피를 코드화하는 목적은 재생산이다. 첫 번째 경우의 목적은 프랜차이즈 사업의 재생산, 두 번째 경우는 서비스 경험의 재생산, 세 번째 경우는 확실한 맛을 내는 요리의 재생산, 네 번째 경우는 맥주의 재생산이다.

이 비유에 따르면, 기술은 곧 재생산의 능력이다. 보다 복잡한 형식의 기술도 오랜 시간에 걸쳐 독자적으로 생존할 수 있으려면 학습과 적응 능력을 갖추어야 한다.

다음 장의 초점은 코드의 발전에 적용되는 진화 이론이다. 카우프만과 레빈의 NK 모델은 결국 코드의 탄생과 진화를 연구하기 위한 틀을 제공하며, 학습 곡선은 생물학과 경제학 사이의 고리 역할을 한다.

9장

플랫폼
복잡도를 증가시키는 표준의 역할

어디에서든 공통의 사업과 기술 기준을 받아들여
기업들이 진정한 글로벌 생산 시스템에 연결되도록 해야만
경제 활동이 외부로 향할 수 있다.
– 샘 팔미사노, 『글로벌 통합 기업』, 2006 –

경제가 "살아 있다"는 것이 비현실적이라거나 얼토당토않은 이야기로 들리는가? 그 반대로 경제가 죽어 있다는 말은 좀 더 현실적이라는 생각이 드는가?

그렇다면 경제가 죽어 있다는 것은 무슨 의미일까? 그것은 경제가 불활성 상태이고 스스로 증식하는 능력이 없다는 의미일 것이다. 즉, 시간이 흐르면서 부패하거나 소실된다는 의미인 것이다.

하지만 우리가 쉽게 관찰할 수 있는 것처럼, 경제 — 어떤 개인의 통제나 지시를 넘어서 존재하고 인간의 수명을 훨씬 뛰어넘는 일정에 따라 질서와 구조를 발전시키는—는 불활성 상태가 아니다. 경제는 스스로 증식하는 능력을 '가지고 있다.' 경제는 시간이 지나면서 구조와 복잡도를 '발전시킨다.'

　주전자 안에서 물이 끓거나 공기 중에서 높은 곳으로 회오리치는 허리케인과 같은 물리적 현상들에 대한 연구에 익숙한 사람들은 경제 내에 구조가 존재한다는 것이 꼭 경제가 살아 있다는 뜻은 아니라고 반박할 것이다.[1] 계속적으로 "소산(消散)"하는 구조가 존재하려면 엄청난 양의 에너지를 처리하는 프로세스가 필요하다.

　경제 질서에서 추가로 설명이 필요한 부분은 관찰 가능한 거대한 에너지 처리량—물을 계속 끓게 만드는 주전자 아래의 불꽃처럼—뿐이다.

　1장에서 설명했던 도시의 "대사"를 크기와 관련시켜 표현한 축척 법칙이 이 에너지 중심의 가설에 약간의 신빙성을 부여한다. 유기체와 경제의 내부 구조 사이에는 일정한 관련성이 존재한다. 두 가지 모두가 에너지와 "영양소"를 필요로 한다. 하지만, 그러한 거시적 규모의 규칙성이 존재한다는 것은 실제로 경제 진화에 책임이 있는 미시적 규모의 구조적 변화를 이해하는 데 큰 도움이 되지 않는다. 이 장에서 나는 경제가 살아 있다는 것이 어떤 의미이고 왜 반대 개념들—고전주의와 신고전주의 경제학파에 깊이 뿌리박혀 있는 것들을 포함해—이 논리와 실제 양면에서 모순되는지를 좀 더 자세히 탐구할 것이다.

　「들어가는 글」에서 말했듯이, 내가 기술적인 정보를 저장하고 전달하는 기제를 묘사하는 가장 적절한 단어로 "코드"를 선택한 가장 큰 이유는 코드가 컴퓨터 소프트웨어의 동의어이기 때문이 아니라 코드가 유전 물질─구조를 보전하고 유기적 변화를 가능케 하는 물질─을 묘사하는 데 사용되기 때문이다. 실로 효과적인 비유이다. 내가 내내 주장해 온 것처럼, 이것은 비유 그 이상이다. 생산 레시피─엄청난 역사적 통찰력까지는 아니더라도 구조적으로 상응하는─를 경제학에 도입한 것은 DNA를 분자생물학에 도입한 것에 비견된다. 이것은 경제학이 정보 이론의 한 분파로 전환되는 데 있어서 중요한 첫걸음이다.

1993년 봄, 내가 가지고 있던 꿈 하나가 이루어졌다. 산타페 연구소의 복합계 서머 스쿨(Complex Systems Summer School)에 참여하게 된 것이다. 여러 분야에 걸친 소그룹의 과학자들─이론 생물학자 스튜어트 카우프만, 경제학자 브라이언 아서(Brian Arthur), 노벨상 수상자인 물리학자 머리 겔만(Murray Gell-Mann) 등─이 과거 수도원이었던 곳에 모여서, 물리, 생물, 사회 시스템의 복잡도와 관련된 일련의 원대한 프로젝트를 진행했다.

나는 신생 분야인 복잡도 이론의 대가 카우프만과 아서, 두 사람과 연구를 해 보고자 하는 희망을 품고 산타페 연구소에 갔다. 연구소에 도착할 때까지 나는 그들이 진화하는 복합 시스템인 경제에 대해서 발표한 모든 글을 읽고 또 읽었다.

그해 여름, 도시의 자기 조직화에 대한 공동 프로젝트에 상당한 노력을 쏟는 한편으로,[2] 서머 스쿨의 동료, 호세 로보와 함께 내가 가장 몰두한 일은 카우프만-레빈 NK 모델의 체제를 신고전주의 생산

이론에 통합하는 방법을 찾는 것이었다. 경제학은 산출물을 얻기 위한 투입을 최적화하는 방법에 대해서 많은 이론을 가지고 있다. 하지만 투입을 산출물로 바꾸는 실제 과정에 대해서는 그렇지 않다. "하이테크"과 "로우테크" 기업의 차이는 무엇인가? 멋진 위젯 세상(Wonderful World of Widget)에서는 구성 요소들이 결합되어 최종 생성물을 만든다. 하지만 구성 요소들을 실제로 생성물로 바꾸는 레시피는 어느 곳에도 명쾌하게 설명되어 있지 않다. 카우프만-레빈 NK 모델은 그러한 설명을 향한 출발점이 될 수 있을 것 같았다.

경제학자, 마이클 포터(Michael Porter)는 오래전 이런 말을 했다. "로우테크 산업이라는 것은 존재하지 않는다. 로우테크 기업만이 존재할 뿐이다."[3] 이 말은 과거의 상황을 잘 보여 준다. 하지만 현재의 경제에 적용시키면, 지난 500년에 걸친 경제학의 본질적인 변화를 반영하는 말이 되기도 한다. 중세의 경제를 생각해 보라. 당시의 생산 대부분은 "복잡"하다고 주장하기 어려운 것들이었다. 생물학에 비유하면, 대부분의 생산은 단세포 유기체에 상응하는 방식으로 이루어졌다. 19세기 후반에도 기술적인 인공물(물리적인 생산물)과 그것을 만드는 사회적인 처리 방식은 지금과 비교하면 원시적인 수준에 머물러 있었다.

20세기 초, 단일 기업에 의한 대규모 생산이 출현하면서 모든 것이 변화했다. 거대 기업들 — 포드, 티센(Thyssen)부터 소비에트 연방의 야심찬 프로젝트인 국가 사회주의까지 — 의 등장은 새로운 형식의 사회경제적 조직을 보여 주었다. 생산 자체의 복잡도가 새로운 기업의 진입을 막는 큰 장벽이 되었다. 제너럴 모터스(General Motors)는 20세기 초반에는 신생 기업이었을지 모르지만 20세기 중반에는 전례 없는 규모로 운영되는 거대 기업이 되었다.

여기서 복잡도란 무슨 의미일까? 기계의 경우 복잡도는 그 제품을 구성하는 부품들의 수로 측정하는 것이 가장 간단하다.[4] 현대의 존 디어(John Deere) 트랙터는 매코믹(McCormick)의 수확기보다 훨씬 복잡하고, 매코믹의 수확기는 쟁기보다 훨씬 복잡하다. 이 기계들을 만드는 데 필요한 사회적 처리 방식도 시간이 흐르면서 그에 맞게 복잡해졌다.[5]

즉 복잡도는 특정한 생산 레시피로 해결할 문제에 대해서, 그 문제가 얼마나 어려운지를 나타낸다. 문제의 복잡도가 높을수록 좋은 해법을 찾기가 더 어려워진다. (완벽한 마요네즈 레시피를 찾기 위한 줄리아 차일드의 조사—처음에 생각했던 것보다 어려웠던—를 다시 생각해 보라!) 어려운 문제를 해결한다는 개념은 대단히 공식적으로 정의된다. 이를 생산 레시피에 적용할 경우 정보 이론의 핵심인 알고리즘 복잡도(algorithmic complexity)의 특별한 사례가 된다.

복잡도는 주로 모방을 어렵게 함으로써 산업과 경제의 진화에 영향을 준다. 기술의 복잡도가 커질수록, 해당 생산 레시피(즉, 선도자의 방법)의 유효성과 약간 변경된 유사 레시피(즉, 불완전한 모방)의 유효성 간에 상관관계가 낮아진다. 이러한 알고리즘적 정의를 이용하면, "작업"의 개수나 생산 과정에 관여하는 개별 단위, 그리고 (특히) 각 단위 간의 상호 의존도를 통해 생산 레시피의 복잡도를 표현할 수 있다. 단순한 기술/조직 루틴일 경우, 기업은 모방을 시도하기 전에 상당히 확실하게 그 성능을 예측할 수 있다. 단순한 기술/조직 루틴은 이렇게 예측된 특성을 기반으로 채택되거나 배제된다.

복잡한 기술은 두 가지 이유 때문에 이런 식으로 모방할 수가 없다. 첫 번째는 복잡한 기술로 해결하려는 문제는 각 구성 요소들이 상호 의존적인 것이 보통이어서 해법을 찾는 과정에서 조직적 루틴의 한 부분을 변화시킬 경우 그것이 다른 부분에 영향을 주기 때문이다. 따라서 복잡한 기술적 문제에 대한 해법을 찾는 것은 루빅큐브를 푸는 것과 같다. 단순한 문제에서처럼 한 번에 문제의 한 부분(큐브에서의 한 면)씩 해결할 수가 없는 것이다. 두 번째로 복잡한 기술적 문제들은 어떤 설명서, 특허, 사양서로도 코드화되어 있지 않은 요소들을 가지고 있을 확률이 높다. 사람들이 조직적 루틴의 특정한 부분들을 수행하는 법을 "알고 있을 뿐"인 것이다.

이 두 가지 이유 때문에 복잡한 기술/조직 루틴은 "채택" ─ 경제학자들이 흔히 쓰는 용어지만 ─ 할 수가 없는 것이다. 여기서 그러한 루틴의 모방은 거의 언제나, 때로는 참담할 정도로 불완전하다. 회사 내 한 부문에서 일어난 관행의 수정(DNA에서라면 대립 형질)이 다른 여러 부문의 유효성에 영향을 주기 때문이다. 단순한 기술/조직 루틴은 쉽게 모방할 수 있기 때문에 초기에 채택한 사람이 지속적으로 이익을 얻을 수 없을 가능성이 있다. 기술적 우위를 유지하는 것은 가장 협력적이며 가장 높은 복잡도를 내재한 활동을 기반으로 한다. 이러한 활동은 혁신적인 기업 운영에 가장 큰 혼란 요인일 수도 있지만 성공적으로 시행될 경우 모방하기 가장 어려운 요소가 되기도 한다.

이런 식으로 세상을 보는 것이 정확하다면, 위에서 인용한 포터의 말을 바로 이해할 수 있다. 우리는 월마트(Walmart)나 가족들이 운영하는 동네 가게 모두 경제의 소매 부문에 있는 것으로 보지만 사실 그들은 다른 계통의 사업을 하고 있다. 월마트에서 무엇보다 중요한 것은 물류 활동이다. 월마트는 자신들이 필요로 하는 산물을 낮은 비용에 얻는다. 동네 가게 주인은 인맥을 잘 관리하고 좋은 목을 잡아야 장사를 잘할 수 있다. 동네 가게 주인들이 성공하는 이유는 이례적으로 싼 값을 받거나 흔치 않은 물건을 제공해서가 아니라, 고객들의 시간을 절약해 주고 고객들에게 인적 유대의 경험, 특히 인정받는 즐거움을 제공하기 때문이다. 소매업은 저차원 기술 기업을 포함하고 있을지는 모르지만 본질적으로 저차원—코드 경제학의 관점에서는 "모방하기 쉬운" 것으로 이해되는—에 해당되는 부문은 아니다.

1993년 여름과 가을 동안, 카우프만과 로보, 나는 NK 체제를 기반으로 한 기술의 진화 모델을 사용해 하이테크 기업과 로우테크 기업을 구분하고 산업의 진화를 설명하기 위해 노력했고 약간의 진전을 이루었다. 저명한 거시경제학자, 칼 셸(Karl Shell)이 1994년 겨울 팀에 합류하면서 우리의 공동 연구에 큰 힘을 실어 주었다. 셸은 생산 거시경제학에서 답을 얻지 못한 가장 중요한 문제에 초점을 맞추자고 제안했고 우리 모두는 이에 동의했다. 기업은 어떻게 학습을 하는가? 특히 산업 전반에서 일관적으로 관찰된 바와 같이, 기업들이 생산 공정을 개선하기 위해 특정한 연구 프로세스를 채택했기 때문에 학습 곡선이 출현한 것일까? 인텔과 같은 기업들은 학습 곡선을 실제로 전략 수립을 위한 지침으로 사용하고 있지만, 경제학자들은 그 기원을 거의 설명하지 못하고 있다. 이것이 카우프만과 로보, 셀, 내가 해결에 착수한 문제였다.

2년 동안 모델의 프로그래밍, 시험, 반복을 거친 후, 우리는 학습 곡선을 모의 실험하는 데 이용할 수 있는 NK 모델의 이형을 만들었다. 그 결과, 가장 단순한 기본 값을 수행하고 주요 매개 변수에 대한 잠재 가치를 광범위하게 조사함으로써 학습 곡선의 정성적 특성뿐만 아니라 여러 가지 정량적 특성을 나타내는 매개 변수 값의 하위 집합을 확인했다. 여기서 확인된 학습 곡선은 구성 요소들 간에 연결되어 있으면서도 조직의 복잡도가 극대화되지는 않은 생산 공정과 일치했다. 사업 규모에 대한 후속 모의 실험에서, 기업이 새로운 산업에 진입하려고 할 때 가장 매력적인 분야는 생산의 복잡도가 중간 수준인 산업이라는 것이 드러났다. 즉, 가장 효과적인 생산 레시피가 기존 기업에 의해 모두 발견되었을 만큼 원숙하지도, 생산에 대한 체계적 학습이 불가능할 정도로 미숙하지도 않은 산업, 다시 말해 경험이 아직은 경쟁 우위를 제공할 수 없는 산업이 가장 큰 매력을 가지고 있었다. 이 이론은 페어차일드 반도체의 초기 역사에 대한 고든 무어의 이야기(글상자 7.1 참조)에서 드러난 기업가적 직관과 일치한다. 생산의 복잡도는 새로운 기업이 기존 기업의 관행을 모방하는 것을 제한한다.

카우프만, 로보, 셸과 나는 고전주의 경제학이 아주 일반적인 설명(애덤 스미스가 말하는 핀 공장에서의 분업)만을 제공했고 신고전주의 경제학은 전혀 설명하지 않았던 중요한 경제 현상—학습 곡선의 구조적 기원처럼—에 대한 이해를 증진하기 위해 코드 경제학을 채용했었다. 브라이언 아서를 비롯한 다른 사람들도 코드의 개념을 적용했다. 그러나 1990년대 초반 산타페 연구소 경제학자들의 연구는 코드 경제학의 개념에 대한 아주 기초적인 증거일 뿐이었다.

산타페 연구소 초기의 지적 격동기에 기여한 사람들이 탐구의 씨앗을 뿌렸고 이 씨앗들은 10년 넘게 지난 후에야 싹이 트고 자라났다. 1990년대 중반부터 2000년대 중반까지, 코드 경제학의 진전은 제한적이었다. 복잡도 이론은 신고전주의 생산 이론에 폴 더글라스가 제공한 것(글상자 5.2 참조)처럼 현실에서 확실히 증명된 "킬러 앱(killer app)"을 산출하는 데 실패했다.

하지만 코드 경제학이 침체된 동안에 코드 경제는 도약했다. 브라이언 아서, 스튜어트 카우프만 등이 1990년대 초반 감지했던 코드 경제의 완전히 새로운 정수가 인터넷과 함께 안개 속에서 힘차게 뛰쳐나왔다. 추상적인 이론이 실제 알고리즘으로 이어진 경우도 있었다. 1990년대 초반 산타페 연구소 등에서 사회망의 이산 수학에 대해 추상적인 이론을 내놓았는데, 그것이 스탠포드에 기반을 둔 일군의 학자들을 통해 구글의 페이지랭크 알고리즘이 된 것이다. "행위자 기반 (agent-based)" 모델을 이용해서 도시 형성 과정을 시뮬레이션하는 난해한 시도가 〈심시티(Simcity)〉, 〈문명(Civilization)〉과 같은 인기 높은 게임을 통해 수천만 가정으로 진출했다. 2008년 금융 위기가 닥치자 금융시장 내 양떼 효과와 투기 거품의 가능성에 대한 연구가 학술지의 뒤

페이지에서 주요 신문의 첫 면으로 이동했다. 스튜어트 카우프만이 말한 "근접 가능한" 공간에서 일어나는 기술적 연구의 개념 — 혁신에 대한 연구에 NK 모델을 적용시킨 데서 파생한 개념으로 학습 곡선에 대한 우리의 공동 연구와 아주 유사하다 — 이 작가 스티븐 존슨(Steven Johnson)의 책, 『탁월한 아이디어는 어디서 오는가(Where good ideas come from)』를 통해서 대중들에게 알려졌다. 더 일반적으로는 이 책의 6장 시작 부분에서 논의한 것처럼, 빅 데이터와 사물인터넷이 정계와 기업들에 미친 충격은 기존 경제학 연구 방법론의 토대를 쓸어 버렸으며 경제학계가 새로운 도전에 직면하게 했다.

산타페 연구소 초기 연구에 참여했던 우리 그룹이 다시 코드 경제학을 정의하고 발전시켜야 하는 때가 왔다.

내가 산타페 연구소를 처음 방문한 때로부터 거의 20년이 흐른 2013년 8월, 나는 그곳으로 돌아가 내가 복잡계 서머스쿨에서 연구했던 바로 그 주제 — 경제 시스템에서 혁신과 기술의 성격 — 를 논의하기 위해 모인 일단의 경제학자, 인류학자, 기업의 기술 책임자 그룹에 합류했다. 이번에는 나의 공저자였던 호세 로보와 그의 동료 데버라 스트럼스키(Deborah Strumsky)가 3주간의 회의를 마련했는데, 신고전주의 경제학에서 말하는 생산 기능의 "블랙박스 내부"[6] 기술에 대한 것이었다.

옥스퍼드 대학교의 물리학자, 도인 파머(Doyne Farmer)는 공동 연구자들과 함께, 학습 곡선과 경제적 먹이 사슬에 대한 연구 결과를 발표했다. 이탈리아 피사에 있는 산타나 대학교의 지오반니 도시(Giovanni

Dosi)는 입력/출력 관계의 배후에 있는 지식과 조직 관행에 대한 연구를 발표했다. 브라이언 아서는 기술 변화의 재조합되려는 본성에 대한 강력한 이론을 발표했다. 2011년 그의 책, 『기술의 본성(The Nature of Technology)』은 이 연구에 대해서 자세히 설명하고 있으며 나는 이 책의 초기 단계를 보여 주는 논문을 발표했다.

　같은 회의에서 하버드 대학교의 거시경제학자 리카르도 아우스만(Ricardo Hausmann)은 MIT 미디어랩(MIT Media Lab)에 기반을 두고 있는 물리학자, 세사르 이달고(César Hidalgo)와 국가적인 범위에서 이루어지는 복잡도의 진화에 대해 진행한 연구 결과를 발표했다. 2007년 『사이언스』에 발표한 논문7을 시작으로 공저된 일련의 저작물들을 통해 발전한 연구는 내가 이 장의 처음에 언급했던 로우테크와 하이테크 상품들 간의 차이에 직접적인 연관성이 있으며, 이 책의 중심이 되는 기술 플랫폼이란 개념을 발전시키는 데 도움이 된다. 이 장의 뒷부분에서 도인 파머와 그의 팀이 학습 곡선과 경제적 먹이 사슬에 대해 진행했던 연구를 다시 언급할 것이다. 이들 논문은 경제가 해법을 표준에 "고정화(hard-wiring)"함으로써 복잡도를 늘리고 이를 통해 플랫폼을 규정하는 방법을 설명한다.

　아우스만과 이달고의 경제적 복잡도에 대한 연구는 일정 기간에 걸친 특정 국가의 실제 수입과 수출 데이터 — 세계 대부분의 국가가 가지고 있는 — 에서 시작한다. 그들은 이들 데이터를 이용해서 시간이 아닌 지리적 공간에 나타나는 단순성에서 복잡성으로의 변화를 지도로 만들었다. 그들은 내가 처음에 말했던 것처럼 "생산 방법" 없이는 "산출물"도 없다고 단언하며, 복잡도가 증가하는 산출물은 점점 복잡해지는 코드를 자연스럽게 반영한다고 보았다.

아우스만과 이달고는 해당 물건을 생산하는 데 필요한 코드를 보유하고 실행하는 것을 "능력(Capability)"이라고 일컬으면서 레고 블록으로 무언가를 만드는 비유를 통해 설명한다. "각각의 능력을 벽돌이나 레고 조각으로 생각하면 국가 내에서 사용할 수 있는 능력을 간접적으로 측정할 수 있다. 이 비유에서 산물은 레고로 만들 모델에, 국가는 레고 조각들이 담긴 통에 해당한다. 국가가 어떤 산물을 만들어 내려면 필요한 능력을 모두 갖추고 있어야 한다. 아이가 레고 모델을 만들 수 있으려면 가지고 있는 통에 그 모델에 필요한 레고 조각들이 모두 있어야 하는 것처럼 말이다."[8] 이것은 문자 그대로 프로그램을 쓰는 방식이다. 간단한 코드의 블록을 합치면 보다 복잡한 코드가 나오는 것이다. 복잡한 산물이 조합되는 방식과도 흡사하다. 간단한 모델을 조합하면 보다 복잡한 최종 산물이 나온다. 국가 ─ 대부분의 경우 하나의 주요 도시나 소수의 중심 도시들을 가진 ─ 는 개별 수출 회사가 코드를 실행할 수 있는 플랫폼을 제공한다. 운영 시스템이 디지털 컴퓨터에서 코드를 실행하는 개별 프로그램을 위한 플랫폼을 마련하는 것과 흡사하게 말이다.

이달고와 아우스만의 레고 비유와 이 책에서 사용된 언어 사이의 관계를 더 자세히 설명하자면, 레고 조각은 경제에서 조합되거나 실행될 가능성을 가지고 있는 한 개의 코드이다. 마요네즈를 만드는 코드 하나를 가지고 있고 닭 요리를 위한 코드 하나를 가지고 있다면 이 두 개의 코드—생산의 하위 레시피—를 샐러리 한 줄기를 다듬는 코드와 결합시켜 치킨 샐러드를 만드는 코드로 만들 수 있다. 그렇지만 닭 요리를 하는 코드만 가지고 있고 마요네즈를 만드는 코드가 없다면 마요네즈를 수입해야 치킨 샐러드를 만들 수 있다. 그리고 아우스만과 이달고의 연구 결과에서 나타난 것처럼 당신 나라가 마요네즈를 수출한다는 사실은 마요네즈를 생산하는 코드를 가지고 있다는 것을 보여준다.

코드 경제학의 관점에서 볼 때, 한 나라가 생산하는 재화와 서비스의 금전적 가치를 모두 합한 것—국내총생산의 정의—으로는 그 나라의 "발전" 수준을 합리적으로 가늠할 수 없다는 점을 기억해야 한다. 총 자본이나 노동 인구의 교육 수준 역시 합리적인 측정 기준이 아니다. 국가의 발전은 보다 복잡한 코드를 실행할 수 있는 능력에 달려 있다. 보다 발전된 국가들은 보다 복잡한 산물을 생산할 수 있는 코드를 가지고 있는 나라들이다. 그러한 나라들은 원료(단일한 레고 조각들)와 중간 생성물(비교적 단순한 레고 집합체)을 수입하고 필요한 수입 물자의 대금을 지불하기 위해서 복잡한 산물을 수출할 것이다.

발전이 덜된 나라들, 복잡한 산물을 생산할 코드가 없는 나라들은 복잡한 산물을 수입하고 단순한 중간 생성물이나 원료를 수출해서 필요한 수입 물품의 대금을 지불할 것이다.[9]

이런 식으로 일정 기간의 수출/수입표는 국가가 실행할 수 있는 코드의 근본적인 복잡도를 기반으로, 경제적인 전문화의 패턴을 직접적으로 보여 준다. 이달고와 아우스만은 교역 데이터만을 가지고 국가가 가진 기본 능력(코드)의 차이를 알아내는 일이 "각기 다른 레고를 가지고 있는 일단의 어린이들이 만들어 낸 레고 모델만을 보고 각 어린이의 레고 통에 든 레고 조각의 다양성과 배타성 같은 특성을 추론할수 있는지 묻는 것만큼"이나 어렵다고 말한다. 이런 식으로 "국가와 산물 사이의 연관성이 국가 능력의 가용성을 보여 주는 신호가 된다. 한어린이가 만든 모델이 특정한 레고 조각 세트의 가용성을 알려 주는것과 같이 말이다."[10]

한 국가에서 생산되는 것의 대부분은 수출되지 않는다. 교역 물품에 대한 데이터가 전체 생산에 대한 데이터보다 더 확실하게 드러내는것은 한 나라가 다양한 제품 생산에서 갖는 비교 우위이다. 이러한 비교 우위의 존재는 블룸과 반 리넨이 입증한 다음과 같은 사실을 강조한다. 국가들은 기업들과 마찬가지로 서로 다른 코드를 가지고 있으며, 이는 각각 매우 다른 산출물로 나타난다.[11] 이러한 역사는 교역의양뿐 아니라 유형도 대규모 발전 과정에서 중요하다는 것을 말해 준다. 글로벌 공급망에 기여하고 그로부터 혜택을 받을 수 있는 기업들이 있는 곳은 번영할 가능성이 있다. 글로벌 공급망으로부터 단절되어있고 기본적인 자원에만 기여할 수 있으며 복잡한 것을 생산할 수 없는 곳은 뒤처진다. 아우스만이 말했듯이, "불평등은 유대(紐帶)의 격차에서 비롯된다."[12]

점점 많은 국가들이 "유대의 격차"를 극복하고 발전을 이룩하고 있으며 많은 사람들로 하여금 21세기 경제에 생산적으로 기여할 수 있도록 기회를 열어 줄 수 있었던 이유는 무엇일까? 그 답 중 하나는, 산업의 표준이 광범위하게 적용되고 개발됨에 따라, 코드가 만들어진 환경과 상관없이 전혀 다른 플랫폼에서도 실행될 수 있게 되었다는 것이다.

교역의 동인 중에 국제 표준은 가장 중요하지만 가장 인정받지 못하는 동인이다. 글쓰기와 무게, 단위를 표준화시킨 것은 진시황제(기원전 221~206)이다. 그는 새롭게 통일한 나라의 교역을 늘리고자 했다. 중세의 교환용 지폐 발명에서부터 19세기 후반 만국 표준시의 개발, 21세기 커뮤니케이션 규약의 창안에 이르기까지, 표준에서의 혁신은 먼 곳과의 교역이 내는 가치를 높이고 거기에 드는 비용은 낮추었다. 그 과정에서 전 세계에 미치는 새로운 능력과 기회가 창출되었다.

기업 특유의 다양성을 지닌 표준들은 글로벌 공급망의 정수인 생산 루틴의 기저를 이루었다. 원자재 조달에서부터 최종 제품의 마케팅까지, 구매자와 공급자 사이의 계약은 표준에 의해 명확하게 전달된 예측과 사양을 통해 정해진다. 개발도상국의 기업가들에게 국제 표준—특히 국제표준화기구(International Organization for Standardization)와 국제전기기술위원회(International Electrotechnical Commission)가 만들고 관리하는 표준들—에 부합한다는 것은 조직 능력을 보편적으로 인정 받았다는 것으로 받아들여진다. 이는 세계적 생산 및 유통 네트워크로의 진입을 상당히 용이하게 한다.

지난 150년 동안 가장 위대한 발명이 무엇이었는지 생각해 보라. 페니실린? 트랜지스터? 전력? 이들 모두가 혁신적인 발명이었지만 만국 표준시, 컨테이너 수송, 인터넷의 기반인 TCP/IP 프로토콜, 이동 전화 서비스의 기저가 되는 GSM과 CDMA 표준 들도 그에 견줄 만하다. 이 기술들은 한 곳에서 개발된 코드를 다른 곳에서 개발된 코드와 상호 교환할 수 있게 만들어서 글로벌 교역을 가능하게 한다. 표준은 사람들 사이의 장벽을 낮추고 세상을 좁게 만든다. 이제는 그들이 국제 거래에 너무나 깊이 파고들어서 일반적인 경제 역학에서 그들의 역할을 분리시킬 수 없는 지경에 이르렀다.

표준들은 기업 차원의 레시피를 여러 레시피들로 이루어진 더 큰 프로세스 내의 하위 루틴 중 하나로 만든다. 여기서의 레시피들은 공급망의 작동을 위한 전체 지침을 말한다. 국제 표준의 초기 지지자였던 폴 애그뉴(Paul Agnew)가 지적했듯이, 호환성 표준들은 "전이점(transition points) ― 제품이 회사 내의 부서에서 부서로 이동하는 지점 혹은 한 회사에서 다른 회사나 개인에게 팔리는 지점 ― 에서 일어나는 문제들을 해결한다."[13]

원자재의 조달에서 최종 제품의 마케팅까지, 구매자와 공급자 사이의 조달 계약은 명확하게 전달된 예측과 사양에 의존하며, 이는 모두 표준에 의해 촉진된다.[14] 따라서 경제가 복잡해질수록 표준은 점점 중요해진다. 표준이 기업 차원 레시피의 상호 운용을 가능케 하기 때문이다.

오래전 애덤 스미스는 사회에서 상호 의존성과 복잡도가 증가하는 것이 공공의 행복과 어떤 관계인지에 대해 주목했다. "분업화로 다양한 기술 분야에서 생산량이 크게 증대됨에 따라, 잘 정비된 사회의 가장 낮은 계층 사람들에게도 풍요가 보편적으로 확대되었다."[15] 그는 "대량의 노동자들이 협동을 통해 생산한" 단순한 제품의 예로 양모 코트를 들었다(글상자 9.1). 그러나 오늘날 경제의 복잡도와 상호 의존성은 2세기 전보다 엄청나게 커졌다. 예를 들어 애플은 전 세계 31개국에 아이폰의 생산을 위한 786개 공급업체를 두고 있다. 아이폰의 부품 생산망은 국제 공급망을 위해 휴대전화 하드웨어와 소프트웨어를 생산할 능력을 가진 대부분 국가의 대표들이 함께하는 "UN 총회"의 축소판이다.

헤저카이어 아그와라(Hezekiah Agwara), 브라이언 히긴보텀(Brian Higginbotham)과의 최근 작업에서 상세하게 설명했듯이, 세계화라 불리는 이 현상은 실제로 국가들 사이의 상호 의존성 증가와 전반적인 경제적 복잡도의 증가를 말한다.[16] 표준과 사업 관행을 공유하는 것은 이러한 경제적 통합 과정의 전제 조건이다. 세계화가 곧 표준화라고 말하는 것도 그리 큰 비약은 아니다.[17]

경제가 먹이 사슬의 형태라면, 원료는 그 바닥에 있는 플랑크톤이다. 그들의 구조는 단순하며 그들은 크게 변화하지도 많이 학습하지도 않는다. 그들은 시스템의 전반적인 기능에 필수적이다. 하지만 진화할수록 우리는 그들에 대해서 덜 생각한다. 앨프리드 노스 화이트헤드가 지적한 것이 바로 이 점이다. "문명은 생각 없이 처리할 수 있는 연산들의 수를 늘림으로써 진보한다."[18]

생태계에서, 먹이 사슬의 각 단계는 그 아래에 있는 단계의 에너

18세기 공급망에 대한 애덤 스미스의 서술

"예를 들어 양모 코트는 (……) 대량의 노동자들이 협동을 통해 생산한 제품이다. 양치기, 양모를 선별하는 사람, 양모를 빗는 사람, 염색하는 사람, 얼레빗질하는 사람, 실을 잣는 사람, 옷감을 짜는 사람, 천을 바래고 다듬는 사람, 옷을 만드는 사람 등 많은 사람들이 서로 다른 기술을 동원해야만 이 소박한 산물이 완성된다. 노동자들이 서로 떨어진 지역에 사는 경우가 많다 보니 어떤 노동자에게서 아주 먼 곳에 사는 다른 노동자에게로 재료를 운반하기 위해서는 많은 상인과 운반업자가 필요하다. 염색하는 사람이 세상의 반대편에서 수입되기도 하는 여러 약품을 모으려면 많은 교역과 항해, 배를 만드는 많은 사람, 선원, 밧줄을 만드는 사람도 필요하다. 이 노동자들이 쓰는 아주 간단한 도구를 만드는 데도 다양한 노동이 필요하다. 선원이 타는 배나, 천을 다듬는 사람들이 사용하는 압착기, 옷감을 짜는 사람이 쓰는 베틀은 말할 것도 없고, 양치기가 양털을 깎을 때 쓰는 가위같이 아주 단순한 기계를 만드는 데에도 다양한 노동이 필요하다는 점을 생각해 보자. 광부, 광석을 제련하는 용광로를 만드는 사람, 벌목공, 제련실에서 사용할 숯을 굽는 사람, 벽돌을 만드는 사람, 벽돌을 쌓는 사람, 용광로를 돌보는 사람, 물방아를 만드는 사람, 단조공(鍛造工), 대장장이가 가진 다양한 기술이 합쳐져야 가위를 만들 수 있다."[19]

지에 의존한다. 미소 플랑크톤은 용해된 유기물과 입자 크기의 유기물을 먹는다. 동물성 플랑크톤은 미소 플랑크톤을 먹고, 작은 물고기는 동물성 플랑크톤을 먹고, 큰 물고기는 작은 물고기를 먹고, 인간은 큰 물고기를 먹는다.

먹이 사슬의 최상층에 있는 유기체는 보통 가장 최근에 진화된 것이다. 미소 플랑크톤은 동물성 플랑크톤보다 오래 존재했다. 동물성 플랑크톤은 작은 물고기보다 오래 존재했고, 작은 물고기는 큰 물고기보다 오래 존재했으며, 큰 물고기는 인간보다 오래 존재했다. 이와 같이, 먹이 사슬의 영양 단계는 가장 단순한 유기체에서 가장 복잡한 유기체까지 구조의 단계적 차이뿐만 아니라 가장 먼저 진화한 것에서 가장 최근에 진화한 것까지 진화 순서의 단계적 차이도 보여 준다. 종의 역사적 연대와 그 복잡도 사이에는 명확한 역의 상관관계가 있다. 생명체는 에너지를 끊임없이 필요로 하므로, 낮은 영양 단계에 있는 유기체가 처음부터 거기에 있지 않았다면 높은 영양 단계에 있는 유기체들은 태어날 수 없었기 때문이다.

이와 유사한 논리적 이유로, 스마트폰에 OS가 없다면 통화 시간을 기록하거나 심박수를 모니터하는 앱을 사용할 수 없다. 따라서 OS는 앱이 구동하도록 해 주는 플랫폼이라고 할 수 있다. OS는 표준 플랫폼을 기반으로 만들어지며, 이 플랫폼이 OS 프로그램을 구성하는 언어(C, C++, UNIX 등)를 이진법 "기계어(Machines language)"로 전환시킨다. 컴퓨터 하드웨어는 기계어를 통해 명령을 이해하고 정보를 저장한다. 컴퓨터 하드웨어는 구조화된 상태(특히 새로운 기능을 수행하기 위해 재설정을 할 때 나타난다)를 유지하기 위해서 지속적인 에너지의 유입을 필요로 한다. 여기에는 전력이 필요하다. 전력을 제공하는 전력망은 작은 지역에 적용하는 데도 수십 년이 필요한 플랫폼 기술인데, 전력망은 전 세계에 걸쳐 점진적으로 확산되고 있다. 전력 인프라는 전력 생산을 가능케 하는 원자재 추출 기술과 교통 인프라에 의존한다.

경제는 플랫폼으로 된 기반 위에 플랫폼을 통해 만들어진 서비스를 쌓는 것으로 구성된다. 이 플랫폼들은 경제 생태계의 영양 단계를 구성한다.

경제 생태계에서 상위 단계에 있는 제품과 서비스가 다른 플랫폼들을 기반으로 한다면, 상위 단계의 학습이 하위 단계의 학습보다 더 빨라야 한다는 이야기가 된다. 이는 단순히 상위 단계의 학습이 지속적인 학습량 증가로부터 혜택을 입기 때문이다.

이것이 바로 도인 파머의 팀이 여러 산업에서의 학습 곡선에 대한 연구에서 발견하고, 2013년 산타페 연구소 회의에서 발표한 것이다. 산업의 서열이 경제적 먹이 사슬에서 차지하는 위치에 따라 정해진다면, 그들 각각의 학습 속도는 영양 단계와 관련이 있다. "원자재" 생산에서의 학습 속도는 비교적 느린 반면 복잡한 재화와 서비스의 경우에는 학습 속도가 상대적으로 빠르다(그림 9.1과 9.2 참조).

이러한 사실을 인식하면 기술 부문 학자들이 계속해서 의견 일치를 보지 못하는 문제들을 해결할 수 있다. 원자재 추출에 초점을 맞추면 가격이 완만하게 증가하는 추세 속에서 심한 변동을 보인다는 것을 발견할 수 있다. 이는 학습 속도가 느리고 결핍이 두드러진다는 것을

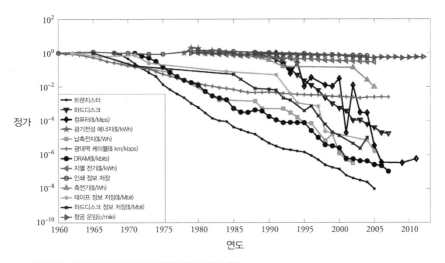

그림 9.1 1960–2013년 원자재와 복잡한 제품의 가격 하락.
출처: 2014년 3월 3일 난양 기술대학교에서 개최된 J. 도인 파머의 강연 〈기술 진보의 진화론(An Evolutionary View of Technological Progress)〉.

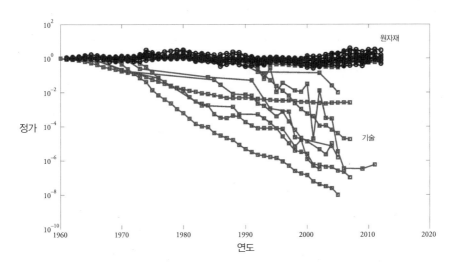

그림 9.2 1960–2013년 원자재와 복잡한 제품의 가격 하락: 원자재와 복잡한 제품("기술")의 군집 표시.
출처: 2014년 3월 3일 난양 기술대학교에서 개최된 J. 도인 파머의 강연 〈기술 진보의 진화론〉.

시사한다. 인프라를 통한 서비스 전달—무선 네트워크의 데이터 공유 속도 등—을 관찰하면 모든 면에서 기하급수적인 성장이 있음을 알게 된다. 이는 학습량이 충분하고 속도가 빠르다는 것을 시사한다. 두 층은 공존한다. 사실 더 복잡한 층이 덜 복잡한 층에 의존한다. 서로 다른 영양 단계에 있는 생물의 진화 속도처럼, 서로 다른 플랫폼 단계에 있는 기술의 발전 속도는 우리가 관심을 두는 것이 단순한 제품인지, 복잡한 제품인지에 따라 달라진다.

이러한 표준과 플랫폼에 대한 논의를 마무리하기 전에 코드에 특별한 의미가 있는 최상 단계 플랫폼의 발전에 대해 좀 더 자세히 설명해야 하겠다. 이 이야기는 20세기 중반 미국 과학계의 거물, 버니바 부시(Vannevar Bush)로부터 시작된다. 부시는 2차 대전 중에 미국 과학연구개발국의 책임자 자리에 있었던 것으로 유명하다. 그곳에서 그는 엄청난 규모의 야심찬 연구·개발 프로그램들(원자 폭탄의 개발을 비롯한)을 이끌었다. 그는 아날로그 컴퓨터 개발에 참여했고, 미국 국가과학재단 창설의 근거를 제시한 『과학: 영원한 프런티어(Science: The Endless Frontier)』를 저술했다. 그렇지만 부시의 업적 중 세상에 가장 오랫동안 크게 영향을 미친 것은 당시로서는 상대적으로 사소하게 여겨졌다. 그것은 부시가 1945년 7월 대일본 전승 기념일—2차 대전 종전일—몇 주 전에 『애틀랜틱 먼슬리(Atlantic Monthly)』에 기고한 글이었다.

「생각하는 대로(As We May Think)」라는 제목의 이 글에서, 부시는 전후 사회가 어떻게 발전해 갈지에 대해 전망했다. 그는 공적 지원을 받은 과학 분야의 산물이 아니라 민간에서 생산되는 도구의 역량에 초점을 맞추었다. "세상은 대단히 신뢰성이 높고 복잡하지만 값이 싼 장치들의 시대를 맞을 것이다. 굉장한 결과가 나타날 것이다."[20] 이 글에서, 그는 기존의 저가 기술이 어떻게 더 발전하고 네트워크화해서 아이디어의 저장과 검색을 위한 시스템이 될지 내다보았다. 그는 이것을 메멕스(memex)라고 불렀다. "완전히 새로운 형태의 백과사전이 등장할 것이다. 백과사전의 항목들 사이는 연결망으로 촘촘히 연결되어 있으며 메멕스에 이르러 증폭된다." 이 도구는 인류의 탐구를 다음과 같이 진전시킬 것으로 여겨졌다. "[인간이] 만든 문명은 너무나 복잡해서 새로운 시도를 할 때 인류의 제한된 기억력 탓에 고착 상태에 빠지지 않고 논리적인 결론에 도달하게 하려면 기록을 좀더 완벽하게 체계화해야 한다."[21]

25세의 항공우주공학자, 더글러스 엥겔바트(Douglas Engelbart)도 『애틀랜틱 먼슬리』에서 이 글을 읽었다. 이 글을 읽을 당시 그는 남태평양의 한 오두막에 앉아 있었다. 「생각하는 대로」에 그려진 미래상에 마음을 빼앗긴 엥겔바트는 이 비전을 현실화시키는 일로 진로를 조정했다. 엥겔바트는 스탠포드 연구소에서 연구원으로 일하면서, 미국 공군과학연구소의 재정 지원을 받아 「인간 지능 증강: 개념적 틀(Augmenting Human Intellect: A Conceptual Framework)」이라는 논문을 발표했다. 여기에는 버니바 부시의 글에서 자극을 받아 그가 15년간 숙고해 온 것들이 요약되어 있었다. "인구와 총생산이 상당한 속도로 증가하고 있다. 하지만 인간이 가진 문제들의 복잡도 역시 빠르게 증가하고 있으며, 활동성의 증가 속도와 점점 글로벌해지는 활동성의 성격에 대응해서 해답을 반드시 발견해야 하는 긴급성이 점점 커지고 있다. 위에서 정의한 의미로 인간 지능을 증강하는 일은, 합리적인 접근과 이치에 맞는 혜택이 함께한다면, 계몽 사회에서 끈질기게 추구하는 목표가 될 것이다."[22]

컴퓨터가 인간 창의성의 조력자가 될 수 있다는 엥겔바트의 비전을 공유했던 소그룹의 사람들 중에는 심리학자이자 컴퓨터 과학자인 조지프 칼 롭넷 리클라이더(Joseph Carl Robnett Licklider)가 있었다. J. C. R. 리클라이더나 "릭"이라고 불리는 그는 1937년 세인트루이스의 워싱턴 대학교에서 물리학, 수학, 심리학 학사 학위를 동시에 받은 후 하버드에 진학해서 음향심리학 박사 학위를 취득하고 음향심리학 연구실에서 박사 후 과정을 밟았다. 리클라이더는 1950년 MIT로 갔고 그곳에서 정보 기술이라는 새로운 분야에 관심을 갖게 되었으며 1957년에는 전설적인 엔지니어링 회사 볼트 베라넥 앤 뉴먼(Bolt Beranek and Newman, Inc., BBN)에 들어가서 최초의 시분할 컴퓨터를 개발했다.

1960년, BBN에 있을 당시, 리클라이더는 「인간-컴퓨터 공생(Man-Computer Symbiosis)」이라는 논문을 발표했다. 여기에서 그는 엥겔바트와 마찬가지로 컴퓨터 네트워크가 진화하면 인간이 복잡한 문제를 해결하는 데 도움을 줄 것이라고 설명했다. 리클라이더는 인간 능력과 기계 능력의 상보성에 집중하고 뉴웰-사이먼-쇼 범용 문제 해결기(Newell-Simon-Shaw General Problem Solver)를 그 예로 들면서 다음과 같이 적었다.

인간과 컴퓨터의 공생은 인간과 전자 컴퓨터 사이의 협력적 상호 작용에서 기대되는 발전이다. 이 파트너십의 인간과 전자적 구성 원 간에는 매우 긴밀한 결합이 이루어질 것이다. 주된 목표는 ① 컴퓨터가 현재 형성되어 있는 문제의 해결을 촉진하듯이 조직적 인 사고를 촉진하게 하고, ② 사람과 컴퓨터가 미리 만들어진 프 로그램에 크게 의존하지 않고서도 결정을 내리고 복잡한 상황을 통제하는 데 협력할 수 있게 하는 것이다. 이런 공생 관계 안에서 사람은 목표를 설정하고, 가설을 세우고, 기준을 정하고, 평가를 수행할 것이다. 컴퓨팅 기계는 기술적이고 과학적인 결정과 통찰 을 위해 반드시 필요한 단순반복적인 작업을 할 것이다.[23]

1962년 리클라이더는 미 고등계획연구처(Advanced Research Projects Agency, ARPA)의 정보처리기술국 책임자로 임명되었다. 그는 바로 대학 연구소와 정책 자문단에서 비전을 공유했던 연구원들과의 네트워크를 만드는 일에 착수했다. 그 연구자들 중에는 엥겔바트도 있었다. 1963년 4월 23일, 리클라이더는 이 그룹에 메모를 보냈다. "은하계 간 컴퓨터 네트워크(Intergalactic Computer Network)의 회원 여러분"이라고 유쾌하게 시작되는 이 메모는 우선 커뮤니케이션을 급히 서두른 데 대한 사과를 전한 뒤에 목적을 이야기했다. "저는 사업 (아직 이름을 어떻게 정해야 할 지 모르겠습니다.) 전체에 걸친 다양한 활동들 간의 상호작용 가능성에 대해서 기반이 될 자료와 생각을 제시하려 합니다."[24] 리클라이더가 가장 급박하다고 생각한 사안은 네트워크 상의 여러 컴퓨터를 연결하는 믿을 만한 커뮤니케이션 프로토콜이었다. "여러 다른 센터들이 함께 연결되어 있는 상황을 생각해 보십시오. 각 센터는 극히 독립적이며 그만의 특별한 언어와 일 처리 방법을 가지고 있습니다. 모든 센터가 소통할 언어 혹은 최소한 '당신은 어떤 언어를 쓰세요?'와 같은 질문을 하는 방식에 대해서만은 합의하는 것이 바람직하고 필요하지 않겠습니까?"[25] 이 질문은 그러한 네트워크를 개발하는 ARPA 프로젝트의 단초가 되었다.

1968년 ARPA는 ARPAnet의 구축을 BBN에 발주했다고 발표했다. (리클라이더는 1964년 ARPA를 떠났기 때문에 그는 ARPAnet의 창설을 감독하지 않았다.) 같은 해 가을, 당시의 주요한 컴퓨팅 단체들이 샌프란시스코에서 반년마다 개최하는 연합 전산기 회의(Joint Computer Conference)에서, 엥겔바트는 이 아이디어를 보다 실질적으로 더 진전시켰다. 그는 1,000여 명의 참가자들에게 향후 수십 년 내에 정보 혁명을 규정하게 될 사용자 아키텍처의 핵심 요소들—컴퓨터 마우스, 문서 편집, 하이퍼텍스트, 윈도윙, 화상 회의—을 시연했다. 이 강연은 〈기술 시연의 원조(The Mother of All Demos)〉로 알려지게 되었다. 5년 후, 빈트 서프(Vint Cerf)와 밥 칸(Bob Kahn)이 공동으로 TCP/IP(우리가 오늘날 인터넷으로 알고 있는 글로벌 플랫폼의 기저가 되는 표준)를 공동 개발해 ARPAnet이 구축한 통신 프로토콜을 발전시켰다.

버니바 부시는 역사적인 규모의 과학적 시도들을 이끄는 한편으로, 아이디어의 저장과 공유에 드는 비용이 극적으로 낮아지면서 과학을 기반으로 한 발견 중 가장 위대한 진전이 일어날 시대를 내다보았다. 더글라스 엥겔바트는 상호작용에 대한 세계적 인프라가 된 표준화 인터페이스를 통해 공동 연구를 위한 아키텍처의 원형을 만들어 부시의 비전을 한층 더 대중화시켰다. 오늘날의 인터넷은 전 세계적으로 인간이 창의성을 발휘하고 협력하는 것을 가능케 하는 플랫폼이다.

위대한 인간 대 기계 논쟁 중 대부분은 기계에 의한 인간의 대체에 초점을 맞추었지만, 부시, 엥겔바트, 리클라이더는 에이다 러브레이스와 같이 컴퓨터와 인류 사이의 상호 보완적 관계를 예상했다. 다음 3부는 인간이 할 일을 기계가 대체할 것인지, 아니면 서로 보완하는 관계가 될 것인지에 대한 이야기로 시작하려고 한다.

Part III

인간의 우위

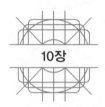

10장

상호 보완성
다가오는 분기점

수학적 추론은 대략적으로 직관과 독창성이라고 부를 수 있는
두 개 능력의 조합을 통한 활동으로 여겨진다.
- 앨런 튜링, 『서수 기반 로직 시스템』, 1938 -

2014년 11월 16일, 자이나교 승려 무니시리 아지트산드라사가르지는 인도 뭄바이의 사르다르 발라바이 파텔 스타디움에 모인 6만 명의 사람들 앞에서 대단한 일을 해냈다. 500개의 연관이 없는 사실을 완벽하게 기억한 것이다. 이른 아침부터 한낮까지, 관중들이 한 명씩 스타디움의 무대로 다가와서 이 젊은 승려에게 무작위적으로 물건을 보여 주거나, 수학 문제를 내거나, 최소한 6개의 언어 중 하나로 된 단어나 문장을 말했다. 500명의 참가자 중 마지막 사람이 임의의 사실을 전달한 후, 이 24세의 천재는 눈을 뜨고 앞서의 사실들을 암송하기 시작했다. 그는 모든 사실을 실수 없이 기억했다. 비워 둔 공란을 채우기 위해 한 번 우회한 것이 전부였다. 그의 스승에 따르면, 이 젊은 승려는 600년 전 캄바트 수바다르의 무굴 법원에서 한 자이나 승려가 했던 것과 같은 일을 해냈다고 한다.[1]

그의 멘토인 P. P. 아차르야 나야찬드라사가르지는 "무니시리의 머리는 다운로드 과정에 있는 컴퓨터와 같습니다."라고 말했다.

인간의 입장에서, 이 젊은 승려의 업적은 정말 놀라운 것이다. 평범한 사람이 한 번에 확실하게 외울 수 있는 관련이 없는 사실은 5개에서 9개 정도이다.[2] 무니쉬리는 500개를 기억할 수 있으니, 그의 단기 기억 용량은 일반 사람의 50~100배에 이르는 것이다.

이제 내가 4장에서 그 개발에 대해서 설명했던 최초의 디지털 컴퓨터, 에니악에 대해 생각해 보자. 1만 7,468개의 진공관으로 만들어졌으며 11×17미터의 면적을 차지하는 에니악은 어마어마한 장치였다. 하지만 이러한 덩치에도 불구하고 에니악이 한 번에 기억할 수 있는 숫자는 20개에 불과했다. 일반인보다는 낮지만 무니시리의 기억 용량에 비교한다면 1/25밖에 되지 않는다(글상자 4.1 참조). 중요한 사실을 찾기 위해 도서관을 계속 들락거려야 하는 인간처럼, 에니악을 사용하는 사람들은 천공 카드를 이용해서 컴퓨터의 기억 용량을 보충해 주어야 했고, 에니악이 천공 카드를 읽어 들이는 데는 1~5초가 소요되었다.

에니악이 뛰어난 분야는 기억 용량이 아닌 계산 속도였다. 인간이 1분에 3개 이상의 식을 계산하지 못하는 데 반해, 에니악은 30만 개의

식을 계산할 수 있었다. 달리 표현하면, 이 최초의 디지털 컴퓨터가 인간보다 10만 배 빠른 속도로 계산할 수 있었던 것이다.

자이나 승려의 놀라운 업적에도 불구하고, 인간은 그리 좋은 계산기가 아니라는 것이 밝혀졌다.

리카르도 아우스만(이전 장에서 그의 연구에 대해서 논의했다)은 산타페 연구소에서 나와 대화를 나누던 중에 이렇게 말한 적이 있다. "시간이 지나면서 지식 양은 늘어나기 마련입니다. 그러나 시간이 지나도 머릿속에 지식을 기억할 수 있는 인간의 능력은 그대로입니다. 우리의 두뇌 용량은 제한적이기 때문에 우리는 관습적인 지식을 코드에, 코드를 모듈화된 하드웨어에 집어넣습니다."

기술—생산의 방법—은 아이디어에서 시작된다. 어떤 아이디어는 성문화되지 않은 레시피, 절차, 루틴으로 전파되는 반면, 어떤 아이디어는 청사진, 설명서, 특허, 표준화 운영 절차로 코드화된다. 어떤 아이디어는 바로 하드웨어로 코드화된다. 프로그래밍할 수 있는 하드웨어—예를 들어 범용 컴퓨터—는 아이디어를 코드화할 수 있는 새로운 플랫폼이 된다. 이후 앞 장에서 설명한 것처럼 이 과정이 반복되면서 플랫폼들이 다른 플랫폼들 위에 만들어진다.

3장에서 다루었던 가스파르 클레르 프랑수아 마리 리셰 드 프로니의 이야기를 생각해 보자. 드 프로니의 구상은 조세 사정(査定)에 유용한 일련의 수학적 연산—하나의 숫자 세트를 다른 숫자 세트로 전환시키는 절차—에서 시작되었다. 당연히 이 인간 컴퓨터들의 기술 수준은 원 수식을 만들어 낸 수학자들보다 낮았다. 연산을 대규모로 수행해야 했기 때문에 그는 그 연산들을 인간 컴퓨터들이 다룰 수 있는 루틴으로 전환시켰다. 이러한 루틴은 연산 작업이 일어나게 하는 "소프트웨어"였다. 루이스 프라이 리처드슨(4장 참조)은 비슷한 숫자 계산 소프트웨어를 날씨를 예측하는 데 적용할 방법을 구상했다. 두 경우 모두 대단히 유용한 루틴이었기 때문에 결국 하드웨어에 코드화되었다. 에니악 팀은 와도 방정식을 통합하는 루틴을 계산 능력이 있는 하드웨어로 전환시켜 날씨를 예측하고자 한 리처드슨의 꿈을 현실로 만들었다(글상자 4.1 참조). 폴 더글라스는 기계식 계산기의 광범위한 이용 가능성이 어떻게 사무원들에게 요구되는 기술 수준을 낮추는지 설명했다(5장 참조).

줄리아 차일드는 마요네즈 생산에 대해 실험했고 그 결과물인 레시피를 『프랑스 요리 기술의 마스터링』에 담았다. 이 레시피의 발표로 차일드보다 기술 수준이 낮은 사람들도 가정에서 그녀의 마요네즈와 비슷한 품질의 마요네즈를 만들 수 있게 되었다. 루스 웨이크필드는 초콜릿 칩 쿠키를 만드는 방법에 대한 아이디어를 가지고 있었다. 상당한 실험 끝에 그녀는 그 결과를 레시피로 만들었고, 그 레시피는 아직까지도 네슬레의 초콜릿 칩 봉지에서 볼 수 있다. 그녀는 식당을 운영하는 방법에 대한 아이디어도 가지고 있었고, 그것을 종업원들을 위한 매뉴얼로 코드화시켰다.

생산의 각 단계—첫 발명에서 반복적인 혁신을 거쳐 자동화와 디지털화에 이르는—에서 가치 있는 과정을 만드는 사람들의 능력과 인간 작업자의 역할이 재규정되었다. 조직 이론가, 제프 무어(Jeoff Moore)가 말했듯이, "기업가에서 자동화에 이르는 모든 과정을 거치고 혁신의 끝에 이른 지금, 희귀하고 가격이 비쌌던 재화와 서비스 들이 싸고 풍부해졌다. 이들은 다음 번 혁신의 파도를 만드는 완벽한 플랫폼이 된다. 기업가들은 이런 새로운 상황의 함의를 가장 빨리 깨닫는 사람들이다. 그들은 다음 라운드의 혁신을 시작하며, 새로운 방주를 진수시킨다."[3] 아이디어에서 알고리즘으로의 전환은 아이디어가 유비쿼터스 플랫폼으로 진화하며 생긴 새로운 작업과 모든 혁신적인 기술의 발전에서 전형적으로 나타나는 현상이다.

이 과정의 모든 단계에서 이전에 인간이 했던 일들을 이제는 기계나 컴퓨터가 처리한다. 동시에 인간은 이전에는 가능하지 않았던 유형의 일을 이전에 불가능했던 속도로 할 수 있는 힘을 얻는다. 이것이 일의 순차적 "분기(bifurcation)"이다(그림 10.1 참조).

실제 사례가 필요한가? 손목에 있는 시계를 보라. 스프링으로 구동되는 최초의 시계는 1400년대, 이탈리아와 독일에서 등장하기 시작했다. 1524년, 자물쇠 제조공이었던 페터 헨라인(Peter Henlein)은 뉘른베르크의 상점에서 종종 회중시계를 만들었다. 시계를 만드는 기술은 점차 유럽의 다른 곳으로 퍼져 나갔다. 17세기에 시계 생산의 중심은 런던, 프랑스의 파리, 블루아와 리옹이었다. 16세기 프랑스에서 기량이 뛰어난 시계공들의 대부분은 위그노로 알려진 개신교 소수 집단에 속해 있었다.[4] 1536년 1월 29일 공포되어 그 후 50년 동안 효력을 발

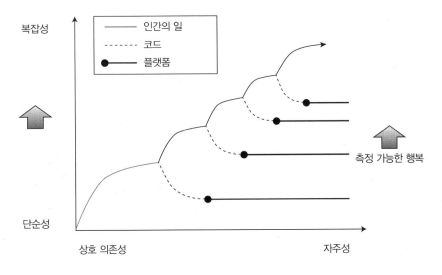

그림 10.1 순차적 분기

휘했던 일반 포고령을 시작으로, 프랑스는 위그노들을 축출하거나 제거하는 무분별한 유혈 공격을 시작했다. 많은 위그노들이 신앙의 자유를 보장받을 수 있는 스위스—특히 프랑스 어를 하는 제네바—로 도망쳤다. 시계 제조 기술도 그들과 함께 제네바로 이동했다. 그 결과, 산이 많은 내륙국으로 극히 독립적인 국가였던 스위스에 갑자기 시계 산업이 발달하게 되었다.

유럽의 구매자들이 스위스에서 생산한 초창기 시계들에 보낸 시선은 1970년대에 미국인들이 일본 자동차에 보낸 시선과 비슷했다. 런던과 파리의 기존 생산 중심지에서 만들어진 시계들에 비교하면 조악했지만 그 대신 값이 싸고 실용적이었다. 결과적으로 일본 자동차와 마찬가지로 초기의 스위스 시계는 틈새시장을 찾아 잘 팔려 나갔다.

다른 산업에서 나타나는 패턴대로 제네바에서 성공한 대부분의 시계 제조공들은 함께 모여 길드를 조직했다. 그들의 목표는 시장 진입을 통제하고 기존 기업들 간의 경쟁을 제한하는 것이었다. 시계 교역을 통해 도시가 더 번성하면서, 기존의 생산자들이 시계 제조와 지정된 교역 활동에서 이민자와 여성의 고용을 배제하고 오로지 시투아앵(citoyens, 투표권자)과 부르주아(bourgeois, 시민 자산가)의 고용만을 허용하는 법을 제정하는 데 성공했다. 제네바의 집중적인 번영이 눈에 띄기 시작했다. 시계 제조업은 스위스 민주주의를 기반으로 프로테스탄트 중산층을 일궈 냈으며 이들은 17세기 초반부터 18세기 후반까지 이어진 유럽 계몽주의 시대의 변화를 선도했다. 『사회계약론』의 저자이며 초기 과학 이론가로 프랑스 혁명과 메리 셸리의 『프랑켄슈타인』에 영감을 준 장 자크 루소(Jean-Jacques Rousseau)는 제네바 시계공의 3대손이었다.[5]

1600년대에 시계 산업이 발전하면서 제네바는 문제에 봉착했다. 시계 제조 기술을 가진 시투아앵과 부르주아가 모두 고용된 상황에서, 고용에 대한 제제를 완화하지 않고 산업을 계속 성장시켜 시계공이 더 높은 소득을 올리고 사회적 지위를 높일 수 있는 방법은 무엇일까? 그 해답은 아웃소싱이었다. ("1650년경의 제네바"를 "1995년경의 미국"으로 생각하면 숨겨진 의미를 알 수 있을 것이다.) 스위스 사람들은 이민자나 여성을 제네바의 작업장에 고용하는 대신, 시계 제작 업무를 표준화해 쥐라 산맥의 가난한 마을과 작은 도시에 사는 사람들에게 도급을 주었다. 뇌샤텔처럼 보잘것없는 도시도 그중 하나였다.

길드들의 지배력은 이들 산촌까지 미치지 않았다. 뇌샤텔을 비롯한 쥐라 산맥의 생산자들은 제네바의 고용 제한을 무시하고 그들의 환경과 성향에 적합한 모델을 중심으로 시계 생산 체계를 만들었다. 그들은 하나의 작업장에 노동자들을 모으는 대신, 반복적인 업무들을 도급 형태로 분업화함으로써 생산성을 극대화시킬 수 있었다. 기회의 문이 열리자 쥐라 산맥의 양치기들도 망설이지 않고 일에 뛰어들었다. 작고 섬세한 장치를 조립하는 일에 적합하다는 이유로 아이들을 포함한 가족 전체가 시계를 만드는 일에 참여했다.

시간을 빨리 돌려서 1967년으로 가 보자. 최초의 원형 쿼츠 손목시계가 탄생한 곳은 뇌샤텔의 상트르 엘렉트로니크 오를로제(Centre Electronique Horloger)였다. 같은 해 일본 기업 세이코(Seiko)가 원형 쿼츠 손목시계를 출시했다. 쿼츠 시계는 기계식 시계보다 정확하고 만들기가 훨씬 쉬웠다. 1980년 대에는 쿼츠 손목시계가 시장을 지배했다. 조립 라인에서 수백만 명의 사람들이 시계를 만들었고, 믿을 수 있는 시계가 필수품이 되었다. 이미 1982년에 『어셈블리 오토메이션(Assembly Automation)』이 「로봇이 시계 조립을 시작했다(Robots Start to Assemble Watches)」라는 제목의 논문을 실었다.[6] 1990년대에는 시계 산업이 더 큰 혼란을 맞이했다. 휴대전화라는 저렴한 대안을 이용할 수 있게 된 덕분이었다. 2000년대에 휴대전화가 광범위하게 판매되기 시작하면서 시계는 우리가 스마트폰이라고 알고 있는 휴대용 디지털 컴퓨터의 많은 앱 중 하나가 되었다.

시계는 쥐라 산맥에서 조립되는 섬세한 기계에서 스마트폰에 저장, 처리되는 몇 줄의 코드로 전환되는 500년의 여정을 마쳤다. 이것이 스위스 시계 제조 산업의 종말일까? 그렇지는 않다. 한때 가장 우세한 시계 제조국이었던 스위스는 현재 세계로 수출되는 시계 중에서 단 5퍼센트만을 제조하고 있다. 2014년 스위스는 2,900만 개의 시계를 수출했다. 그에 비해 중국은 6억 6,900만 개의 시계를 수출했다(양으로만 보자면 세계 1위). 하지만 가치를 따져 보면 완전히 다른 이야기가 펼쳐진다. 스위스의 시계 수출액은 2014년 243억 달러로 중국의 시계 수출액을 모두 합친 것보다 거의 5배가 많았다. 고품질의 수제 시계는 그 어느 때보다 높은 가치를 인정받고 있다. 이들 시계를 생산하는 유능한 시계공과 디자이너의 솜씨가 누리는 가치 역시 대단하다.

새로운 기술―처음에는 쿼츠 시계, 다음에는 스마트폰을 통해―이 점점 저렴한 가격에 시계를 공급하는 동안, 스위스 시계 업계는 살아남는 데 그치지 않고 더 번창했다. 저가의 시계를 많이 만드는 일이 차별화된 고가의 소량 생산품 시장을 더 강화시켰다.

간략하게 말하면, 시장이 두 갈래로 나뉜 것이다. 그러한 분기는 시간이 흐르면서 여러 업계에서 나타났다. 영화가 그 좋은 예이다. 새로운 기술―처음에는 비디오테이프, 다음에는 DVD, 그 다음에는 온라인 스트리밍을 통해서―이 나타나 점점 저렴한 가격에 홈 엔터테인먼트 서비스를 제공하는 과정에서 영화관들은 단순히 살아남는 데 그치지 않고 더 크게 번창했다. 이런 일은 돌비 서라운드 사운드에서 IMAX, 3D에 이르기까지 집에서는 이용할 수 없는 설비가 포함된 고가의 희귀 옵션을 제공했기 때문에 가능했다.

시각 예술 서비스는 저렴한 가격에 서비스를 제공하는 새로운 기술— 처음에는 복사, 다음에는 디지털화를 통해서 — 의 또 다른 사례이다. 영화관과 마찬가지로, 순수 예술 시장도 생존에 성공했을 뿐 아니라 더 활성화되었다. 복제품의 편재성이 진품의 가치를 높였기 때문이었다.

음악 산업 역시 새로운 기술을 기꺼이 받아들였다. 새로운 기술— 처음에는 CD를 통해, 다음에는 스트리밍 서비스를 통해 — 이 저렴한 비용에 음악을 시각적으로 전달하게 되면서 라이브 공연 시장이 생존을 뛰어넘어 번성하게 되었다. 디지털 음악은 팬과 뮤지션—세계적인 대중음악 스타들과 유튜버들 모두— 사이에 일종의 개인적 유대를 만들었으며 덕분에 사적인 접촉에 대한 수요가 높아졌다.

각 경우에, 코드의 와해적 발전은 지속적이고 예측 가능한 패턴을 따랐다. 새로운 저가형 대량 제품의 창출이 고가 소량 제품의 새로운 시장을 연 것이다. 이런 일이 일어날 때마다 개선된 코드를 통해 창출된 새로운 가치가 시장과 직업의 분기를 촉진했다.

미국에서 제조업 기반으로 폭발적인 경제 성장을 경험한 곳으로는 미시건 주의 디트로이트를 들 수 있을 것이다. 디트로이트의 도전에 대해서는 너무나 잘 알려져 있어서 여기에서 다시 언급할 필요는 없겠지만 한 가지, 최근 제조업 분야에서 성공을 거둔 사례에 대해 이야기해 보고자 한다. 자동차가 아니라, 훨씬 오래된 소비자 기술인 시계와 관계된 이야기이다.

한때 제너럴 모터스 디자인 스튜디오가 자리했던 건물에는 스위스제 부품을 손으로 조립하는 고급 시계 회사, 시놀라(Shinola)가 있다. 시계 장인들이 모여 창설한 지 4년째를 맞은 이 회사는 2년 만에 급속한 성장을 기록했다. 세 번째 해에는 15만 개의 고급 시계를 조립해서 6,000만 달러를 벌어들였다. 시놀라의 성공에는 제품의 품질뿐 아니라 회사의 스토리가 가진 힘도 기여했다. 이 회사는 시계를 통해, 직원과 고객들에게 분 단위로 시간을 확인할 수 있게 하는 것을 넘어, 디트로이트의 경제 회복이라는 목적에 함께할 수 있는 기회를 제공했다.

시놀라의 성공이 강력한 추세를 반영하는 것이 아닌 일시적인 일탈로 보인다면, 저가의 정밀한 쿼츠 시계가 도입된 후에 스위스 시계 업계에 어떤 일이 일어났는지 다시 생각해 보라. 시장의 분기가 아니었다면 스위스 시계 산업은 아시아 제조업자들의 저가 대량 생산 능력에 밀려 사라졌을 것이다. 그렇지만, 위에서 설명했듯이, 쿼츠 시계의 발전은 기계식 시계 제조업을 없애 버리지 않았고 오히려 시장과 직업의 분기를 이끌었다. 기술이 일을 분화시키는 것은 예외가 아닌 정상적인 과정이다.

이제 다시 과거로 돌아가 보자. 1만 년 전, 농경 기술로 인해 일의 분기가 나타났다. 400년 전, 무역 기술로 인해 일의 분기가 나타났다. 100년 전에는 제조 기술이 일의 분기를 이끌었으며, 오늘날의 자동화 기술과 인공 지능도 같은 효과를 내고 있다.

일은 근본적으로 알고리즘적이기 때문에, 조합이 달라지고 증가량이 변화하면서 계속해서 다각화될 것이다. 일의 알고리즘은 거의 말

그대로 경제의 DNA가 되었다. 그러한 분기는 끊임없이 일어날 수 있고 실제 그렇게 일어나고 있다.

따라서 의미 있는 일을 할 기회가 있는가가 문제가 아니라, 그것을 어떻게 보완할 것인가가 문제이다. 제프 무어가 말한 것처럼, "디지털 혁신은 제조업 기반의 제품 중심 경제를 재설계해서 질을 향상시키고, 비용을 절감하고, 시장을 확대하고, 수익을 증대하고, 투자에 보답하고 있다. 하나같이 아주 좋은 것들이다. 그렇지만 이 과정은 주로 전통적인 중산층 일자리의 희생으로 이루어지고 있다. 이들이 하던 일은 높은 임금을 받을 수 있지만 중산층 노동자의 기술로는 진입이 불가능한 엘리트 직종과, 중산층 생활을 유지할 수 없을 만큼 임금 수준이 너무 낮은 단순 노동 직종으로 분화되었다."[7]

직관에 어긋나는 것 같지만, 기술의 진보가 일을 인간적인 것으로 만든다는 점은 과거에나 미래에나 엄연한 현실이다. 생각하는 컴퓨터의 세상에 적응하는 것은 시작일 뿐이다.

인간에게 힘든 부분은 우선 그것이 인간에게 의미하는 바를 재규정하는 일이 될 것이다.

기술계에서는 "서비스에 돈을 지불하지 않는다면, 그 사람은 상품이다."라는 말이 있다. 이 문장에 담긴 부정적인 의미가 지메일이나 트위터, 페이스북과 같은 인터넷 서비스에 해당되는지는 확실치 않다. 다만 미국 의료 보험 제도와 보험 가입자 사이의 관계를 설명하는 데는 더없이 적합하다. 보험 가입자는 보험료를 통해서 의료 서비스에 대한 돈을 지불하지만 그들이 받는 모든 처치에 대해 비용을 부담하지는 않기 때문이다. (물론 그것이 보험에 가입하는 이유이다.) 이는 의료 서비스를 제공하는 쪽에 환자와의 상호작용을 통해 수익을 최대한 확대하게 하는 강한 유인책으로 작용한다. 그러나 "더 나은" 보험은 이러한 역학을 악화시킨다.

이 딜레마에서 벗어나는 방법은 간단하다. 환자가 의사가 되는 것이다. 개인과 공동체가 직접 자신의 건강을 관리하게 하라. 유토피아를 얘기하는 것이 아니다. 분산형 의료 서비스 전달 시스템이라는 비전이 느슨하게 연결된 여러 코드의 혁신 덕분에 현실화되는 과정에 있다. 그 중 하나는 600년 된 기술의 형태를 띠고 있다. 그렇다. 시계 말이다.

기본적인 건강 자료를 수집할 수 있는 1세대 웨어러블 컴퓨터의 인기에 힘입어서, 처음에는 애플, 이제는 구글이 건강 분석을 사용자의 일상적인 경험에 통합시킨 다기능 시계를 개발했다. 주요 기술 기업 및 의료 기업들 사이에서는 정부의 전폭적인 지원 하에 익명화된 데이터라는 보물섬을 이용해 건강과 질병의 패턴을 확인하는 강력한 진단 보조 프로그램을 개발하려는 경쟁이 벌어지고 있다. 그러한 진단 보조 프로그램은 아직 실현되지 않았고, 가까운 미래까지는 숙련된 의료 종사자들의 판단과 재량을 대체하지 못할 것이다. 하지만 새로운 세대의 의료 상담가들—의학적 개입을 시작하는 것이 아니라 사람들이 자신의 건강 상태에 대해 확실히 인식하도록 돕는 사람들. 현재의 모델에서는 치료가 아닌 예방의 범주에 들어가는 행동 쪽으로 인도하는 역할을 맡는 사람들—에게 지침을 제공할 수 있을 것이다.

너무 좋아서 진짜라고 믿기 힘들다면 스티븐 키팅(Stephen Keating)의 이야기를 생각해 보자. 2007년, 정기 검진 중에 의사들은 키팅의 뇌에 약간 이상이 있다는 것을 발견했다. 키팅은 그에 대해 걱정을 할 필요는 없지만 계속 주시해야 한다는 이야기를 들었다. 그는 의사를 말을 따랐고, 대뇌의 구조에 대해서 공부도 했다. 2010년 재검사를 받았고 이번에도 이상은 없었다.

그렇지만 2014년 여름, 키팅은 식초가 없는 곳에서 식초 냄새를 맡기 시작했다. 그는 뇌에 대해 쌓은 지식을 통해 자신의 이상 부위가 뇌의 후각을 담당하는 부분과 가깝다는 것을 알고 있었기 때문에 또 한 번 MRI 검사를 받았다. 이번에 의사들은 테니스 공 크기의 암성 종양을 발견했고 그것을 제거했다.

이 과정에서 키팅은 자신의 상태에 대한 자료를 열성적으로 찾았다. 의사들이 뇌에서 종양을 제거했을 때쯤 그가 자신의 병에 관련해 수집한 의학 문서는 70기가바이트가 넘었다. 이 상세한 자료를 바탕으로 그는 자신의 종양에 대한 3D 모형을 만들 수 있었다.

MIT 미디어랩(MIT Media Lab)에서 박사 과정을 밟고 있었기 때문에 키팅은 환자 주도의 모니터링과 진단에 있어서 상당한 우위에 있었다. 하지만 이 진단 도구들이 코드화될 경우 P2P 서비스의 급속한 성장을 강화하고 가속화할 잠재력을 가지고 있으며, 이는 결국 의료 서비스에까지 이를 것이다. 그 한 예가 60세 이상의 사람들에게 집에서 의료 서비스를 받을 수 있게 하는 새로운 접근법, 마을 운동(Village Movement)의 급속한 성장이다. 이 마을 운동 모델에서는 과거라면 요양

시설로 이주해야만 했을 시점 이후까지 집에서 지내면서도 가족들에게 과도한 부담을 주지 않을 수 있다.[8]

세계의 인구가 고령화되면서 질병을 치료하는 데 대한 약물적, 외과적 접근법은 계속 발전할 것이다. 또한 다른 성숙한 산업들에서 유추해 보자면, 의료 서비스를 제공하는 방식은 다음과 같은 기술들의 조합을 통해 크게 발전하게 될 것이다. 웨어러블 기술, 빅 데이터 어플리케이션의 지원을 받는 진단법, P2P 서비스, 기타 20세기의 집중화된 모델에서 분산 전달하는 방식으로 의료 서비스를 변화시킬 혁신적인 코드가 그것이다.

코드와 일이 다음 20~30년간 어떻게 같이 진화해 갈지 생각할 때 미국에서 가장 중요하게 인식되는 문제는 의료 서비스 제공이다. 잘 알려진 바와 같이 수십 년간 의료와 교육 비용 증가 속도는 물가 인상의 속도를 크게 앞질렀다. 의료비는 1970년 미국 GDP의 7퍼센트를 차지했으나 현재는 17퍼센트에 이르고 있다.[9] 경제에서 대공황 이후 일자리가 계속 높은 증가 추세를 유지한 것은 의료와 교육, 단 두 부문뿐이다.[10] 그러므로 이 두 부문에 영향을 주는 기술의 추세는 거시경제적 영향력을 가질 수 있다.

특히 의료 시스템에서 진행되고 있는 변화는, 코드와 일의 공진화에 대한 광범위한 추세를 보여 주고 있다. 앞에서 의료 서비스 전달 방식의 미래를 대변한다고 설명했던 서비스 네트워크가, 초기의 코드 혁신을 기반으로 한 플랫폼(충분한 편재성과 신뢰성을 갖추어서 이제는 미래의 혁신을 위한 공유 인프라를 구성하게 되었다) 위에 만들어졌다. 이 중에서 가장 중요한 것은 우리가 인터넷이라고 말하는 표준, 계약, 하드웨어, 관습 같은 복잡한 집합과 이동 전화 서비스를 가능케 한 제도적, 기술적 혁신의 개별 집합이다. 이들 플랫폼 위에 특정 장치가 프로그램을 가동할 수 있게 하는 OS가 놓이고, 그 위에는 건강 진단, 코치, 알람을 비롯하여 아주 간단하게는 시계의 역할을 번갈아 할 수 있는 프로그램과 데이터 접근 프로토콜이 놓인다.

19세기에 발명된 단순한 기계들의 보급으로 20세기가 시작되고 첫 50년 동안 농업 생산과 건축 공정의 효율성이 꾸준히 증가했고, 따라서 농업 노동자와 비농업 노동자에 대한 수요가 감소했다. 점차 정교해지는 관리 공정과 기계를 기반으로 하는 산업 생산은 처음에는 그 규모가 커지면서 노동자를 공장으로 끌어들였으나, 1990년대부터는 자동화를 통해서 공정의 효율성이 한층 높아지고 육체노동을 하는 사람에 대한 필요가 줄어들면서 노동자들을 내보냈다(그림 10.2 참조). 점점 정교해지는 관리 공정과 기술을 기반으로, 지식 노동은 그 규모가 커지면서 노동자를 사무실로 불러들였다. 알고리즘이 보다 강력해지고 데이터의 편재성이 커지면 이제 사무실에서 일하는 노동자도 쫓겨나게 될까? 점점 강력해지는 컴퓨터 기반 기계들이 결국 우리를 해방시키게 될까 아니면 미래의 직장에서 우리가 이길 수 없는 경쟁자가 될까? 더 일반적인 측면에서, 기술이 일자리를 만들어 낼까 아니면 없애 버릴까? 정답은 둘 다이다.

코드의 발전은 우리에게 힘을 주는 동시에, 알고리즘과 기계로 하

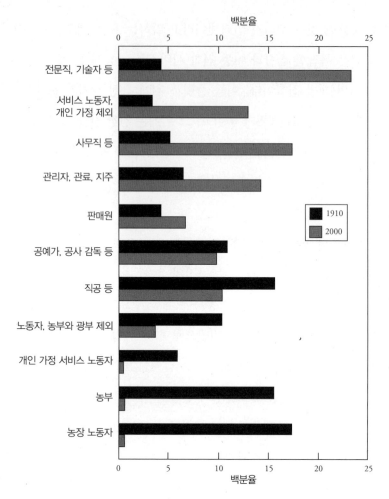

백분율

그림 10.2 1910년과 2000년의 직업 범주별 고용비.
출처: 이안 D. 와이엇(Ian D. Wyatt)과 대니얼 E. 헤커(Daniel E. Hecker)(2006), 「20세기 직업의 변화
(Occupational changes during the 20th century)」, 『월간 노동 보고서(Monthly Labor Review)』(노동통계청) 3월
호, p. 36, 표1.

여금 우리를 대체하게 한다.

어디에서도 완벽한 우위를 차지하지 못한 국가여도 비교 우위를

기반으로 교역에서 상호 이익을 발견할 수 있다는 데이비드 리카도의

주장에 따라, 허버트 사이먼은 기계의 생산성이 아무리 높아지더라도 우리 인간이 기계보다 항상 경쟁 우위에 있는 분야를 찾게 될 것이라고 단정했다. "자동 장치가 인간에 비해 큰 경쟁 우위를 가지는 종류의 활동에서는 인간의 고용이 줄어들 것이다." 1960년 사이먼은 이렇게 예측했다. "자동 장치의 비교 우위가 낮은 활동에서는 인간의 고용이 상대적으로 많아질 것이다."[11]

사이먼은 동시대의 다른 사람들과 달리, "자동화"가 공장에만 제한되지 않을 것이라고 생각했다. "지위가 높다고 인정되는 직업과 많은 교육을 필요로 하는 직업이 자동화가 가장 적게 될 것이라고 단순하게 가정해서는 안 된다. 기술적으로나 경제적으로 의사, 회사의 중역, 대학 교수와 같은 직업이 완전히 자동화될 가능성도 토공 기계를 조종하는 사람의 일자리가 자동화될 가능성만큼 크다."[12]

50년도 전에 사이먼은 그 이후 연구를 통해 밝혀지게 될 내용을 직관적으로 깨달았다. 컴퓨터의 성능이 향상되면서 컴퓨터는 알고리즘에 가장 쉽게 영향을 받는 작업을 수행하는 반면 인간은 가장 저항력이 큰 작업을 수행하게 될 것임을 말이다. 그는 이렇게 말했다.

사람들을 해고하지 않고도 모든 공정에서 기계 기술의 생산성을 높일 수 있다는 생각이 역설적으로 보일 것이다. 모든 공정에서 인간이 기계보다 생산성이 낮아져서 경제적인 관점에서 고용할 수 없는 시점이 오지 않을까? 빠진 조건을 보충하면 모순은 해결된다. 특정한 공정에 인간을 고용할지 기계를 고용할지는 단순히 물리적인 측면에서의 상대적 생산성에만 좌우되는 것이 아니라, 비용에도 영향을 받는다. 비용은 가격에 따라 변한다. 따라서 — 경제학의 전통적인 논거가 그렇듯이 — 기술이 변화하고 기계의 생산성이 향상됨에 따라 노동과 자본의 가격은 양쪽의 시장에 적응하게 될 것이다. 각각이 제시한 시장 가격에 따라 고용될 것이며, 시장 가격은 해당 요소의 한계 생산력에 비례하게 될 것이다.[13]

비교 우위에 대한 이러한 설명은 데이비드 리카도에게서 비롯된 것이지만, 사이먼은 비교 우위에 대해 "직업(Occupation)"이라는 단어 대신 "공정(Process)"이라는 단어를 사용하는 미묘한 변화를 통해서 종래의 이야기를 크게 발전시켰다. "시장의 운영을 통해서, 인력은 그 생산성이 기계의 생산성보다 상대적으로 높은 공정으로 이동하고 그 생산성이 상대적으로 낮은 공정에서는 떠나게 될 것이다."[14]

달리 말해, 기술이 진화하면서, 일의 공정—코드—은 일련의 분기를 겪는다. 사람은 자신들의 기술이 '상대적으로' 강력한 힘을 발휘하는 업무에 집중하고, 기계(이제는 컴퓨터)는 그들의 기술이 '상대적으로' 강력한 힘을 발휘하는 업무를 맡는다. 더욱이, 그러한 분기는 우연히 일어나는 것이 아니라 기회의 전망을 지속적으로 변화시키는 가차없는 진화의 논리에서 나오는 결과이다.

사이먼의 논거를 뒷받침하는 최고의 노동 시장 분석은 지난 수십 년간 MIT의 경제학자, 데이비드 오터(David Autor), 대런 애쓰모글루(Daron Acemoglu), 프랭크 레비(Frank Levy), 하버드의 경제학자 리처드 머난(Richard Murnane)을 비롯한 다양한 기여자와 공동 연구자들이 내놓은 논문과 한 권의 책에서 나온다. 2003년『계간 경제학 저널』에 발표된 이 중요한 논문에서 오터, 레비, 머난은 30년간의 인구조사 자료에 대한 분석을 기반으로 자신들이 발견한 사실을 이렇게 요약하고 있다.

> 컴퓨터 자본은 ① 제한적이고 명확한 일련의 인간 활동, 정례적인 (반복적인) 정신노동과 육체노동을 수반하는 활동을 대체하며, ② 비정례적인 문제 해결 업무와 상호 작용 업무를 수반하는 활동을 보완한다. 컴퓨터에 의한 업무의 대체가 불완전하다는 가정 하에, 1960년에서 1998년까지의 업무 지시서 등을 통해 조사한 결과 직장에서 요구하는 업무 내용에 상당한 변화가 있었음을 발견했다. 컴퓨터화는 정례적인 정신노동과 육체노동에 대한 상대적인 수요를 감소시켰으며, 비정형적인 정신노동에 대한 상대적인 수요를 증가시켰다.[15]

오터, 애쓰모글루, 레비, 머난("AALM")의 시각에서, 디지털적 와해가 일의 미래에 미치는 영향은 일 자체의 성격에 좌우된다. 다시 말해, 생산의 "산물"이 아닌 "방법"에 좌우되는 것이다(그림 10.3 참조). 쉽게 코드화할 수 있는 정례적인 업무는 컴퓨터가 수행할 것이고 그럴 수 없는 것들은 계속 인간이 처리할 것이다. 내가 4장에서 언급한 필라델피아 컴퓨팅 섹션의 "인간 컴퓨터"들이 하는 일이야말로 딱 들어맞는 사례이다. 이 인간 컴퓨터들이 하는 일은 컴퓨터 프로그램의 정

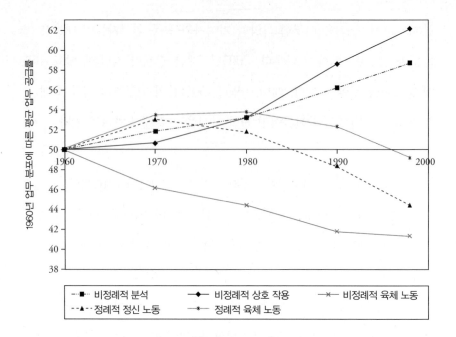

그림 10.3 1960–1998년 정례적, 비정례적 업무 공급의 추세. 이 그림은 "「직위표(Dictionary of Occupational Titles)」 [1977]의 성별과 직업에 따른 업무 기준과 1960년과 1970년의 고용 통계 자료, 1980년과 1990년, 1998년의 인구 조사(Current Population Survey, CPS)를 이용하여 만들어졌다. 자료는 연도마다 1120개 산업–성별–교육 항목별로 집계되며, 각 항목에는 1960년 업무 공급 분포에서의 순위에 해당하는 값(1120, 1960년 업무 항목을 기준으로)이 할당된다. 표시된 값은 해당 연도에 지정된 백분위 수의 고용 가중 평균을 나타낸다."
출처: 오터, 데이비드 H., 프랭크 레비와 리처드 J. 머난(2003). 「최근 기술적 변화의 내용: 경험적 연구(The Skill Content of Recent Technological Change: An Empirical Exploration)」, 「계간 경제학 저널」, 118호. (4): 1279–1333.

수라고 할 수 있는 규칙 기반 논리 계산을 정확히 하는 것이었기 때문
이다. 그들은 디지털 컴퓨터에게 일자리를 빼앗긴 최초의 사람들이기
도 했다. 오터는 10년간의 연구를 요약해 이렇게 썼다. "기계와 인간의
상호작용을 통해 컴퓨터는 코드화할 수 있는 정례적 과제를 수행하는
일에서 노동자를 대체할 수 있으나 문제 해결 능력, 적응성, 창의성의
측면에서는 오히려 노동자의 비교 우위가 증폭된다."[16]

AALM 팀의 연구를 보완하는, 코드와 일의 공진화에 대한 가장 깊이 있는 역사적, 거시경제적 분석은 내가 1장에서 인용했던 제임스 베슨에 의해 이루어졌다. 기업가로 성공한 후에 경제 이론의 최전선에 서는 데 힘을 쏟은 베슨은 현대의 데이비드 리카도라고 볼 수 있다. 1983년 베슨은 최초의 위지윅(What-You-See-Is-What-You-Get, WYSIWYG) 데스크탑 출력 프로그램(과거 수십 년간 마이크로소프트 워드가 지배했던 분야)을 만들었다. 이것은 고급 64K 램과 특별한 그래픽 카드가 탑재된 최초의 IBM PC에서 실행되었다.

베슨은 그의 통찰력 있는 저서, 『경험학습』에서 현금 자동 입출금기(automated teller machine, ATM)의 도입이 은행업에 미칠 영향을 설명했다. 이 기술이 가지고 있는 이름 자체가 ATM이 주요한 일자리 파괴자가 될 것이라는 점을 암시하고 있다. 결국, 이 기계의 목적은 은행 창구 직원의 일을 자동화하는 것이었다. 버락 오바마(Barack Obama) 대통령은 2011년의 한 인터뷰를 통해 대부분의 사람들이 어떤 관점을 가지고 있는지 분명하게 보여 주었다. "우리 경제에는 구조적인 문제가 있습니다. 많은 기업들이 훨씬 적은 수의 노동자를 이용해서 훨씬 더 효율적으로 일하는 법을 배웠기 때문이죠. 우리는 은행에 가서 창구 직원에게 가지 않고 ATM을 이용하고, 공항 게이트에서 확인을 하는 대신 키오스크를 이용합니다." [17] 그러나 데이터를 분석해 보면 아주 다른 이야기가 펼쳐진다. ATM의 수는 1985년의 5만 개에서 2010년의 40만 개 이상으로 증가했지만, 인간 창구 직원의 수도 1985년의 48만 5,000명에서 2010년에는 60만이 약간 넘는 정도로까지 증가한 것이다. 어떻게 이런 일이 일어났을까? ATM이 많은 정례화된 업무를 맡게 된 덕분에 은행원들은 보다 복잡한 업무에 집중할 수 있게 되었다. "ATM 기술은 은행원을 없애지 않았다. ATM은 은행원들이 일을 하는 방식과 그들에게 필요한 기술을 변화시켰다." 베슨은 이렇게 설명한다. "은행원들은 단순한 거래는 비교적 적게 처리하고 보다 복잡한 거래를 다룬다. 그들은 '관계형 금융(relationship banking)'에서 중요한 부분을 차지하는 개인 맞춤 서비스를 제공한다." ATM의 출현은 직관에는 반할지 모르지만 은행 지점 수의 급속한 증가를 촉발했다. "ATM이 창구 직원들이 하던 많은 거래 업무를 대신 수행하기 때문에 은행 지점을 운영하는 데 필요한 은행원의 수가 줄어들었다. 지점을 운영하는 데 비용이 적게 들기 때문에 은행들은 시장을 더욱 확대하기 위해 지점 수를 적극적으로 늘렸다. 은행 지점이 많아진다는 것은 지점당 은행원의 수가 적어지더라도 전체 은행원은 더 많아진다는 의미이다."[18]

경리 직원(회계 소프트웨어로 대체된), 판매원(아마도 온라인 쇼핑으로 대체된), 서적상(아마존(Amazon)으로 대체된)의 경우도 비슷한 추세를 겪었다. 베슨은 이렇게 전한다. "아마존은 베스트셀러에 의존하던 보더스(Borders)를 비롯한 전국 서적 체인의 일자리를 없앴을지 모른다. 하지만 소규모 서적상의 숫자는 늘어났고, 엄선한 물건을 권하고 조언을 하는 등 아마존이 쉽게 할 수 없는 일을 하는 영업 사원들의 일자리도 늘어났다."[19]

경제가 내가 이 장에서 설명했던 방식으로 분기를 통해 진보한다면, 불연속적인 코드 진보의 각 단계에서 새로운 저가 대량 옵션과 고가 소량 옵션이 생겨난다. 그 과정을 통해 노동자와 자본주에게 돌아오는 상대적인 이익에 대해서 우리가 알 수 있는 것은 무엇일까? 내가 주장하듯이 노동이 코드의 발전으로 인간화되고 있다 해도, 그것이 곧 동등한 보상과 연결되지는 않는다. 평균적인 삶의 질이 계속 개선된다고 해도, 그것이 가장 부유한 계층과 가장 빈곤한 계층 사이의 격차가 줄어든다거나 모두가 사회에 생산적인 기여를 할 기회를 갖게 된다는 의미는 아니다.

많은 사람들의 입에 오르내리는 2013년 옥스퍼드 대학교의 한 연구는 미국 노동자의 47퍼센트가 다음 10년간 자동화에 영향을 받게 될 분야에서 일하고 있다고 결론지었다.[20] 정확한 추론이라면 놀라운 일임에는 틀림없지만, 자동화의 결과로 해당 분야에서 얼마나 많은 일자리가 사라질지에 대해서는 알 수 있는 것이 별로 없으며, 해당 분야의 코드—업무 관행—가 새로운 기술적 가능성의 결과로 전환되는 방식에 대해서는 더욱 그렇다. 그리고 사람들이 그 변화에 적응할 수 있을지, 적응한다면 어떻게 할지에 대해서도 설명해 주지 않는다.

다음 장에서는 개인적인 수준에서 본 적응의 필요성에 대해 다룬다.

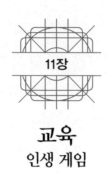

11장

교육
인생 게임

어떻게 요리하는지 배우라. 새로운 레시피를 시도하고, 실수로부터 배우고,
두려움을 갖지 말라. 그리고 무엇보다 즐겁게 하라!
– 줄리아 차일드, 『프랑스에서의 삶』, 2006 –

1960년 미국의 보드게임 제조업자 밀턴 브래들리(Milton Bradley)는
고전 게임, 〈인생 게임(The Game of Life)〉을 출시했다. 그 후 수십 년에
걸쳐 수백만의 사람들이 이 게임을 즐겼다. 이 게임을 어떻게 하는지
기억하는가? 처음 "젊은 시절"에는 대학에 갈지 말지를 결정한다. 이
선택은 소득을 극대화시키고자 하는 욕구 및 임의적 요소와 결합되어
당신이 어떤 사회생활을 선택할지 결정짓는다. 차를 사고 시기에 맞춰
배우자를 맞이하고 자녀를 갖는다. (자동차에는 아이 넷을 태울 수 있는 공
간이 있으며, 두 번째 차는 무료로 얻을 수 있다.) 다양한 모험을 하면서 정기

적으로 급료를 받고 그 과정에서 계속 재산을 늘려 간다. 게임의 마지막이 되면 은퇴—미리 정해진 65세에 정확히—를 한다. 은퇴하는 시점이 되면 "대부호들이 사는 고급 지구"에 들어갈지 상대적으로 소박하지만 아주 적절한 환경의 "전원 마을"에 정착할지 선택한다. 어느 편에 대한 선호도가 높을지에는 의심의 여지가 없다.

1960년 이래 수십 년 동안 직업 선택과 교육으로부터 얻는 이익에 대한 데이터는 〈인생 게임〉의 근원적 가정을 입증하는 것처럼 보인다. 1970년대 말부터, 경제적으로 윤택했던 사람들은 "대학에 가기로" 선택했던 사람들이었다. 이 집단은 소득이 늘어나고 사회가 보유한 부에서 자신들의 몫이 급격하게 증가하는 것을 경험했다. 대학 졸업장을 갖지 못한 사람들은 소득이 침체되고 사회의 부에서 자신들의 몫이 감소하는 것을 경험했다. 현재 45~55세인 미국 남성들—이전 세대에서 경제적으로 가장 지배적인 계층—중 대학 졸업자와 학사 학위가 없는 사람들 간의 경제적 대비는 대단히 크다. 대학을 졸업한 중년의 백인 남성들(내가 속한 집단)은 성공적인 삶을 살았다. 그들의 실질 소득은 계속 증가했고 이전 세대보다 오래 살았다. 대학을 나오지 않은 중년의 백인 남성들의 경우 사망률이 급격하게 높아지는 현상을 보였는데, 이는 중년의 라틴계와 아프리카계 미국 남성들도 마찬가지였으며 거의 모든 나라의 추세와 뚜렷하게 대조되는 것이었다.[1]

대학 졸업자와 대학을 나오지 않은 사람들의 예상 결과 사이에 나타나는 차이는 항상 소득 가설(Permanent Income Hypothesis)이라고 알려진, 최적의 인생 행로에 대한 경제 이론을 강화한다. 노벨 경제학상 수상자 밀턴 프리드먼(Milton Friedman)이 〈인생 게임〉 출시 3년 전에 내놓은 이 가설은 인생 게임의 전제를 그대로 반영한다. 우리는 젊은 시절에 교육에 투자하기 위해 빚을 짐으로써 생애 임금을 최적화시킨다. 교육은 우리가 커리어를 만드는 데 필요한 기초적 기술을 전달한다. 인생 초기에 교육에 투자하지 않는 경우, 그때부터 시작해 은퇴할 때까지 계속 저축을 한다. 은퇴를 하면, 우리에게 남아 있는 유일한 일, 즉 죽음을 준비하는 일을 하면서 저축한 돈을 쓴다. 이 경우에는 스케줄대로 사는 것이 이상적이다. 예상보다 오래 사는 것은 이 모델에서 문제(저축이 충분치 않기 때문에)가 될 테니 말이다!

기술적인 면에서 프리드먼이 개발한 모델은 1957년만큼이나 지금도 타당성이 있다. 더구나, 항상 소득 가설은 거의 동시에 시카고 대학교에서 개발한 효율적 시장 가설(efficient markets hypothesis)과 마찬가지로, 인기 있는 보드 게임만이 아니라 미국 경제 시스템을 운영하는 데 코드화되었다. 너무나 본질적인 방식으로 코드화되었기 때문에 그 영향력을 거의 알아차릴 수 없을 정도로 말이다.

대학생들에게 지급되는 연방 장학금(Pell Grant)에서부터 종업원들이 은퇴를 대비할 수 있게 하는 401(k) 퇴직연금까지, 젊은 시절부터 죽을 때까지 노동자들의 경험은 다음과 같은 관념에 묶여 있다. 제도는 느리게 변하고 젊은 시절 교육에 단 한 번만 투자하면 삶이 끝날 때까지 누릴 수 있는 보상을 얻을 만큼 짧은 삶을 산다는 것이다.

업데이트된 그리고 경험적으로 입증된 버전의 〈인생 게임〉은 여전히 오늘날 가장 저명한 경제학자들이 일의 세상을 보는 방식을 담고 있다. 2008년 하버드의 클로디아 골딘(Claudia Goldin)과 로런스 카츠(Lawrence Katz)는 교육, 기술의 발전과 일의 진화 사이의 관계를 광범위하게 다룬 『기술과 교육 사이의 경쟁(The Race Between Education and Technology)』을 발표했다. 골딘과 카츠는 화이트칼라 노동자의 임금 혜택 감소를 다룬 폴 더글라스의 연구(5장에서 논의)에 대한 이해를 바탕으로, 콥-더글라스 생산 함수의 이형(글상자 5.2 참조)을 데이터 분석의 기반으로 삼아, 19세기에는 기계가 장인들을 공장 근로자로 대체하는 식으로 제조업의 숙련 노동을 대체한 반면, 20세기 초 기술과 노동자 기능은 상호 보완적이었다고 설명했다. 더욱이 폴 더글라스가 1926년, 그의 연구를 발표한 후 거의 25년 동안 고등학교와 대학 교육을 받은 노동자의 임금 혜택은 계속해서 감소했으나 1950년 그 추세가 급격히 역전되었고, 20세기 후반 내내 고등 교육을 받은 노동자의 임금 혜택은 빠른 속도로 증가했다.

무엇이 골딘과 카츠가 밝힌 현상을 주도하고 그들이 "미국 인적 자본의 세기(Human Capital Century in America)"라고 말한 것을 가능케 했던 것일까? 그들은 19세기 말과 20세기 초에 미국에서 일어난 두 가지 역사적 변동에 초점을 맞추었다. 첫 번째 변동은 장인 생산(노동 분업이 거의 없는 공예)에서 "일괄적 연속적 생산 공정(조립 라인을 비롯한 현대적 공장 작업 현장은 물론 W. H. 레핑웰 연구의 주제였던 공장 형태의 사무 노동)"으로의 변화였다.[2] 두 번째 변동은 노동자에게 요구되는 최소 교육 정도의 변화였다. 농장에서 일하거나 기능공의 도제로 일하는 데는 대학이나 고등학교에서 제공하는 교육이 필요하지 않다. 하지만 공장에서 일하거나 사무원으로 일하는 데는 고등학교 교육이, 이후에는 대학 졸업장이 필요하게 되었다. 이 두 변동의 영향을 고려한 골딘과 카츠는 지난 수십 년 동안 정규 교육에 대한 투자에서 얻는 실질 소득이 상당히 높았고 지금도 여전히 그렇다는 것을 발견했다. 젊은 사람들이 여기에서 얻을 수 있는 교훈은 명확하다. 대학에 가야 한다는 것이다. 정책 결정권자들도 그만큼 명확한 교훈을 얻는다. 정규 교육에 투자함으로써 높은 수준의 기술 발전을 이루고, 생산성을 향상시키고, 경제 성장의 속도를 높이고, 생활 수준을 끌어올려야 한다는 것이다.

그러나 미국 초기 산업화 시대 동안 공장의 세부적인 공정을 보다 철저하게 조사한 제임스 베슨은 교육, 기술 발전과 진화 사이의 관계에 대해서 매우 다른 그림에 도달했다.

베슨은 19세기 후반 생산의 기계화가 "탈숙련화", 즉 숙련된 장인들이 비숙련 공장 노동자의 노동력에 의해 대체되었다는 의미에서 탈숙련화를 이끌었다는 골딘과 카츠의 생각에 이의를 제기했다. 대신, 그는 최초의 공장 노동자들이 미국의 첫 번째 산업 혁명을 주도한 생산 알고리즘을 개발하는 실질적 작업에 크게 관여한 해커이자 땜장이였다는 것을 발견했다.[3] 베슨은 미국 섬유 생산에 대한 세부적인 자료를 이용해서, 때에 따른 공장별 생산 레시피를 거의 실제에 가깝게 재현해 냈다. 이는 "공장이 금리와 가격의 변화에 어떻게 대응했는지, 다양한 발명이 직조공이 직기를 사용하는 데 써야 하는 노동 시간에 어떤 영향을 주었는지, 직조 기술로 산출이 어떻게 늘어났는지"를 밝혔다. 베슨은 동일한 데이터로 수십 년에 걸친 학습 곡선을 만들어 1800년에 손으로 직물을 짜던 사람이 한 대의 직기로 1미터의 옷감을 짜는 데 40분이 걸린 반면, 1902년의 직조공은 18대의 노스롭(Northrop) 직기를 돌려서 같은 양의 일을 평균적으로 1분도 되지 않는 시간에 해낼 수 있었다는 것을 발견했다. 이 놀라운 지적은 자본 축적이 코드의 발전에 대해 가지는 상대적 중요성과 관련이 있다. "39분의 단축된 노동 시간 중에서, 임금으로 지불되는 비용이 변화함으로써 축적된 자본이 노동 시간 단축에 기여하는 비율은 단 2퍼센트에 불과하다. 73퍼센트는 기술의 발명에서 비롯되었고, 25퍼센트는 직조공의 뛰어난 재주와 노력에서 왔다."[4] 베슨은 이렇게 결론지었다. "기술은 면방직에서 노동자당 생산량의 증가를 가져온 가장 중요한 요인이었다. 기량 역시 중요했다. 하지만 일반적인 통념과 달리 자본 축적의 역할은 미미했다."[5]

이 과정에서 정규 교육은 어떤 역할을 했을까? 근본적으로는 아무 역할도 하지 않았다. 생산 공정은 새롭게 계속 진화 중이었기 때문에 필요한 학습과 훈련은 업무 중에 이루어졌다. 이 점은 과거에 대한 이해는 물론 미래에 대한 예측에도 중요한 영향을 미친다. "기술의 초기 단계에는 정규 직업 교육을 수행하기가 힘들지만 이후 지식이 보다 표준화되면 쉬워진다. 반대로, 초기에는 일반적인 교육을 보다 많이 받아서 배우는 데 보다 능숙한 노동자들이 가치가 크지만 기술이 성숙함에 따라, 일반 교육을 많이 받은 노동자에 대한 수요는 떨어지는 반면 직업 교육을 받은 노동자의 공급은 늘어난다."[6]

새로운 기술의 도입과 정규 교육의 전제 조건인 표준과 제도의 발전 사이에는 시간의 지체가 존재한다. 업계 내에서 충분한 경험이 축적되어 정규적인 교육 프로그램의 기반을 만들 만큼 "최선의 관행"이 규정될 때까지는 경험과 다목적 문제 해결 능력을 가진 사람들에게 높은 보상이 주어진다. 과제가 정례화되고 나면 땜질하거나 파헤칠 능력이 부족한 비숙련 노동자에게도 기회의 문이 열린다. 이런 이유 때문에 "기술 지식이 발전하는 데는 긴 시간이 필요하고, 그 지식이 전파되는 데에는 더 긴 시간이, 새로운 노동 시장과 같이 평범한 노동자들이 새로운 지식의 혜택을 볼 수 있는 제도가 나타나기까지는 그보다 훨씬 더 긴 시간이 필요하다. 그러한 대규모의 학습은 예전부터 어려운 사회적 문제였다."[7]

새로운 혁신적 기술은 단순하지 않고 복제하기 어려운 경향이 있다. 그러한 기술은 복잡하고 숙련하기도 어렵다. 이런 명백한 사실은 미시경제학과 거시경제학 기본 모델의 영향력 범위와 충돌하는 지대한 영향력을 가진다. "복잡도는 '경험학습'에 시간이 걸리는 이유를 설명해 준다. 복잡한 기술에는 코드뿐만 아니라 반드시 통제해야 하는 여러 변수들이 있다. 효율적인 변수의 조합을 찾는 일에는 많은 시행착오가 필요하다. 그 결과, 새로운 기술에 대한 지식은 처음에는 잠정적이고 불확실하다. 지식의 대부분은 경험과 실험을 통해 얻어지며 쉽게 소통되지 않는다. 그 대부분은 암묵적이다."[8]

베슨은 지난 20세기 코드의 발전과 일의 진화 사이의 관계에 대하여 기본 데이터와 통찰력 있는 분석을 제공했다. 정규 교육과 기초 연구는 종종 경제 발전의 열쇠라고 표현되지만 베슨은 그렇게 생각하지 않았다. 경제의 발전을 이끄는 것은 경험학습과 코드의 발전이다. 즉 정규적인 연구나 지시에 의한 것만큼이나 많은 부분이 비전문가들의 땜질에 의해 주도된다는 것이다. 베슨은 "디지털 기술의 발전 때문에, 많은 사람들이 일의 세계의 느린 변화 속도와 그 복잡도를 깨닫지 못한다. 기술을 발명과 혼동하고 재주를 교육과 혼동하기 때문이다."라고 말했다.[9] "기술은 단순한 발명 그 이상이다. 대체로 다양한 사람들이 가지고 있는 암묵적인 지식과 특화된 재주를 통해 구현되기 때문이다."[10]

빈트 서프는 인터넷이 미래에 노동자들의 행복에 어떤 영향을 주게 될지에 대해서 염려했다.

서프는 인터넷에 대해 언급하기에 아주 좋은 입장에 있었다. 바로 그가 인터넷을 창안하는 데 중심적인 역할을 했기 때문이다. J. C. R. 리클라이더가 1963년 밥 칸과 함께 인터넷의 핵심 구조이자 컴퓨터의 상호 소통을 가능하게 하는 기준인 TCP/IP를 개발할 때 적은 메모(9장 참조)에서 제안한 문제를 해결하는 데 서프가 큰 기여를 했다.[11]

2012년 서프와 물리학자에서 저널리스트로 변신한 데이비드 노드포스(David Nordfors)는 일자리 혁신(Innovation for Jobs, I4J)이라고 불리는 네트워크를 공동 설립했다. 이 네트워크는 일자리를 창출할 수 있는 혁신 방안을 마련하기 위한 것이었다. 이 그룹의 회의에는 기업, 정부, 비영리단체, 학계, 미디어계의 지도자 200명 이상이 참석했다. 모두가 코드의 지속적인 발전이 일의 미래에 어떤 영향을 줄지 알고 싶어 했다.

인간이 컴퓨터(계산자)가 되기에 특별히 적합하지 않으며 코드로 전환이 가능하고 자동화가 가능한 업무를 포함하고 있는 많은 수의 기존 일자리가 곧 임금을 제공하지 못하게 될 것이라는 공통의 이해가 서프와 다른 I4J 구성원들에게 동기를 부여했다. 오늘날 경제를 형성하고 있는 많은 선구적 비즈니스 모델들이 기존 업무를 수행하는 데 필요한 사람들의 수를 급격히 감소시킬 수 있는 능력을 기반으로 하고 있다. 벤처 투자가이며 I4J의 구성원인 스티브 저비슨(Steve Jurvetson)은 이렇게 말한다. "우리는 노동을 줄이는 기업에만 투자를 합니다. 기존의 기업들보다 훨씬 더 효율적인 것이 아니라면, 투자하지 않습니다."[12] 재화와 서비스를 제공하는 것과 관련된 전체 일자리의 수가 미래에 감소하는 것이 아니라 증가한다면 저비슨의 말은 틀리게 될 것이다. 이 것은 사람들이 지금처럼 미래에도 의미 있는 일을 할 기회를 가지려면 새로운 형태의 일자리가 반드시 창출되어야 한다는 의미이다.

"아직 존재하지도 않은 일자리를 목표로 사람들을 어떻게 교육시킬까요? 이것은 교육 사업을 하는 사람들에게 정말로 큰 도전입니다." 서프는 최근 일단의 I4J 구성원들을 관찰했다. "파이프라인이 상당히 깁니다. 교육해야 하는 쪽이나 무언가를 배워야 하는 쪽이나 아직 존재하지 않는 일자리에 대한 준비를 어떻게 할 수 있을까요?"

서프는 이 점을 교육 시스템의 기본 모델과 연관시켰다. "'교육을 받고 일을 하다가 은퇴한다'는 모델 자체가 사라질 수도 있습니다."

기존의 교육이 디지털로 인한 일자리의 분기 문제에 대한 해답이 될 수 있는지 의문을 가진 사람은 서프 혼자가 아니다. 최근의『뉴욕타임스』칼럼에서, 로버트 실러(Robert Shiller)는 이렇게 말했다. "대부분의 사람들은 정규 교육의 대부분을 20대 초반에 마치고 수십 년을 거기에 의존하려고 마음먹는다. (……) 하지만 컴퓨터는 사람들이 고등학교와 대학교에서 얻게 되는 지식의 대부분을 몇 초 만에 익힐 수 있으며, 한 인간의 생애가 지나기도 전에 새로운 세대의 컴퓨터와 로봇들이 쏟아져 나오면서 기하급수적인 속도로 발전할 것이다." 대학은 이러한 변화에 대한 준비를 아직 갖추지 못하고 있다. 실러는 이렇게 결론을 내린다. "우리는 정보 기술의 발전에 적응해야만 할 것이다. 우리는 인간의 학습과 컴퓨터 러닝 사이의 본질적 차이가 무엇인지 계속적으로 재평가해야 한다."[13]

지난 10년 동안, 많은 경제 분석과 책 들이 다가올 미래의 경제와 가까운 과거의 경제 사이에 근본적인 단절이 있다는 것을 입증해 왔다. 이제 시작된 이 변화는 어떤 틀에 넣는지에 따라, 공유 경제(Sharing Economy), 긱 경제(Gig Economy), 1099 경제(1099 Economy), 프리랜스 경제(Freelance Economy), 온디맨드 경제(On-Demand Economy), 플랫폼 경제(Platform Economy)라고 불린다. 농장에서 식탁으로 운동(Farm-to-Table Movement), 슬로푸드 운동(Slow Food Movement), 메이커 운동(Maker Movement) 같은 소량 주문 생산 및 장인 정신으로의 회귀도 긴밀하게 연관되어 있다. 이들 각각의 운동 그리고 거기에 대한 분석들은 코드와 일의 세계의 본질적인 변화에 대하여 다양한 측면에서 묘사하고 있다.

최근 이러한 전환에 대해 글을 쓴 사람들 중에, 그 핵심 역학을 누구보다 잘 이해하고 전달한 사람이 카 셰어링 플랫폼 집카(Zipcar)의 공동 창립자, 로빈 체이스(Robin Chase)이다. "지난 2세기 동안, 산업 경제는 특정한 유형의 자본가에게 보상을 주었다." 체이스는 그녀의 책, 『공유 경제의 시대(Peers Inc.)』에서 이렇게 관찰하고 있다. "생존과 번영을 위해서는 독점하지 않는 선에서 시장을 지배하면서도 규제는 피해야 했다. (……) 대량 생산은 규모의 경제와 저가 제품을 제공하는 능력으로 연결되기 때문에 제품과 서비스는 표준화되었고, 곧 시장 점유율의 증가로 이어졌다. 이후 인터넷이 나타났다."14

인터넷은 시장 지배 기업들이 가지고 있는 우위의 근원이었던 것 ― 규모와 독점 지식 ― 을 잠재적 약점으로 바꾸어 놓았다. 그 결과 20세기 기업 중심 경제에서 점차 21세기 P2P 경제로의 전환이 이루어졌다.

19세기 후반까지, 미국의 경제는 P2P 경제'였다'. 소비자에게 서비스를 제공하는 대기업은 존재하지 않았다. 소비자 서비스를 통제하는 규제는 극히 적었다. 사람들은 그들과 아주 비슷한 다른 사람들에게 개인적으로 서비스를 제공했다. 콜 센터나 포커스 그룹, 전략 기획 회의 같은 것은 없었다. 전형적인 19세기 기업인은 대로에 간판을 걸고 일을 시작했다.

19세기의 시장은 현재에 가끔 등장하는 개성이 없는 추상적인 존재가 아니었다. 시장은 사람들이 직접 만들거나 수확한 물품을 거래하기 위해 만나는 실재적인 장소였다. 시장의 본래 목적은 바로 이런 것이었다. 사람들의 생산 가능성을 확인하는 일 말이다.

본질적으로, P2P 혹은 공유 경제는 새로운 현상이 아니다. 알렉시드 토크빌(Alexis de Tocqueville)이 오늘날의 미국에 대한 글을 쓴다면 그는 P2P 사업에서 지극히 미국적인 성격을 발견할 것이다. 따라서 문제는 지난 5년 동안 확산되어 온 P2P 사업 유형에 근본적으로 새로운 것이 있는가이다. 그 답은 "그렇다."이다. 과거와 현재의 차이는 사람들이 서로를 찾고, 거래를 하고, 평판을 쌓기 위해 이용하는 플랫폼이다.

지난 반세기 동안 일어난 연산, 소통, 알고리즘적 힘의 혁명은 서비스 제공자를 찾고, 그들의 신뢰성을 평가하고, 그들의 서비스를 얻기 위한 계약을 하는 데 드는 비용을 극적으로 낮추었다. 25년 전, 초기의 인터넷 상거래 회사들은 소비자 시장을 새로운 "가상"의 공간으로 이동시켰다. 이베이나 아마존과 같은 회사들은 (아마존 마켓플레이스를 통해) 서로 먼 거리에 있는 일반인들이 물건을 찾고 교환하는 일을 가능하게 했다. P2P 사업은 이런 강력한 플랫폼을 채용해서 서비스의 교환을 가능하게 했다. 서비스가 미국 경제의 84퍼센트를 차지하며 다른 국가에서도 점점 큰 비율을 차지해 가는 상황에서 대단한 사건이 아닐 수 없다.

『메시(The Mesh)』의 저자이자 사진 공유 사이트 오포토(Ofoto)의 공동 창립자인 리사 갠스키(Lisa Gansky)는 기존의 호텔 체인들을 숙박 공유 사이트 에어비앤비(Airbnb)와 비교함으로써 P2P 비즈니스 모델의 인기를 분명히 보여 준 최초의 사람이다. 예를 들어 인터콘티넨탈 호텔(Intercontinental Hotel) 체인은 65년의 역사를 가지고 있으며 65만 개의 객실을 보유하였는데, 이 객실은 모두 호텔 체인의 소유이다. 반대로 에어비앤비의 역사는 겨우 8년이며 에어비앤비가 구비하고 있는 숙소는 150만 개이지만 그중 어떤 것도 그들의 소유가 아니다. 에어비앤비는 관련 업계에서 65년간 투자해 온 것에 비견되는 잠재적 자산을 찾아냈으며, 그것도 플랫폼 자체에 들어간 경비 외에 본질적으로 아무런 자본 투자 없이 해냈다.

P2P 시장의 참여자는 검색의 용이성과 저렴한 거래 비용에 이끌린다. 간단히 말해, 구매자는 이 서비스가 없을 때보다 적은 돈을 지불하고 판매자는 더 많은 돈을 번다. 판매자들은 P2P 플랫폼 없이는 서비스를 시장에 내놓을 능력이 없는 경우가 많다.[15] 더욱이 구매자는 이전의 시장에서는 이용할 수 없었던 옵션에 접근할 수 있으며, 판매자는 소득원을 다각화시키고 재정의 탄력성을 높일 기회를 얻는다.

물론 시장에서 받아들여지는 새로운 사업 모델은 기존 사업자의 도전을 받게 마련이다. 새로운 P2P 사업도 예외는 아니다. 전국적인 관심을 끄는 P2P 플랫폼마다 규제의 문제가 뒤따랐다. 예를 들어 여러 도시에서 택시 면허를 가진 운전사들이 규제의 형평성을 내세우면서 우버 사업 모델의 적법성에 문제를 제기했다. 호텔과 식당 소유주들은 소비자와 생산의 안전성을 이유로 에어비앤비와 같은 숙박 공유 서비스의 성장이나 도심의 푸드 트럭 확산(옐프(Yelp)와 같은 평가 플랫폼에 의해 가속된)을 저지하려 한다.

P2P 경제에는 위협을 느낀 기존 사업자의 반발 이외에도 많은 문제가 있다. 개인 생산 활동의 초기 모델—다른 사람들을 위해서 직접 만드는—로의 회귀는 좀 더 본질적인 경향성과 관련이 있다. "이것은 기계가 우리를 일에서 밀어낼 것인지와 같은 친숙한 질문이 아니다."

기술 투자가 에스터 다이슨(Esther Dyson)은 P2P 경제의 부상에 대해 이렇게 말했다. "문제는 우리가 더 많은 지적인 일을 우리의 선조들처럼 무료로 생산해서 쓰거나 물물 교환으로 하게 될 것인가이다. 음식이나 집을 직접 생산해서 쓰거나 물물 교환하는 대신, 명시적인(과세되는) 재정적 거래 없이 서로를 위해 콘텐츠와 오락을 생산하게 될 것이다."[16] 292개 언어의 4,000만이 넘는 웹 페이지로 이루어진 교육 자원, 위키피디아(Wikipedia)를 생각해 보라. 세계적으로 3억 7,000만 이상의 사람들이 위키피디아를 이용한다. 이 자원을 유지하는 일에 참여하는 유급 직원은 200명이고 그중 40명만이 편집과 관련된 일을 한다. 이 40명은 콘텐츠를 만드는 일에 직접 참여하는 것이 아니라, 7만이 넘는 "위키피디언(Wikipedian)"—위키피디아의 글을 쓰고 편집하는 자원봉사자—커뮤니티를 지원하는 일을 중심으로 한다.

고전주의와 신고전주의 경제학자들이 제한된 자원과 소비를 통한 행복 추구에 초점을 맞췄던 2세기 동안, 실제 경제는 점차 풍부한 알고리즘과 생산을 통한 행복 추구에 의해 주도되고 있었다.[17]

〈인생 게임〉과 항상 소득 가설은 대학 졸업자와 대학 졸업장이 없는 사람들 사이의 생활 격차와 학자금 대출, 노령 인구, 사회 복지 제도가 직면한 위기 등 관련한 사회적 문제에 어떻게 대응해야 하는가에 대해 내가 방금 언급한 것과 같은 반사적인 사고방식을 보여 준다.

• 대학 졸업장이 없는 사람들이 좋지 못한 결과를 얻는다는 것은

대학 졸업자의 수를 늘려야 할 필요가 있다는 점을 암시한다.

- 학자금 대출의 증대는 학비 보조금의 공급을 늘려야 할 필요가 있다는 것을 암시한다.
- 노동 시장의 안정성 부재는 일자리를 보호하고 일의 자동화를 늦춰야 한다는 것을 암시한다.
- 적절한 저축이 없는 노령 인구는 건강 보험을 개선하고 65세 이상 노인에 대한 경제적 지원을 늘려야 한다는 것을 암시한다.

미국을 비롯한 선진 산업국에서 정부 지출의 상당 부분이 이러한 전제를 바탕으로 하여 분배된다. 하지만 점차 그것이 소용없다는 믿음이 확산되고 있다.

일의 세계에서 일어나는 변화들이 수십 년에 걸쳐 정책의 기반이 된 전제들을 약화시키고 있다. 정규 교육은 더 이상 이전처럼 경제적 안정을 보장해 주지 못한다. 기대 수명의 연장으로 65세 은퇴라는 기준이 문제시되고 있다. 과거 자산을 보유한 대규모 기업은 지속적으로 수익을 얻고 꾸준히 일자리를 제공했지만, 이들이 점차 에어비앤비와 같은 P2P 플랫폼이나 우버와 같은 시장 구현 플랫폼의 도전을 받으면서 노동 시장의 변화가 일어나고 있다.

이들 기업의 모습은 코드 발전의 마지막 단계로, 일의 세계가 분열하게 될 것임을 암시한다. P2P 사업 모델이 지역 운송, 접객, 식음료 서비스, 소비재 대여 분야에서 처음으로 등장한 것은 그들이 경제에서 가장 중요한 분야이기 때문이 아니라 이들이 규제의 복잡도가 상대적으로 덜한 부문이기 때문이다. 반대로 규제의 복잡도가 높은 의료, 에너지, 교육 분야—이 세 분야가 미국 GDP의 1/4 이상을 이루고 있다—에서는 P2P 혁신이 비교적 저조하다.

우버가 도심 운송을 지배하게 된 것처럼 이러한 분야가 몇 개의 지배적인 플랫폼에 의해 독점된다면 일의 세계에는 어떤 일이 일어날까?

이것이 다음 장에서 다룰 주제이다.

12장

형평
진보와 빈곤

빈곤과 그로 인해 발생하는 여러 문제들이 물질적 진보를 꾀하는 공동체에서
모습을 드러낸다는 사실은 그러한 진보의 단계마다 발생하는 사회 문제가 지역의
상황 때문이 아니라 어떤 방식으로든 진보 자체에 의해 생긴다는 것을 보여 준다.
– 헨리 조지, 『진보와 빈곤』, 1879 –

1902년 가을 발표된 『단일세 리뷰』의 2권 56페이지에는 사람들의
끊임없는 관심을 받는 항목이 있다. "단일세를 지지하는 워싱턴 D. C.
주민, 리지 J. 매기(Lizzie J. Magie)는 〈파치지(Parcheesi)〉처럼 주사위와 말
을 가지고 하는 독창적인 보드 게임을 만들었다. '이 게임은 현재의 토
지 수탈 시스템과 그로 인한 일반적인 결과를 실제적으로 보여 준다.
그런 면에서 〈인생 게임〉이라고 부르는 것이 더 나을지도 모르겠다.
실제 세상에 있는 성공과 실패의 모든 요소를 담고 있고, 일반적인 사
람들이 그렇듯 부의 축적을 목적으로 하기 때문이다.'" 매기는 계속 자

신의 게임을 설명한다. "게임에서는 화폐, 증서, 융자, 어음 등이 사용된다. 많은 것들을 사고팔며 사용료를 받는다. 철도도 있고 철도를 이용하는 사람은 반드시 요금을 내야 한다. 독점 사업권은 물과 전기, 두 가지에 대해 존재한다. 보드에는 사용되지 않는—임대도 판매도 하지 않는—땅이 두 곳 있고 두 곳에는 각기 '감옥에 가고 싶지 않다면 무단출입 금지'라고 쓰인 표지판이 있다." (그림 12.1 참조)

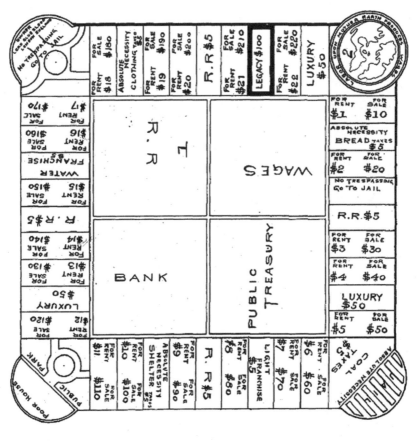

그림 12.1 〈지주 게임〉

애초에 "지주들이 돈을 어떻게 벌고 지키는지 보여 주기" 위해 만들었기 때문에, 매기는 이 게임을 〈지주 게임(Landlord's Game)〉이라고 불렀다. 그녀가 『단일세 리뷰』에서 이 게임에 대해 서술한 까닭은, 이 게임이 내가 5장에서 소개했던, 신문사 식자공에서 경제학자가 된 헨리 조지의 사상을 발전시키려는 의도를 담고 있기 때문이었다.

매기는 특히 이 게임의 교육적 가치를 확신하고 있었다. "평균적인 지능을 가진 9~10세 어린이들이라면 이 게임을 쉽게 이해할 수 있다. 그들은 진심으로 이 게임을 즐길 수 있을 것이다. 그들은 부를 축적하고 힘을 얻을 수 있는 가장 빠른 방법이 좋은 입지에 있는 땅을 가능한 많이 사들이고 그것을 계속 보유하는 일이라는 깨달음을 얻게 될 것이다." 그녀는 이러한 교훈을 얻는 데 위험할 것이 없다고 말한다. "아이들에게 동료를 이용하는 방법을 가르치는 것이 위험할 수 있다고 주장하는 사람들이 있다. 하지만 우리의 어린이들보다 더 공정한 존재는 세상에 없다는 것을 말하고 싶다. 아이들이 게임을 하는 것을 지켜보라. 같이 게임을 하는 사람 중 하나라도 부정행위를 하거나 다른 사람을 부당하게 이용하는 경우가 생기면 그들은 바로 '비겁해!'라고 외친다." 매기는 게임에 노출되는 어린이가 많아질수록 헨리 조지의 "단일세" 운동이 더욱 효과적으로 진전될 것이란 확신을 가지고 있었다. "현재 토지 시스템의 전반적인 부당함을 명확히 파악하게 되면, 그리고 자연스럽게 성장할 수만 있다면, 그들이 자랐을 때는 악폐가 사라지게 될 것이다."

하지만 〈지주 게임〉의 특허를 받기 2년 전인 1902년 이미, 매기는

"재미뿐 아니라 교육적인 의미까지 담은 이 게임이 남녀노소 모두에게 매력적으로 다가간다."라는 것을 알게 되었다. 수십 년 후, 펜실베이니아 저먼타운 출신의 가정용 히터 영업사원 찰스 대로우(Charles Darrow)가 뉴저지 애틀랜틱시티의 거리 이름들을 기반으로 〈지주 게임〉의 이형을 만들었다. 대로우 버전 게임의 경우, 기본 원칙은 매기의 게임과 동일했지만 의도는 뒤바뀌었다. 대로우의 버전은 불평등한 결과를 직접 경험시킴으로써 감수성이 예민한 아이들에게 토지 수탈의 위험을 경고하기보다는 게임의 독특한 즐거움을 통해 토지를 독점하도록 부추겼다.

이렇게 〈모노폴리(Monopoly)〉가 탄생했다. 이 게임의 팬들은 80년 동안 자신도 모르는 사이에 "기존 토지 시스템의 부당성"을 배워 왔다.

미국의 자연주의자 리처드 제프리스(Richard Jefferies)는 1887년 「자연의 의도 결여: 자연의 방탕함과 인간의 빈약함(The Absence of Design in Nature: The Prodigality of Nature and the Niggardliness of Man)」이라는 제목의 에세이에서 기하급수적인 속도로 자가 복제를 하는 생물의 성향을 설명했다. "자연에서는 '충분함'이 존재하지 않는다. 엄청난 방탕함이 있을 뿐이다. 절약이나 궁핍함 따위는 없다. 좋은 것들이 늘 넘치게 쏟아진다. (……) 이와 반대로 우리 세계의 물질 경제에서는 각 개인이 생존을 위해서 일을 하고, 저축을 하고, 빈약한 자원의 소유와 통제를 위해 다른 사람들과 경쟁해야 한다. 자연의 방탕함과 인간의 빈약함. 이것이 우리 세계 경제학의 철칙이다."

마크 앤드리슨(Marc Andreessen)은 최근 풍요가 빈곤을 대체하는 미래를 그리는 한편으로 코드의 발전을 중심적인 추진 요소로 강조하면서 트위터에 다음과 같은 글을 올렸다. "모든 물질적 요구가 로봇이나 재료 합성기를 통해 무상으로 충족되는 세상을 그려 보라. 60억 혹은 100억 인구가 예술, 과학, 문화, 탐구, 학습 이외에 다른 일을 하지 않는 것을 상상해 보라. (……) 기술적 진보는 강력하고 엄격한 사회 안전망을 가능하게 할 것이다."

그러한 견해를 분명히 표현한 것은 앤드리슨만이 아니었다. 2세기 전에 이미 존 스튜어트 밀은 일정 규모의 인구를 유지하며 상대적으로 높은 소득을 올리고 행복의 수준이 점진적으로 증가할 뿐 아니라, 내가 코드의 발전이라고 부르는 것에 대한 지속적인 투자를 통해서 모든 것이 지탱되는 인간 사회를 예견했다. 존 메이너드 케인스는 「후손들의 경제적 가능성(Economic Possibilities for our Grandchildren)」이란 1930년의 논문에서 비슷한 비전을 내놓았다. 이 논문에서 그는 인류가 수십 년 내에 경제적 결핍의 문제를 해결하는 궤도에 접어들 것이라고 예측했다. 케인스는 그 후 인류의 과제는 여가 시간을 어떻게 보낼 것인가가 될 것이라면서 "더 이상 땅이나 관습이나 전통적 사회에서 중요하게 여겨지던 관례에 뿌리를 내리지 못하는 상황이 오면, 전념할 만한 특별한 재능이 없는 평범한 사람은 두려움을 느낄 것이다."라고 말했다.[1] 그런 세상에서는 의미 있는 직업이 부유함보다 궁극적으로 더 높은 가치가 있다고 여겨질 것이다.

물론 모두가 그의 비전을 받아들이는 것은 아니다(글상자 12.1 참조). 그의 오류를 처음으로 발견한 사람은 〈모노폴리〉의 창안에 영감을 준 경제학자 헨리 조지였다. 조지는 토지 시스템이 불합리한 이유가 무엇이라고 생각했을까? 불평등에 대한 조지의 견해는 코드 경제와 어떤 관련이 있을까?

그와 동시대를 살았던 영국인 리처드 제프리스와 마찬가지로, 조지는 인간의 자연스러운 상태를 결핍이 아닌 풍요로 보았다. 그는 『진보와 빈곤』에서 "현 세기의 특징은 부를 창출하는 힘이 엄청나게 증가했다는 점이다. 증기와 전기의 활용, 개선된 공정과 노동 절감 기계의 도입, 생산의 엄청난 분화와 더 커진 규모, 교역의 촉진이 노동의 유효성을 크게 늘렸다. 이러한 기적과 같은 시대의 처음에는 노동력을 절감하는 발명이 고된 노동을 줄여 노동자의 상황을 개선하고, 부를 생산하는 힘의 엄청난 증가가 빈곤을 과거의 일로 만들 것이라는 예측이 있었고 그런 예측이 당연하게 생각되었다."[2]

조지에게 진보의 자연스러운 결과는 자연의 풍요로움, 즉 번영의 공유 및 빈곤의 종말과 정확하게 일치한다. 그러나 조지가 글을 쓰던 시점에는 진보의 실제적인 결과 — 그의 입장에서는 역설적이고 부자연스러운 — 로 노동자 행복의 감소와 불평등의 확대가 나타났다. "물질적인 진보가 일어나는 조건이 가장 잘 현실화되는 곳, 즉 인구가 조밀하고, 부가 엄청나게 축적되었으며 생산과 교환 조직이 고도로 발전한 곳에서 가장 심각한 빈곤과 치열한 생존 투쟁, 대규모 실업 사태가 발견된다."[3] 조지에 따르면 진보는 사실 빈곤을 해소하는 것이 아니라 빈곤을 야기한다.

혁신의 끝

1년 전 나는 카우프만 재단(Kauffman Foundation)이 주최한 한 연수회에 참석했다. 그 자리에서 노스웨스턴 대학교의 저명한 거시경제학자 로버트 고든(Robert Gordon)은 다음과 같은 말로 연설을 시작했다. "1957년 로버트 솔로(Robert Solow)는 우리에게 혁신의 중요성에 대해 이야기하는 가장 좋은 방법이 총 요소 생산성(Total Factor Productivity, TFP)의 역사를 검토하는 것이라고 가르쳤습니다. TFP 데이터 분석에 근거해서, 나는 가장 중요한 혁신은 100년 전 이미 일어났다고 주장하고 싶습니다."

고든이 말한 사실은 다음과 같다. TFP의 증가율은 전후(戰後)에 가장 높았고, 1970년대와 1980년대에는 눈에 띄게 낮아졌으며, 이후 1990년대 중반부터 2000년대 중반까지 상당히 상승했다. 2008년 이래, 평균적인 생산성 증가율은 한 세대 전보다 낮아졌다. 그래서 고든은 어떤 결론을 내렸을까? "돌아보는 곳마다 정체가 눈에 띕니다."[4]

이러한 관점을 "소프트웨어가 세상을 집어삼키고" 있을 뿐 아니라 "기술적 진보는 강력하고 엄격한 사회 안전망을 가능하게 할 것"이라는 마크 앤드리슨의 주장과 어떻게 조화시킬 수 있을까?

코드의 발전으로 사회에 돌아간 이익을 재는 척도인 TFP는 그것이 포함하는 것과 그것이 배제시키는 것, 이렇게 두 범주의 단점을 가지고 있는 것으로 밝혀졌다. 척도로서 TFP의 결함은 고든을 비롯한 사람들이 제시한 "정체"라는 묘사에 의문을 제기한다.

TFP의 계산에는 총 생산, 자본, 노동의 양이 필요하다. 그렇지만 이들은 본질적으로 측정이 어려운 대상들이다(글상자 12.2 참조). 더구나 코드 발전의 직접적인 결과로 인해, 생산, 자본, 노동의 측정에 관련된 내재적인 문제가 시간이 가면서 줄어드는 것이 아니라 늘어나고 있다. 인터넷을 예로 들어 보자. 인터넷은 디지털로 코드화된 정보를 공유하고 디지털로 코드화된 도구를 사용할 수 있게 하는 플랫폼이다. 우리는 여러 가지 용도로 인터넷을 사용한다. 우리는 인터넷을 통해 접근한 일부 자원에는 돈을 지불하지만 많은 (대부분은 아닐지라도) 자원에는 대가를 지불하지 않는다. 그러한 서비스의 가치는 얼마나 될까? 어떤 사람은 미국만 해도 그 가치가 1,000억 달러에 달한다고 예측한다. 디지털 서비스가 교육, 의료, 에너지와 같은 경제의 지배적인 분야로 계속 확장되고 있기 때문에 그 숫자는 계속 늘어날 것이다. 그 어떤 것도 생산으로 측정되지 않는다. 따라서 그 어떤 것도 TFP에 포착되지 않는다.[5]

이는 TFP의 가장 심각한 결함이라고 일컬어지는 부분으로 이어진다. TFP가 코드의 발전과 가장 분명하게 결부된 두 가지 시장 구조, 즉 오픈 소스와 독점적 경쟁을 배제하는 방법으로 만들어졌다는 점 말이다.[6]

경제 내 기업의 실질적 사업에서 차별화—대체물이 존재하지 않는 재화와 서비스를 만드는 것—가 점점 중요해지고 있다. 달리 말하면, 사업의 핵심은 TFP 측정의 기반이 되는 전제와 모순되는 방향으로 가고 있는 것이다. 최근 경제학 블로거 저스틴 폭스(Justin Fox)가 언급한 이 놀라운 사실에 대해 생각해 보자.

> S&P 500은 미국 증권 거래소에 상장되는 500개의 대형 공개 회사를 말한다. 당신이 기존의 이 대기업들 중 하나와 경쟁하는 새로운 회사를 만들고 싶다고 상상해 보자. 당신은 그 회사의 제품과 직원, 건물, 기계, 땅, 트럭 등을 똑같이 복제하길 원한다. 당신은 핵심 직원을 스카우트해서 그들의 비즈니스 프로세스를 법률이 허용하는 범위에서 가능한 많이 복제할 것이다.
>
> 40년 전, 그러한 회사를 복제하는 데 드는 비용은 그 회사 시가 총액의 5/6이었다. 따라서 특허, 고객 호감도, 직원들의 충성도, 규제 기관의 편애, 회사의 방식이나 문화에서 쉽게 눈에 띄지 않는 특징들과 같은, 당신이 쉽게 복제할 수 없는 것들의 가치는 시가 총액의 1/6에 불과했다. 오늘날 S&P 500 기업에서 법적으로 허용되는 모든 가시적인 항목과 특징을 복제하는 데 드는 비용은 시가 총액의 1/6에 불과하다. 오늘날에는 시가 총액의 5/6이 복제할 수 없는 가치인 것이다.

생각을 해 보면 왜 이런 일이 생겼는지 알 수 있다. 현재 세상에서 가장 가치가 높은 두 회사, 애플과 알파벳의 가치액 중에서 이 두 회사가 소유하고 있는 토지, 건물, 사무 설비에 기인하는 것은 얼마일까? 그리 많지 않다. 대부분의 가치는 무형적인 것, 회사의 비즈니스 프로세스, 전매 지식, 애플과 구글의 제품을 이용하는 수억 명의 사람들이 쌓아 온 경험을 기반으로 만들어진 강력한 브랜드 등에 있다. 달리 표현하면, 가치는 자산이 아닌 코드에 있다.

내가 언급했던 카우프만 재단 연수회에 참석한 아마르 브하이드(Amar Bhidé)는 결론을 정확하게 요약했다. "생산성을 결집시키는 더 나은 방법이 있는 것은 아니다. 근본적으로 광범위하게 발휘되는 개인의 상상력과 선택은 획일적이고 기계론적인 프로세스를 상정하는 TFP 척도들과 본질적으로 단절되어 있기 때문에 공존할 수 없다. 여기에는 달리 방법이 없다."[7]

왜일까? 한 세기가량 방치되었던 조지의 경제지리학 이론은 토지 가치가 근본적으로는 다른 사람들에 대한 근접성에서 얻는 혜택에 의해 상승한다는 것을 관찰했다. "지구상에서 가장 가치가 높은 토지는 인구의 증가로 빼어난 유용성이 생긴 토지이다."[8] 지난 30년 동안 전 세계적으로 주요 대도시 지역에서 토지 가치가 상승한 비율을 고려하면, 이 진술은 따로 증명할 필요도 없을 것이다. 그렇지만 이 견해는 조지의 시대에 정치경제학을 주도했던 고전주의 경제학자들의 입장과는 완전히 반대된다. 조지는 이렇게 말을 이어 갔다. "생산력의 증가에도 불구하고 임금이 계속 간신히 생활을 할 정도의 최저 수준에 머무르는 이유는 생산력의 증가로 임대료가 더 많이 상승하고 따라서 임금의 가치 하락을 강요하는 지속적인 경향을 만들어 내기 때문이다."[9]

조지는 "자연스러운"과 "부자연스러운"이라는 용어를 사용해서 사람들의 응집과 도시의 생산력에 관련된 임대료 상승의 두 요소를 나누었다.

물질적인 진보와 함께하는 임대료 상승 — 지금도 계속되고 있음 — 에는 두 갈래의 추세가 있다. 두 추세 어디에서나 임대료로 가는 자산의 비율은 증가하고 임금과 이자로 가는 자산의 비율은 감소한다. 하지만 사회 발전 원칙의 결과로 자연스럽게 나타나는 추세에서는 임금과 이자의 감소가 없거나 혹은 임금과 이자가 증가하면서(비율적으로는 감소하지만 양적으로는 증가하는) 임대료가 상승한다. 그러나 개인 소유에 대한 부자연스러운 토지의 전용으

로 나타나는 또 하나의 추세에서는 임금과 이자의 감소에 따라 임

대료가 상승한다.[10]

〈모노폴리〉에서 그 가상 경제의 구조에 내재된 긍정적인 피드백
의 결과 때문에 결국 한 명의 지주가 필연적으로 모든 돈을 갖게 되는
것과 마찬가지로, 조지는 실제 지주들 역시 사회가 생산하는 전체 부
에서 불평등하게 큰 몫을 독차지하게 된다고 보았다. 이러한 역학의
뿌리에는 오래전 제인 제이콥스가 말했던, 코드의 발전을 통한 부의
창출에 플랫폼 역할을 하는 도시의 힘이 있다.

미국에서는 2008년 불황 이후 오랜 세월에 걸쳐 노동 생산성의 증
가와 실질 임금의 증가 사이에 격차가 커지고 있다는 인식이 확대되
면서 소득과 부의 불평등에 대한 염려가 늘어나기 시작했다. 이는 경
제학자 토마스 피케티(Thomas Piketty)가 2014년 선진 산업 국가에서의
소득과 부의 불평등 추세를 상세히 설명한 『21세기 자본(Capital in the
Twenty-First Century)』을 내놓으면서 강화되었다.

길고 기술적인 책이지만, 피케티의 책의 주장은 다음과 같은 한
문장으로 요약할 수 있다. 시장의 자연스러운 기능은 불평등을 감소시
키는 것이 아니라 불평등을 일으킨다.

국민소득계정과 국내총생산(GDP) 개념의 발전에 가장 큰 역할을
한 선구적인 경제학자 사이먼 쿠즈네츠(Simon Kuznets)는 1950년대와
1960년대에 미국 내 경제 성장과 불평등의 관계에 대한 철저한 분석을

시작했다. 그는 미국의 경제가 20세기 초부터 중반까지 급속하게 성장하면서 불평등이 심화된 반면, 이후에는 그 추세가 역전되었고 불평등이 완화되었다는 것을 발견했다. 경제 성장과 불평 등 사이의 "뒤집힌 U자 형태의 관계"는 쿠즈네츠 곡선이라고 알려졌다. 이것은 코드 주도의 경제 발전이 독자적으로 진행되도록 정부가 놓아 두기만 하면 불평등의 문제는 결국 해소될 것이라는 일반적 견해를 뒷받침했다.

쿠즈네츠가 제시한 가설을 가지고 보다 광범위한 분석을 실시한 피케티는 경제 성장이 결국 소득과 부의 불평등을 감소시킨다는 생각에 이의를 제기했다. 미국이나 다른 선진 산업 국가에서 부유한 자와 가난한 자 사이의 격차는 평등주의와 능력주의로 수렴되지 않고 오히려 커졌다. 피케티가 강조한 대로 그 격차는 현재 1920년 이래 본 적이 없는 수준에 접근하고 있다. 피케티는 이렇게 결론지었다. "경제 성장은 쿠즈네츠 곡선이 전달하는 것과 같은 민주적이고 능력주의적인 희망을 충족시킬 수 없다. 따라서 이를 위한 구체적인 기관을 만들어야만 하고 시장의 힘이나 기술의 진보에만 의존해서는 안 된다."[11] 피케티는 코드의 발전이 점차 불평등한 사회로 이어지지 않도록 하기 위해서 정부의 행동이 필요하다고 주장한다.

피케티와 공저자들이 계산한, 지난 세기 동안 늘어난 미국의 불평등 추세는 그림 12.2에서 볼 수 있다. 이는 부의 불평등이 1950년대부터 1980년대 — 쿠즈네츠 분석의 종료점 — 까지 급격하게 감소하다가 대호황 시대에서나 관찰되었던 수준으로 회귀했다는 것을 보여 준다.[12]

하지만 『21세기 자본』에 나타난 자료를 보다 상세히 보면, 사회의

1913–2012년 미국 상위 0.1퍼센트의 자산 점유율

이 그림은 2012년 소득세 신고를 활용하여 측정한 상위 0.1퍼센트 해당 가구의 총 가계 자산 점유 비중을 보여 준다. 상위 0.1퍼센트에 해당하는 약 16만 가구가 2,060만 달러 이상의 순 자산을 보유하고 있다.

그림 12.2 1913–2012년 미국 상위 0.1퍼센트의 자산 점유율. 이 그림은 1913년에서 2012년까지 미국의 상위 0.1 퍼센트 가구들이 점유하고 있는 자산의 비중을 보여 준다. 자산은 부채를 모두 뺀 총 자산(부동산, 연금 자산을 포함)이다. 향후 정부에 의해 제공받을 서비스의 현재 가치(사회 보장과 의료 보조금 등)는 자산에서 제외한다. 출처: 사에즈, 이매뉴얼(Saez, Emmanuel)과 가브리엘 주크먼(Gabriel Zucman) (2014). 「1913년 이래 미국의 자산 불평등: 소득세 데이터 기반(Wealth Inequality in the United States since 1913: Evidence from Capitalized Income Tax Data)」. 경제정책연구소(CEPR) 토론문 10227, 10월호.

생산적 자산 ― 이 책 전체에 걸쳐 주장하듯이, 압도적으로 코드에 의해 구성되는 ― 이란 의미에서 생각할 때 이 책에서 언급된 "자본"은 사실 자본이 아니다(글상자 12.2 참조).[13] 피케티가 규정하는 "자본"은 주식, 채권, 보석, 현금 및 이제 보게 될 것처럼 아주 중요한 의미를 갖는 부동산 등 유통할 수 있는 부만이 아니다.

피케티가 말하고 있는 그리고 1970년대부터 많이 논의되어 온 불평등의 증가는 주로 한 가지 문제를 향하고 있다. 부유한 사람들이 불균형하게 많이 보유하고 있는 자산인 부동산의 가치 증가가 그것이다. 사실, 피케티의 책이 우리에게 주는 가장 큰 가르침은 『단일세 리뷰』에서 언급된 〈인생 게임〉에서 "지주들이 돈을 어떻게 모으고 지키는지"

케임브리지 자본 논쟁

"자본"이란 도대체 무엇인가? 좀 더 구체적으로, 피케티가 『21세기 자본』에서 말하듯이 경제학자들이 종합적인 의미에서 "자본"이라는 단어를 채용할 때 실제로 지칭하는 대상은 무엇일까? 쟁기는 틀림없이 쟁기이고, 베틀은 베틀이고, 조립 라인은 조립 라인이다. 우리는 경제에서 사용된 모든 쟁기를 큰 어려움 없이 이해할 수 있다. 하지만 쟁기, 베틀, 조립 라인의 합을 어떻게 계산할까? 무게는? 경제적 척도로는 계산하기가 어렵다. 그렇다면 그들의 값은? 그들의 생산성은? 후자의 경우, 기계들이 생산하는 서로 다른 유형의 산출물을 어떻게 비교해야 할까? 그리고 컴퓨터는 어떻게 처리해야 할까? 그리고 코드는?

이것은 해결하기가 어려운 문제이다. 실제로, 그러한 자본 척도를 이용한 총 자본과 생산 함수의 사용에 대해 오랫동안 논란이 존재해 왔다(글상자 5.2의 콥–더글라스 생산 함수 참조). 논란은 케임브리지 대학교의 저명한 경제학자 조앤 로빈슨(Joan Robinson)이 1953년 다음과 같은 글을 발표하면서 시작되었다.

> 생산 함수는 잘못된 교육이 사용하는 강력한 도구이다. 경제 이론을 공부하는 학생은 $Q = F(L, K)$라고 배운다. 여기에서 L은 노동량, K는 자본량, Q는 생산량을 말한다. 학생은 모든 노동자가 동일하다고 가정하고 L은 노동의 시간을 측정해서 구한다고 배운다. 교수는 서둘러 다음 질문으로 넘어간다. 학생이 K는 어떻게 측정하는지에 대해 질문하는 것을 잊어 주기를 바라면서 말이다. 학생은 이 질문을 하기 전에 교수가 된다. 이렇게 해서 엉성한 사고 습관이 한 세대에서 다음 세대로 전해진다.[14]

이러한 기습 공격으로 로빈슨은 자본의 성격에 대한 논쟁을 시작했고, 10년 동안 저명한 경제학자들이 이 논쟁에 참여했다. 논쟁의 주역들이 메사추세츠 케임브리지와 영국 케임브리지에 집중되어 있었기 때문에 케임브리지 자본 논쟁이라는 이름이 붙었다.

1954년부터 1966년까지 12년 동안 "총 자본"의 개념적 일관성에 관한 주장과 반론이 유명 경제지를 통해 대서양을 넘나들었다. 영국 케임브리지의 참가자에는 격하고 카리스마가 있는 로빈슨 외에도 피에로 스라파(Piero Sraffa)가 있었다. 이 독창적인 학자의 「상품이라는 수단을 통한 상품의 생산(The Production of Commodities by means of Commodities)」이라는 논문 — 기억되거나 가르쳐지는 일은 거의 없다 — 은 오늘날의 알고리즘 세계와 큰 관련성을 갖고 있다. 매사추세츠 케임브리지의 참가자에는 신고전주의 이론의 주요 설계자이자 세계적인 베스트셀러 경제학 교과서의 저자이며 1970년 노벨 경제학상 수상자 폴 새뮤얼슨(Paul Samuelson)이 있었다. 로버트 솔로도 주역 중 하나였다.

솔로는 총 자본을 측정하는 일의 내재적인 어려움을 잘 이해하고 있었다. 1957년 발표한 그의 논문, 「기술 변화와 총 생산 함수(Technical Change and the Aggregate Production Function)」에서 솔로는 총 자본의 측정은 "순수주의자들을 미치게 만드는" 과제라고 말했다. 그는 자본의 활용률이 시간에 따라 달라진다는 사실을 설명하기 위해 자신이 데이터에 가한 수정을 언급하면서 이렇게 말했다. "이것은 의심할 여지가 없이 틀렸다. 하지만 전혀 수정을 하지 않는 것보다는 진실에 가까워질 수 있을 것이다." [15] 여기에서 그리고 논쟁 전체에서, 총 자본에 대한 솔로의 방어는 이론적인 근거보다는 실용적인 근거에 의존했다. 그는 이런 농담을 하기도 했다. "신이 생산에 두 가지 이상의 요소를 두려고 했다면 우리가 3차원 도해를 좀 더 쉽게 그릴 수 있도록 만들었을 것이다." [16]

미래에 노벨상 수상자가 되는 매사추세츠 케임브리지의 두 학자들은 영국 케임브리지의 로빈슨을 비롯한 성상 파괴적 집단을 어떻게 상대했을까? 기술적인 면에서, 그들은 논쟁에 졌다. 그것도 크게 말이다. 새뮤얼슨은 특유의 지적 완벽주의와 정중함을 바탕으로 1966년 「요약(A Summing Up)」이란 짧은 제목의 논문에서 이렇게 인정했다. "전통적인 신고전주의적 견해는 나의 『경제학』에 명시되어 있다. 나는 불행하게도 [자본 논란과 관련된 기술적 문제로] 공정의 복잡도에 대한 입장을 바꾸기까지, 종래의 설명이 두 가지 가능성 중 한 면만을 대변한다는 것을 깨닫지 못했다." [17] 저명한 일반 균형론자, 프랭크 한(Frank Hahn)은 더 직접적으로 오류를 인정했다. 그는 1972년 총 생산 함수가 "일반 균형 이론을 따른다는 것을 입증할 수 없으며, 따라서 심각한 논리적 이의의 여지가 있다."라고 썼다.[18]

이 논쟁은 "총 자본"이 생산과 기술의 성격에 대한 제한적 가정 하에서만 일관성 있는 개념이라는 것을 드러냈다. 하지만 그 결과도 일반적으로는 "생산량 = F(노동량, 자본량)"라는 공식, 특히 콥–더글라스 생산 함수가 경제학에서 생산을 이해하고 나타내는 지배적인 틀이 되는 것을 막지는 못했다. 왜일까? 영국 케임브리지의 학자들은 신고전주의 생산 이론을 강력하게 비판했지만, 그만큼 강력한 대안을 제시하지는 못했다. 그렇다. 솔로가 1957년의 논문에서 분명히 인정했듯이, 총 자본을 정확하게 측정하는 것은 거의 불가능하다. 그렇다 할지라도 총 자본의 측정은 실증적 거시경제학에서 연구를 진전시키는 데 꼭 필요한 요소이다. 세상이 요구하는 것은 거시경제적 질문에 대한 답이다. 세상은 그 대답이 기반을 두고 있는 이론적 토대에 대한 이의를 원하지 않는다. 그 이의가 아무리 합리적이라고 해도 말이다.

에 대한 리지 매기의 설명을 통해 훨씬 더 접근하기 쉬운 형식으로 전달된다. 매기는 "부를 축적하고 힘을 얻을 수 있는 가장 빠른 방법은 좋은 입지에 있는 땅을 가능한 많이 사들이고 그것을 계속 보유하는 일"임을 알고 있었다. 이 단순한 관찰이 『21세기 자본』이 담고 있는 실증적 내용의 핵심이었다.

피케티는 데이비드 리카도를 언급하면서도, 오히려 헨리 조지에 비슷한 목소리로 부동산 가치와 토지 임대료의 추세를 인정하고, 불안정을 유발하는 그들의 영향력에 대해 시사했다. "인구와 산출이 점진적으로 늘어나기 시작하면, 토지는 다른 재화에 비해 점점 부족해지게 된다. 이후 수요와 공급의 법칙에 따라 토지의 가격이 끊임없이 상승하고 지주에게 지급되는 임대료도 상승한다. 따라서 지주가 국민소득에서 차지하는 몫이 늘어나고 나머지 인구에게 허락되는 몫은 줄어들면서 사회적 균형이 어긋난다."[19]

경제지리학은 인구 밀도에서 얻는 수익이 가장 큰 곳이 "최고의 입지"가 된다는—헨리 조지의 주장과 일치하고, 1장에서 논의한 산타페 팀의 자료가 뒷받침하고, 토마스 맬서스를 비롯한 고전주의 경제학자들의 주장과 완전히 반대되는—것을 가르쳐 주었다. "최고의 입지"에 있는 토지의 가치는 상승한다. 도시가 인구 밀도와 상호작용에서 비롯되는 유형적 수익을 사람들에게 제공하기 때문이다. 도시로 하여금 이러한 전망을 실현하게 하는 기제가 코드를 인프라로 전환시킨다. 풍요의 집중을 낳는 도시의 성공 자체가 새로운 형태의 결핍을 낳는 모순이 나타난다.

미국 의회예산처장이었던 피터 오재그(Peter Orszag)는 2015년 위와 비슷한 논리를 바탕으로 『블룸버그 뷰(Bloomberg View)』의 칼럼을 통해 이렇게 말했다. "자본의 지나친 수익에 대한 토마스 피케티의 책을 두고 지속된 논쟁에서, 중요한 사실은 가려져 있었다. 토지와 주택을 제외하면, 자본이 미국 경제에서 차지하는 비중은 늘어나지 않았다는 점 말이다." 오재그는 계속해서 헨리 조지의 추측을 입증하는 자료를 제시했다. "토지와 주택을 제외한 자본이 경제에서 차지하는 비중은 1950년대 중반 이후 거의 변하지 않았고 현재는 20세기로 진입하던 때에 비해 줄어들었다. 지난 수십 년 동안 급등한 것은 토지와 주택의 가치뿐이다." 그는 리지 매기와 단일세 옹호자들이 지지했던 다양한 토지세를 인정하는 말로 결론을 맺었다. "때로는 과거의 아이디어가 좋은 아이디어일 때가 있다. 헨리 조지는 1879년 그의 책 『진보와 빈곤』에서 토지세를 강력하게 제창한 바 있다. 135년이 흐른 지금, 때가 무르익은 것 같다."[20]

5장에서 나는 "땅을 사라. 땅은 절대 늘어나지 않는다."라는 말을 인용했다. 토지와 주택의 가치는 최근 수십 년간 극적인 상승세를 보였다. 하지만 고전주의 경제학자들의 예언대로 농업 재배에 이용되는 토지가 점차 줄어들었기 때문은 아니다. 지가의 상승은 헨리 조지의 예측대로 인구 밀도로 인한 수익의 증가에 기인한다. 도시는 여전히 인류 최고의 발명품이다. 하지만 도시가 코드의 창출과 공유를 가능케 하는 플랫폼으로서 성공한 것 자체가 토지를 소유한 사람들과 그렇지 못한 사람들 사이의 재정적 격차를 벌렸다.

"지리는 인간이 하는 모든 일에 제약을 가한다." 코리 온드레카 (Cory Ondrejka)가 2007년 그라민폰(Grameenphone)의 창업자 이크발 콰디르(Iqbal Quadir)와 내가 공동 편집한 학술지 『이노베이션(Innovation)』을 통해 한 말이다. "3차원 공간을 다루고 모형으로 만드는 우리의 놀라운 능력에서 다국적 기업 본부의 위치에 이르기까지, 물리적, 사회적 진화는 지리적 제약에 의해 형성되었다. 개인적인 차원에서, 지리는 우리가 기억을 만들고, 소통하고, 협력하는 방법에 영향을 미친다. 문화적인 차원에서, 지리는 도시가 만들어지는 방법과 장소를 규정하고, 기술 발전의 속도에 영향을 주고, 수없이 많은 전쟁의 원인이 되어 왔다. 지리는 우리 삶에서 피할 수 없는 속성이다."[21]

온드레카는 지리에 대한 독특한 시각으로 글을 썼다. 지난 7년 동안 그는 최초의 대규모 가상 세계인 〈세컨드 라이프(Second Life)〉를 만든 린든 랩(Linden Lab)의 최고 기술 책임자였기 때문이다. 온드레카의 논문은 〈세컨드 라이프〉의 인기가 정상에 있을 때 출간되었다. 이 때 〈세컨드 라이프〉는 거의 700만의 회원을 거느리고, 5만 명의 동시 접속자가 "아바타(avata)"를 통해 상호작용을 하고 있었다. 〈세컨드 라이프〉는 가상의 재화와 서비스를 생산하고 교환하는 경제를 유지하고 있었다. 이곳의 GDP는 5억 달러에 상당했으며 실제 세상과의 금전 거래도 월간 600만 달러에 달했다.

〈세컨드 라이프〉는 사람들이 경험을 공유하는 플랫폼이었다. 〈월드 오브 워크래프트(World of Warcraft)〉나 〈심즈(The Sims)〉 같은 게임과 달리, 〈세컨드 라이프〉의 모든 경험은 사용자에 의해 만들어진다.

"[〈세컨드 라이프〉에는] 미리 만들어진 갈등이나 설정된 목표가 없습니다." 린든 랩의 대변인 캐서린 스미스(Catherine Smith)는 온드레카의 논문이 발표될 즈음 이렇게 말했다고 한다. "〈세컨드 라이프〉는 제약이 전혀 없는 경험입니다."[22] 온드레카는 여기에 말을 보탰다. "〈세컨드 라이프〉 내의 창조는 원자적 건설(atomistic construction)을 사용해 이루어집니다. 원자적 건설은 주민들에게 건축 공간을 탐험할 수 있는 큰 자유를 주고, 공동 주택 건설 시 여러 건설 노동자가 동시에 협력하는 것처럼 여러 건설자가 함께 창조 작업을 할 수 있는 인터페이스를 제공하는 접근법입니다. 원자적 건설에서는 단순한 기하학적 원형이 수많은 방식으로 결합되어 극히 복잡한 창조물과 행동을 만듭니다."[23] 페이스북이나 트위터, 〈월드 오브 워크래프트〉가 만들어지기도 전에 론칭되었음에도 불구하고 여전히 건재하고 있는 〈세컨드 라이프〉에는 앞서 말한 유명 플랫폼이 조금도 참여하지 못했다. 이 게임에서 콘텐츠를 만드는 인터페이스 — 더글라스 엥겔바트가 〈기술 시연의 원조〉에서 구상했던 마우스와 키보드 — 는 숙달하는 데 큰 어려움이 있다. 게임을 만든 사람의 말에 따르면, 그것은 "바이올린을 연주하는 법을 배우는 것과 같다. 나는 '우리가 마우스를 사용해서 이 모든 것을 해내는 방법을 찾아낼 것'이라고 생각했지만 대단히 어려운 일이었다."[24]

하지만 온드레카가 『이노베이션』에 발표한 논문을 통해서 말했듯이, 〈세컨드 라이프〉는 사용자의 수가 보여 주는 것보다 훨씬 더 중요한 것을 나타내고 있다. 이 게임은 조직, 심지어는 거버넌스의 본질적인 변화를 시사하는 완전한 디지털 커뮤니티를 보여 준다.

전기차도 비슷한 경우이다. 양산을 목표로 만들어진 최초의 순수 전기차, 제너럴 모터스의 EV-1는 큰 실패를 맛보았다. 그럼에도 불구하고 이 차는 점차 구매자의 기호와 행동을 변화시킬 후속 전기차—테슬라(Tesla), 쉐보레(Chevy)의 볼트(Volt), 닛산(Nissan)의 리프(Leaf) — 를 위한 장을 마련했다. 한때는 상상조차 하기 힘들었던 내연 기관에서 전기차로의 변화도, 지금은 운송 인프라에서 일어나고 있는 보다 근본적인 전환의 작은 한 부분에 불과하게 되었다. 무인 자동차의 도래를 암시하는 주차 보조 시스템이나 다른 자동화 기능처럼 말이다. 무인 자동차는 구글 맵스(Google Maps)와 같은 어플리케이션에서 진화한 실시간 공간 데이터베이스와 상호작용을 하면서 사이버 공간에 코드를 통해 재현된 지리적 정보를 기반으로 "진짜" 3차원 공간을 운행하게 될 것이다. 이런 식으로 가상과 실제의 운전이 수렴될 것이다.

기업 활동과 일에 대한 가상 세계와 실제 세계도 비슷한 방식으로 수렴될 것이다. 2007년 온드레카가 묘사했던 대로 〈세컨드 라이프〉라는 선구적 세계에서, 린든 랩은 가상의 재화와 서비스를 만드는 비용을 극적으로 낮추고 사용자의 협력을 쉽게 만드는 서비스 측면의 변화를 이루어 냈다. "〈세컨드 라이프〉에서는 사업을 시작하는 데 수십 혹은 수백 달러면 충분하다. 때문에 수천 명의 사람들이 사업을 시도하기 시작했다. 이것을 작은 사업을 시작하기 위해 자금을 조달하려면 또 융자를 받아야 하는 실제 세상과 비교해 보라. 이들은 모두 제로 한계 비용 환경, 문자 그대로 탈—희소성 경제(post-scarcity economy) 내에서 창조 활동을 하고 있다. 〈세컨드 라이프〉 내에도 창조 밀도에 제한이 있기는 하지만 대부분의 경우 부족한 자원은 시간뿐이다. 즉 〈세컨드 라이프〉는 주목 경제(attention economy)의 순수한 사례인 것이다."[25]

7년 후 — 인터넷의 시간으로는 약 1세기 후 — 『이코노미스트(The Economist)』는 「캄브리아 대폭발(The Cambrian Explosion)」이라는 제목으로 미국의 신생 기업에 대한 기사를 내놓았다. 제목의 캄브리아 대폭발은 대부분의 주요 동물문이 나타난 5억 4,000만 년이라는 비교적 짧은 기간을 이른다. 이 기사는 다수의 새로운 플랫폼들이 어떻게 실제 기업의 론칭과 성장 비용을 극적으로 낮추었는지 설명했다. "5억 4,000만 년 전 캄브리아 대폭발에 대해서, 당시에는 생명의 기본적인 구성 요소들이 막 완성돼서 보다 복잡한 유기체가 보다 빠르게 조합될 수 있었던 것이란 설명이 있다. 마찬가지로, 디지털 제품과 서비스의 기본적 구성 요소들 — 하버드 경영대학원 교수 조시 러너(Josh Lerner)의 말을 빌면, '신규 생산의 기술(technologies of startup production)' — 이 쉽게 결합, 재결합 될 수 있을 정도로 진화하고, 가격이 저렴해지고, 도처에 편재하게 된 것이다."[26] 그 결과가 가상 세계와 실제 세계가 수렴되는 환경이다.

이 기본적인 구성 요소는 무엇일까? "이들 구성 요소에는 쉽게 배울 수 있는 프로그래밍 체제, 루비 온 레일즈(Ruby on Rails)를 비롯한 인터넷에서 무료로 복제할 수 있는 작은 코드 조각들이 있다." 온드레카가 설명한다. "그 외에 '응용 프로그램 인터페이스(application programming interface, API)', 즉 한 컴퓨터가 다른 컴퓨터와 소통하고 공유할 수 있게 하는 — 자동차가 인터넷으로부터 쉽게 교통 정보를 끌어올 수 있게 하는—자동화 프로그램이 있다. 그들은 인프라 플랫폼, "신생 기업이 제공하는 것을 관리하고(아마존의 클라우드 컴퓨팅), 유통시키고(애플의 앱스토어), 광고(페이스북, 트위터)할 수 있는 서비스"이다. 그 모든 것의 기반에는 "모든 플랫폼의 어머니, 대단히 빠른 속도를 자랑하고, 보편적이며, 무선 이용이 가능해진 인터넷이 있다."[27]

온드레카가 그의 2007년 논문에서 언급했듯이, 가상 플랫폼과 실제 플랫폼의 수렴은 직장 생활의 모든 측면으로 확장되고 정부를 비롯한 인간 사회 조직에 엄청난 영향을 미칠 것이다. "가상 세계는 노동 시장의 노선과 국가를 비롯한 대규모 조직의 형태를 변화시킬 것이다." 온드레카는 이렇게 쓰고 있다. "혁신의 근저를 바꾸기 위해서는 노동자 계층을 이루는 것이 무엇인지에 대한 통념을 재고해야 한다. 접근성이 낮은 개인도 효과적으로 함께 일할 수 있다면, 기존 작업보다 시간을 절약할 수 있는 보다 집중적이고 효율적인 협력이 가능해진다. 한 사람이 개월당 단 몇 시간의 투자만 요구하는 여러 개의 조직에 참여할 수 있다면, 노동 시장은 이러한 변혁을 활용하는 데 적응하게 될 것이다."[28]

헨리 조지의 이론과 토마스 피케티의 실증적 보고의 맥락에서 온드레카의 주장을 고찰하면, 다음과 같은 궁금증이 생긴다. 도시가 창조와 코드 진화의 플랫폼 역할을 하는 인류 최고의 발명이었다면, 새로운 디지털 도시—토지가 아닌 사이버 공간의 "클라우드" 안에 자리하는 도시—를 만들었을 때 어떤 일이 생길까? 이러한 새로운 플랫폼의 도래가 일, 공공 경영, 번영, 형평에 어떤 영향을 미칠까? 이렇게 항상 새롭고 빠르게 변화하는 세상을 살아가는— 계속해서 규칙이 바뀌는 〈인생 게임〉을 하고 있는— 우리에게 이 모든 것은 어떤 의미가 될까?

코드는 오로지 기술 발전에 대한 것만이 아니다. 코드는 지리의 확장에 대한 것이기도 하다.

우리 시대의 헨리 조지는 토마스 피케티가 아닌 재런 래니어(Jaron Lanier)이다. 빈트 서프처럼, 래니어는 인터넷의 선구자(다만 좀 더 최근 세대의)이다. 그는 "가상현실"이라는 용어를 만들었고 가상현실 고글과 장갑을 생산하는 최초의 회사를 설립했다. 하지만 래니어의 외모는 서프와 정반대이다. 서프는 마른 몸에 머리가 벗겨지고 스리피스 정장을 입으며, "서프가 타고 있음(Cerf's Up)"이란 번호판이 달린 빈티지 재규어를 몬다. 래니어는 뚱뚱하고 메두사 같은 레게머리를 하고 있으며 검은색 티셔츠와 진으로 극히 간소한 옷만 고수한다. 하지만 서프와 래니어는 여러 가지 지적 특성을 공유하고 있다. 뛰어난 지능이 가장 눈에 띄지만, 넘치는 재치와 코드가 태어나고 진화하는 사회적 맥락에 대한 깊이 있는 이해도 갖추고 있다.

코드 발전이 사회에 미치는 영향 중 서프가 가장 관심을 가지는 측면이 고용이라면, 래니어는 소유권에 큰 관심을 가지고 있다. 서프와 마찬가지로, 래니어는 디지털 혁명이 사회에서 엄청난 가치를 창출할 것이라는 데 의심을 품지 않는다. 문제는 그 가치가 어떻게 배분되느냐이다.

래니어는 2013년 빅 데이터에 대한 산타페 연구소 심포지엄에서 자신의 책, 『미래는 누구의 것인가?(Who Owns the Future?)』에 관해 이야기하면서 오늘날 인공 지능 분야—인간의 능력을 강화함과 동시에 인간 노동자를 대체하는—를 지배하고 있는 머신 러닝 알고리즘 자체가 인간 지능의 집적임을 강조했다. "빅 데이터는 인간 노동의 다른 모습으로 이해되어야 한다. 그것은 독립적인 자동화가 아니라 인간 주도의 자동화이다." 래니어는 청중들에게 "사람들은 여전히 가치가 있다. 다만 보이지 않을 뿐이다."라고 다시 한 번 상기시켰다.[29]

이렇게 많은 수의 사람들이 빅 데이터가 창출하는 가치에 기여하지만, 그 혜택의 대부분은 비교적 소수의 사람들이 차지한다. 그 이유가 무엇일까?

그 이유는 헨리 조지가 도시의 역할에서 발견한 것과 동일하다. 사람들이 도시에서 살고 일하면서 얻는 가치 자체가 다른 사람들과의 근접성에서, 그리고 도시가 코드의 창출과 진화의 플랫폼으로서 맡는 역할(그 역시 근접성과 관련된)에서 파생된다. 이런 의미에서 많은 수의 사람들이 도시에서 가치를 창출하는 데 기여한다. 그렇지만, 최소한 지난 30년 동안, 도시의 성장과 발전에서 오는 금전적 보상은 일부 집단에게만 제대로 지급되었다. 바로 부동산을 소유한 사람들이다. 가치 창출은 광범위한 기반에서 이루어졌으나 부의 축적은 제한적인 부분에 집중되었다.

디지털 플랫폼 역시 마찬가지이다. 많은 사람들이 이들 플랫폼에서 가치를 창출하지만 플랫폼의 성장과 발전에서 오는 재정적 보상은 일부의 특정한 집단에게만 지급되었다. 플랫폼을 소유한 사람들에게만 말이다.[30] 더욱이, 도시의 성장 방식과 관련해서 산타페 팀이 발견한 것처럼, 플랫폼은 "승자 독식(winner-take-all)"의 특징을 가지고 있다. 따라서 과거의 성공이 미래 성공의 실마리가 되는 것이다. 이러한 도시와 기술 플랫폼이 공유하는 "긍정적 피드백"은 가치 창출에서 파생되는 이익을 일부 플랫폼에 집중시킨다.

래니어는 가상 세계와 실제 세계의 경계가 흐려지고 변화함에 따라, 토지의 정의와 독점의 의미도 흐려지고 변화한다는 것을 상기시킨다. 디지털 플랫폼은 새로운 토지이다. 그들 역시 새로운 〈모노폴리〉가 될까?

그 대답은 코드 발전에서 특히 중요한 측면, 즉 인증과 조회 프로토콜의 진화에 의해 좌우된다. 왜일까? 실제 토지는 당신이 다른 사람들이 그 토지에 접근하는 것을 막을 권리와 현실적인 능력을 모두 갖고 있어야만 당신 것이라고 할 수 있다.[31] 디지털 토지도 마찬가지이다. 페이스북 포스트를 주목하는 순간이 가진 가치, 구글이 소유한 전유 데이터와 분석 자원의 가치는 다른 사람들이 그 공간을 이용하는 것을 막을 수 있는 페이스북의 능력, 다른 사람들이 그들의 전유 데이터와 분석 자원에 접근하는 것을 막을 수 있는 구글의 능력에 좌우된다. 배제의 능력 — 디지털 교환에서 파생된 모든 화폐화된 가치의 원천 — 은 믿을 만한 인증과 조회 프로토콜이 존재하느냐에 달려 있다. 인터넷 분야의 권위자인 팀 오라일리(Tim O'Reilly)가 표현했듯이, "공개는 가치 창출로 이어지지만 가치 점유로는 이어지지 않는다. 가치를 점유하기 위해서는 차단할 방법을 찾아야 한다."[32]

    19세기와 20세기 경제는 얼마간 과거의 것과 동일한 개념, 브랜딩에 기반을 두고 있는 일련의 검증 관리 시스템을 발달시켰다. 1달러 지폐는 브랜드가 있는 종이 쪽지이다. 메르세데스 벤츠(Mercedes-Benz)는 브랜드가 있는 강철, 플라스틱, 고무의 집합체이다. 하버드 졸업생들은 브랜드가 있는 인간이다. 브랜드는 돈보다 본질적이고, 시장보다 오래 지속되는 품질, 진실성을 제도화한 것이다. 브랜드는 신뢰를 축적하며 그렇게 함으로써 가치를 만든다. 브랜드는 인간이 오늘날의 발전된 산업 경제에서 복잡도를 다루는 주된 방법이다. 브랜드는 "진짜"와 그렇지 않은 것 사이의 차별화를 약속한다.

    브랜드의 가치는 코드의 발전이 지난 두 세기 동안 형성한 세상의 익명성을 직접적으로 반영한다. 마을에서는 "브랜드"라는 개념 자체가 불필요하다. 평판은 개인의 전유물이다. 경험은 즉각적이다. 모니터링은 직접적이다. 기억은 인간에 의해 이루어진다. 마을에서는 족장이 추대되고, 권리가 규정되고, 마녀가 화형당하고, 주술사가 숭배를 받는다. 3자의 개입 없이 말이다. 도시에서는 그렇지 못하다. 내가 이 책 전체에 걸쳐 이야기했듯이, 도시는 코드 발전의 매개체이며 코드 발전의 궁극적인 표현이다. 크기 때문에, 도시에 있는 사람들 간의 상호작용은 주로 익명으로 이루어진다. 도시의 사람들은 법규, 문화적 관습, 이웃의 진화를 통해 어느 정도 익명성을 감소시킨다. 도시는 그러한 기제를 통해 관리할 수 없는 것을 브랜드를 통해 관리한다.

    브랜드의 중요성을 확신하지 못하겠다면, 이러한 기본적인 형태의 자산이 가진 경계를 어긴 사람들에게 가해지는 벌칙을 생각해 보라. 통화 위조범에 대한 국가의 끝없는 투쟁이 그 좋은 예이다. 인류 역사의 위대한 천재 중 한 명인 아이작 뉴턴(Issac Newton)을 예로 들자, 뉴턴은 20년 동안 영국 왕립조폐청장으로 화폐 위조범을 기소하는 일에 몰두했다. 대통령 경호를 책임진 정부 기관으로 알려진 미국 비밀 경호국은 본래 화폐 위조범의 체포 및 기소를 위한 미국 최초의 연방 경찰대에서 시작되었다. 18세기 영국과 19세기 미국에서는 다른 대부분의 국가들에서와 마찬가지로 왕과 국가가 화폐를 발행했기 때문에 위조는 사형으로 처벌받는 반역죄에 해당했다.

오늘날 브랜드 침해에 따르는 제재는 그 정도로 심각하지는 않지만 우리가 사회적 범죄에 가하는 제재 중에 가장 심각한 것에 속한다. 또한 우리는 학력을 왜곡했다는 이유로 저명한 사람들 — 기업가에서 4성 장군에 이르기까지 — 을 특권적 위치에서 몰아낸다. 그들이 주장하는 학력이 그들이 이룬 업적과 거의 관련이 없다는 점을 상관하지 않고 말이다. 명품의 복제품을 생산해서 브랜드가 있는 정품보다 훨씬 싼 가격에 판매하는 제품 위조범은 "해적"이라고 불리고 그 이름에 걸맞는 법적 조치를 받는다. 미국은 1984년 상표위조법(Trademark Counterfeiting Act)을 만들었으며, 이를 위반한 개인이나 기업을 500만 달러 이하의 벌금형이나 20년 이하의 징역형에 처한다.[33]

그러나 코드의 발전은 브랜드를 만들고, 이제 그것을 무효화시키고 있다. 신뢰를 바로 코드 — 인증과 조회의 알고리즘 시스템 — 로 전환시킴으로써 말이다. 이러한 시스템은 사람들을 고용해서 일을 시키고, 병을 고치고, 배고픈 사람들을 먹이고, 전쟁을 시작하고, 평화를 가져올 힘을 가지고 있다. 그들은 이미 그런 일을 하고 있다.

신뢰의 자동화는 사회를 위해 많은 혜택을 창출할 가능성을 가지고 있지만 한편으로는—코드의 발전이 항상 그랬듯이—그에 상응하는 위험을 불러오기도 한다. 그러한 위험은 인증 및 검증 시스템의 완전성에 좌우된다. 위반 가능한 신뢰 시스템은 통제 역시 가능하다. 내가 군대의 장성이라고 주장할 수 있다면, 내가 곧 군대이다. 내가 시스템의 관리자라고 주장할 수 있다면, 내가 곧 시스템이 된다. 나는 내 시스템이 파기될 때까지는 통제권을 갖는다. 이것이 사이버 보안—사회 조직의 핵심이며, 10세기 동안 존재해 온 코드 기반 인간 활동의 최신 버전—이 가진 문제의 핵심이다.

자연어 처리의 선구자로 네 개의 소프트웨어 회사를 세웠으며 하버드 대학교 산하의 '인터넷과 사회를 위한 버크만 클라인 센터 (Berkman Klein Center for Internet & Society)'의 법률 연구소를 창설한 존 클리핑거(John Clippinger)는 "사람들은 '등록하는 사람이 통제한다'라고 말한다."라는 관찰 결과를 이야기한다. "가치가 있는 자원, 특권, 권리에 접근할 수 있는 자격을 정의하고 선택적으로 '자격증'을 수여하는 '권위 있는' 당사자—은행, 국가, 교단, 소셜 웹사이트—는 민주적 감독을 거의 받지 않은 상태로 엄청난 권력을 행사한다."[34] 디지털 플랫폼에 사용자들을 "등록"하는 것은 실제 세상에서 ID 카드를 주거나 재산권을 인정하는 것과 아주 비슷하다. 고유의 힘을 가진 위치인 것이다.

실제로 현대 사회를 지배하는 기관의 상당 부분—중앙은행을 비롯한 대형 금융 기관, 대학, 신용 조사 기관, 토지 등기 서비스 등—이 익명의 복잡한 세상이 가진 제3자 인증과 검증의 필요 때문에 현재의 형태로 존재하고 있다. 이런 중요한 영역에서 진행되는 코드의 발전은 그러한 기관들이 21세기에 어떻게 진화할지를 결정지을 뿐 아니라 신생 디지털 플랫폼들이 새로운 〈모노폴리〉로 발전할지 그 이상이 될지도 결정지을 것이다.

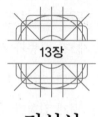

진실성
평판의 토대

2014년 텍사스 오스틴에서 나흘간 열린 사우스 바이 사우스웨스트(South by Southwest, SXSW) 페스티벌 동안, 뉴욕의 요리 전문학교(Insitute of Culinary Education, ICE) 출신 요리사들이 운영하는 푸드 트럭이 베트남식 애플 케밥, 캐러비안 스내퍼 피쉬앤칩스, 벨기에식 베이컨 푸딩, 갈은 쇠고기와 2온스짜리 다크 초콜릿이 들어가는 오스트리아식 초콜릿 버리토, 그리고 마지막 날에는 페루 감자로 만든 푸틴 등 다양한 요리를 선보였다. 이 요리들은 참신함 외에도 공통점을 가지고 있었다. IBM의 수퍼컴퓨터, 왓슨(Watson)이 만든 요리였던 것이다.

캐나다 출신의 디지털 전략가, 니콜라스 반더베켄(Nicolas Vanderveken)은 그의 고향 퀘벡에서 즐겨 먹는 감자튀김 요리, 푸틴을 SXSW 왓슨 푸드 트럭의 메뉴에 집어넣기 위한 소셜 미디어 캠페인을 준비했다. "이 시스템이 사람들이 들어 보지 못했을 요리를 어떻게 만들어 내는지 보고 싶었습니다." 반더베켄이 말했다. 요리사 제임스 비쇼네(James Biscione)는 왓슨이 만든 요리를 내놓기 전에 이런 반응을 내놓았다. "정말 긴장이 됩니다. 사람들은 푸틴이 어떤 것인지에 대해 아주 확고한 생각들을 가지고 있습니다. 사람들이 아주 친밀하게 생각하고 소중하게 여기는 것이죠. 우리가 여기서 만든 것들도 좋아해 주기를 바랍니다."[1]

IBM은 이 푸드 트럭 프로젝트를 인지 요리(Cognitive Cooking)라고 부른다. 이 실험의 목표는 컴퓨터가 창의성을 발휘할 수 있는지 알아보는 것이다. "과거 창의적인 컴퓨터를 만들 때의 문제는 컴퓨터가 새로운 것을 할 수는 있지만 그것이 좋은 것인지는 알 방법이 없다는 것이었습니다." 요리사이며 IBM 데이터 과학자로 인지 요리 프로젝트를 이끈 플로리앙 피넬(Florian Pinel)의 말이다. "우리가 요리를 선택한 것은 누구나 잘 아는 것이기 때문입니다. 차이점은 우리의 경우 많은 데이터에 접근할 수 있고 빅 데이터를 이용해 레시피의 질을 예측할 수 있다는 것이죠. 컴퓨터는 맛있는 요리를 창안할 수 있고 그것이 왜 맛있는지도 알고 있습니다."[2]

왓슨은 어떻게 이런 일을 처리할까? 왓슨은 6장에서 내가 설명한 유형의 머신 러닝 알고리즘을 이용해서 거대한 데이터군을 탐색하여 잘 조합될 만한 재료들을 찾는다. 피넬은 다음과 같이 설명했다. "이 시스템은 요리사들과 같은 방식으로 재료를 보지 않습니다. 요리사는 재료를 보면서 재료의 역사와 재료가 사용되는 레시피를 생각합니다. 시스템도 비슷한 일을 하긴 합니다. 그 재료의 화학적 조성까지 살피죠. 그 재료들이 왜 서로 어울리는지 이해하려면, 우리는 각 재료들을 이루는 화합물 이상의 것을 살펴야 합니다."[3]

인지 요리 프로젝트를 진행한 IBM 왓슨 라이프(Watson Life)의 책임자, 스티브 에이브럼스(Steve Abrams)는 이렇게 설명한다. "당신이 보는 것은 3만 5,000개의 레시피를 배운 시스템입니다. 거대한 요리책을 완전히 이해한 셈이죠. 그 요리책을 읽음으로써 다양한 요리법과 거기에 자주 사용되는 재료, 같이 쓰이는 재료, 특정한 요리를 만들려면 무엇이 필요한지, 스프가 아니라 부리토를 만들려면, 텍스-멕스가 아니라 일본 요리를 만들려면 무엇이 필요한지 배웠습니다."[4] 페루 감자로 만든 푸틴을 비롯해서 SXSW에서 제공할 요리를 위한 재료의 조합을 얻기 위해서, 왓슨은 100경 이상의 가능한 조합을 시험했다. 그렇지만 왓슨이 만든 가장 유망한 조합과 원형 레시피를 축제에서 요리를 준비하는 데 실제로 사용되는 레시피로 다듬으려면 고도로 숙련된 ICE 요리사가 가진 인간적 재능이 필요하다.[5] 인간의 의사 결정, 심지어는 인간의 창의성에 대한 이런 알고리즘적 지원이 인지 컴퓨팅의 정수이다.

에이브럼스는 자카르의 영향을 받은 천공 카드 (혹은 "표로 작동"하는) 기계에서 왓슨 푸드 트럭처럼 인간-기계 시스템에 이르는 2세기에 걸친 코드의 발전을 요약하고 IBM의 1세기 역사를 아우르면서 이렇게 말한다. "본래 우리는 표로 작동하는 기계를 가지고 있었습니다. 다음에는 프로그램을 할 수 있는 시스템이 출현했고, 이제 인지 시스템의 시대가 왔습니다." 이 책 전체에 걸쳐 내가 강조했던 것처럼, 에이브럼스가 요약한 코드의 발전은 인간의 창의적 활동에 속하는 거의 모든 영역을 포괄한다.

이번에는 2015년 선댄스 영화제(Sundance Film Festival)에서 같은 날 밤 개봉된 두 영화의 운명에 대해 생각해 보자. 팀 우(Tim Wu)는 2015년 1월 『뉴요커(The New Yorker)』의 기사를 통해 이 이야기를 다루었다. 우선 〈니나 시몬: 영혼의 노래(What Happened, Miss Simone?)〉는 가수이며 시민권 운동의 아이콘인 니나 시몬(Nina Simone)에 대한 다큐멘터리였다. 이 영화는 넷플릭스(Netflix)에서 제작비를 지원해서 만들어졌다. 넷플릭스의 이러한 결정은 자사의 동영상 스트리밍 서비스 사용자를 대상으로 수집한 방대한 데이터에서 알고리즘적으로 모은 식견에 바탕을 두었다. 다음 영화는 TV 스타인 멜리사 로치(Melissa Rauch)가 체조 선수로 출연하는 〈더 브론즈(The Bronze)〉였다. 〈더 브론즈〉는 듀플라스 브라더스 프로덕션(Duplass Brothers Productions)이 제작했고 "몇몇 부유한 사람"들이 개인적으로 자금을 제공했다. 이 영화를 지원하는 이들의 결정은 아마도 복잡한 비인격적 알고리즘이 아니라 할리우드가 일반적으로 그렇듯이 사업적인 직관에 바탕을 두었을 것이다. 선댄스의 〈더 브론즈〉 상영에 앞서, 영화제 위원장인 존 쿠퍼(John Cooper)는 〈더 브론즈〉를 자신이 개인적으로 선정한 영화라고 밝혔다.

결과가 짐작되는가? 우는 이렇게 말했다. "공식적인 경쟁은 전혀 아니었지만, 그날 밤은 알고리즘이 직관을 완전히 누른 것처럼 보였습니다. 〈니나 시몬〉은 기립 박수와 평단의 찬사를 받았습니다. 〈더 브론즈〉는 웃음을 좀 모았지만 현재 로튼 토마토(Rotten Tomatoes)에서 10퍼센트라는 처참한 점수를 받고 있으며 비평가들은 '끝까지 보기가 힘든', '저급하고 재치라곤 없는 코미디'라는 평을 남겼습니다."

데이터, 더 나아가 알고리즘이 영화와 텔레비전의 제작 결정에 영향을 미치는 일은 이전부터 있었다. 텔레비전 관계자들은 수십 년 동안 닐슨(Nielsen)의 시청률에 이끌렸고, 영화업계의 중역들은 박스 오피스 분석에 매달렸다. 하지만 시청률이나 박스오피스 매출은 지나간 것을 보여 주는 척도이며 그것도 상당히 간단한 척도이다. 반대로 넷플릭스는 방대한 데이터 자원과 복잡한 알고리즘을 사용해서 미래 관객의 반응에 대하여 예측했다. IBM 왓슨이 인지 컴퓨팅 프로젝트에서 한 것처럼 말이다.

이것은 물론 일화에 불과하다. 하지만 넷플릭스가 영화와 TV 쇼 제작에서 취하는 코드 중심 접근법은 〈하우스 오브 카드(House of Cards)〉, 〈오렌지 이즈 더 뉴 블랙(Orange is the New Black)〉, 〈언브레이커블 키미 슈미트(Unbreakable Kimmy Schmidt)〉와 같은 대형 히트작을 비롯해 대단히 인상적인 결과를 내 왔다. 넷플릭스가 4년 전 가격 정책의 실패로 많은 사용자에게 외면을 당하면서 몰락 직전에 있는 회사라는 평가를 받다가, 동영상 스트리밍 분야에서 전자 상거래의 알리바바나 아마존이 차지하는 위치까지 올라선 데에는 업계 내에서 누구보다 빨리 데이터와 알고리즘에 초점을 맞춘 것이 큰 역할을 했다. 몇 년 동안 꾸준히 성장하던 넷플릭스는 2015년 골든아워에 북미 인터넷 다운스트리밍 트래픽의 약 37퍼센트를 차지하게 되었다.[6]

이것은 넷플릭스가 전적으로 알고리즘에 의해서 움직이고 인간의 직관과 식견이 전혀 관여치 않는 회사라는 의미일까? "어떤 데이터를 무시해야 하는지 아는 일이 중요합니다." 넷플릭스의 최고 콘텐츠 책임자 테드 사란도스(Ted Sarandos)는 우에게 이렇게 말했다. "실제로는 70 대 30 정도로 혼합해야 합니다. 데이터가 70, 판단이 30이죠. 성공하려면 그 30이 최고여야 하고요."

다양한 일자리의 자동화 가능성을 따지자면, 영화계의 실력자는 가장 밑바닥에 있을 것이다. 영화 산업을 경영하는 사람으로서 성공하는 데 필요한 문화적 감수성, 사업적 수완, 협상력, 개인적인 카리스마의 조합은 복제하기 어렵다. 하지만 도심 운행 프로세스를 안내하는 구글 맵스와 같은 운전 앱을 사용해 본 사람이라면 사란도스가 무슨 이야기를 하는지 알 것이다. 자동화된 조언으로 인간의 의사 결정을 보완하는 일―빅 데이터나 IBM이 인지 컴퓨팅이라고 부르는 것의 출현―은 더 이상 미래의 가능성이 아닌 현실이다. 더구나, 그것은 전문가나 좁은 기술 영역에 제한되지 않고 요리나 영화 제작에서 공중 보건, 도시 계획, 재난 대책, 환경 관리에 이르는 광범위한 인간 활동에 적용되고 있다.

"이전에는 빠른 반복과 혁신을 통해 새로운 형태의 소셜 기술을 의식적으로 디자인하고 시험하는 일이 결코 불가능했다." 작가이자 사회 운동가인 데이비드 볼리어(David Bollier)와 공동으로 편집한 2014년의 책, 『비트코인에서 버닝 맨까지 그리고 그 이후: 디지털 사회의 정체성과 자주성에 대한 탐구(From Bitcoin to Burning Man and Beyond: The Quest for Identity and Autonomy in a Digital Society)』에서 존 클리핑거는 이렇게 적었다.[7] "개방형 플랫폼, 소셜 네트워킹, 빅 데이터, 암호화 혁신의 수렴으로 우리는 권위적 기관들이 군림하는 시스템 하에서는 눈에 띄지도 해결할 수도 없었던 많은 사회적, 경제적 문제들을 해결할 수 있게 되었다."[8] 클리핑거는 40년 동안 인공 두뇌 시스템으로서의 인간 사회에 대해 생각하고 글을 써 왔다. 최근 그는 데이터 주도 서비스, 인프라, 법률 및 소프트웨어 기반의 기업용 "트러스트 프레임워크(trust framework)"를 개발하고 검증하는 '혁신과 데이터 주도 디자인 연구소(Institute for Innovation & Data Driven Design)'를 출범시켰다. 이 연구의 핵심은 모든 유형의 검증 거래에 대해 비가역적이고 공개적인 기록을 가능하게 하는 블록체인(Blockchain)이란 인증 및 검증 시스템의 사용이다.

인지 컴퓨팅의 시대가 곧 다가올 것이다. 사회 체계는 이미 인간-기계 시스템이 되었다. 코드 발전의 이 다음 단계가 바람직한가의 문제보다는 어떻게 하면 그것이 가능한 넓은 범위에 혜택을 주게끔 만들 것인가의 문제가 더 흥미롭다. 인지 컴퓨팅의 시대에 누가 그 일을 할까? 누가 명성을 얻을까? 누가 보상을 받게 될까? 누가 데이터를 소유할까?

그리고 누가 컴퓨터가 만든 푸틴이 "진짜" 푸틴인지를 결정할까?

샴페인 생산자 위원회(Comité Interprofessionnel du vin de Champagne)는

"샴페인"이라는 이름으로 팔리는 와인의 진위를 보증하는 일을 전문으로 하는 조직이다. 스파클링 와인이 샴페인이라는 브랜드를 얻으려면 프랑스의 샹파뉴 지역에서 생산되어야 할 뿐 아니라 포도 품종의 선택, 포도나무의 관리, 샴페인의 생산 등에서 일련의 특별한 공정을 거쳐야 한다. 스위스 시계 제조업체들이 시계 시장에서 그렇듯이, 진품 샴페인 생산자들의 시장 점유율은 전 세계에서 팔리는 스파클링 와인의 약 13퍼센트 정도로 비교적 낮다. 그렇지만 2014년의 매출은 24억 달러로 세계 스파클링 와인 수출 시장의 50퍼센트 이상을 차지한다.

대부분의 프랑스 와인과 다른 농산물들은 국립 원산지 · 품질 연구소(Institut National de l'Origine et de la Qualité)가 만든 규정에 따라 생산된다. 이 연구소는 1935년 설립된 정부 기관으로 현대의 길드와 같은 기능을 한다.[9] 국립 원산지 · 품질 연구소는 품질을 보장하고 산물을 규제해서 브랜드의 완전성을 유지하고 생산자의 생계를 보호한다.

다른 많은 나라들 역시 비슷한 기관을 두고 있다. 이들 기관은 생산 기준을 준수하도록 함으로써 식품의 품질을 확인하는 특유의 방법들을 가지고 있다. 최근 태국에서는 맛 보는 로봇을 도입해 이러한 작업을 새로운 수준으로 끌어올렸다. 정부가 태국 요리를 인증하는 하나의 과제만을 위해 고안한 구형 텔레비전 크기의 이 "e-딜리셔스 (e-Delicious)" 기계는 소위 "태국 음식"이라고 하는 것들의 샘플을 정밀하게 검사하고 샘플의 화학적 조성을 진짜 태국 음식의 화학적 특징과 비교한다. 이 기계를 만든 정부 기관, 타이 딜리셔스 위원회는 전통 태국 음식을 지키기 위해 정부가 인가한 레시피를 사용하는 식당에 메뉴에 부착할 수 있는 로고를 제공하는 등의 추가적인 조치를 취하고 있다.

식음료 판매가 세계 경제 교류의 1/6에서 1/5를 차지한다는 것을 고려하면 요리 코드의 진실성을 확보하기 위한 이러한 시도는 과거, 현재 그리고 미래의 코드 경제 형태를 이해하는 데 중요하다. 그러나 그들 역시 생산의 알고리즘과 블록체인 같은 인증 및 검증 프로토콜 사이의 근본적인 관계를 강조한다.

인증 및 검증을 위한 금융 프로토콜과 요리 프로토콜 간의 유사점은 새로운 조합에 있어 역사상 최고의 창안자인 아이작 뉴턴의 경력을 살펴보면 더 분명하게 드러난다.

내가 이를 통해 하려는 이야기는 무엇일까? 아이작 뉴턴은 미적분학의 발명(고트프리트 라이프니츠와 동시에)으로 명성이 높다. 그리고 뉴턴은, 내가 12장에서 언급했듯이, 20년 이상 조폐창장으로 일하면서 새로운 영국 왕실을 위한 통화의 도입을 감독했다. 뉴턴은 평생에 걸쳐 연금술에 관해 백만 단어가 넘는 양의 글을 썼지만 그중 어떤 것도 발표하지 않았다. 이 글은 비금속(卑金屬)을 재료로 금을 만드는 레시피를 찾으려는 그의 광범위하고 철저한 시도를 상세히 담고 있다. 연금술에 대한 열정을 공유하고 있던 뉴턴의 멘토와 동료들에는, 화학을 공부하는 학생들에게 보일의 법칙으로 잘 알려진 위대한 자연과학자 로버트 보일(Robert Boyle), 인식과 정치적 자유에 대한 에세이로 장-자크 루소에게 영감을 주고 미국 독립혁명을 촉발한 철학자 존 로크(John Locke) 등이 있다.[10]

뉴턴, 보일, 로크와 범유럽 연금술사 길드는 재료를 수천 가지로 조합하고, 수많은 조제용 물질을 다루는 등 인간 버전의 왓슨처럼 연금술을 탐색하면서 재료로 사용했던 비금속 조합과 그들이 관찰한 결과에 대해서 꼼꼼하게 기록했다. 화학에 대한 진정한 이해가 없는 상태에서 그들은 머신 러닝과 같은 방식으로 원초적인 상관관계를 관찰하고 해결책처럼 보이는 패턴을 찾았다.

물론 뉴턴과 그 동시대인들은 금을 만들겠다는 목표를 이루지 못했다. 그렇지만 그들은 훨씬 원대한 프로젝트에 지대한 공헌을 했다.

그들은 "자연철학(natural philosophy)"이라고 불렀고 우리는 현재 "과학(science)"이라고 부르는 자연에 대한 체계적 탐구의 알고리즘을 발견한 것이다.[11]

2008년 10월 31일, 나카모토 사토시 — 실제 존재 여부는 알 수 없다 — 는 "metzdowd.com"라는 암호 해독 메일링 리스트에 9페이지짜리 논문을 포스팅했다. 제목은 「비트코인: P2P 전자 화폐 시스템(Bitcoin: A Peer-to-Peer Electronic Cash System)」이었다. 이 논문은 "신뢰에 의존하지 않는 전자 거래 시스템"을 제안했다. 발표는 시기적절했다. 6주 전 미국 4대 투자 은행인 리먼 브라더스 홀딩스(Lehman Brothers Holdings Inc.)가 파산 보호를 신청하면서 미국 역사상 단일 규모로 최대인 파산 절차가 시작되었다. 금융 시스템의 신뢰는 수십 년 만에 가장 낮은 수준에 이르렀고 전문가나 일반 대중 모두 "세계 금융 시스템을 더 투명하고 시스템적 왜곡에 덜 취약하게 만들 수는 없는가?"라는 의문을 가졌다. 비트코인은 개인의 재량보다는 코드에 근거하는 거래 기록과 통화 발행 구조를 제안함으로써 가능성을 제시했다.

비트코인은 진짜 돈일까? 이 질문에 대답하는 가장 좋은 방법은 6장에서 언급된, 신고전주의 경제학의 창설자이자 인공 지능 분야의 선구적 발명가인 윌리엄 스탠리 제본스의 식견에서 시작하는 것이다. 제본스는 1875년 발표한 연구서, 『돈과 교환의 기제(Money and the Mechanism of Exchange)』에서 돈을 현대적으로 이해하기 위한 기본 요소를 제시했다.

제본스는 이렇게 적고 있다. "돈에 가장 적합한 소재를 결정하는 일은 대단히 복잡한 문제이다. 돈이 가진 여러 기능들의 상대적 중요성, 돈이 각 기능에 이용되는 정도, 각 기능과 관련해 물질의 물리적 특질 각각이 갖는 중요성을 동시에 고려해야 하기 때문이다." [12] 제본스는 돈으로서 기능하는 재료의 바람직한 속성을 ① 유용성과 가치, ② 이동성, ③ 불멸성, ④ 균질성, ⑤ 가분성, ⑥ 가치의 안정성, ⑦ 인식 가능성의 7가지로 정리했다. 제본스는 금이 지배적인 교환의 매체로서 기능한 이유를 설명함으로써 자신의 주장을 입증했다. 제본스는 금이 본질적인 매력을 가지고 있다고 말했다. 영원히 사라지지 않는 광채가 있으며 "금빛이라는 말이 아니고서는 적절히 표현할 길이 없는 풍성하고 빛나는 색상을 가지고 있다." 운반이 쉬우며, 어려움 없이 분할할 수 있고, 희귀하며 따라서 그 가치가 비교적 안정적이고, 무엇보다 중요한 것은 이례적인 밀도 덕분에 쉽게 인식할 수 있다. 제본스는 이런 이유들 때문에 돈으로서는 금이 최적이라고 말했다.

교환의 매개로서 금이 가지는 우위를 고려하면, 정부가 19세기에 종이 화폐를 발행하기 시작했을 때 통화의 가치에 대해 금을 기준으로 결정한 것은 당연한 일이었다. 금본위제의 등장—영연방국가들을 시작으로 이후에는 미국과 주요 유럽 국가에서 사용됨—은 19세기 말부터 20세기 초에 일어난 세계 교역의 극적인 성장에 기여했다. 1차 대전의 발발로 최초의 세계화 시대는 갑자기 중단되었고 그와 함께 금본위제의 종말도 시작되었다. 지난 40년 동안 세계의 통화를 금이나 다른 금속에 묶어 놓았던 사슬은 끊어졌다. 국가 "신용" 화폐는 더도 말고 덜도 말고, 교환 가능한 신용 그 자체이며, 그 통화로서의 기능은 본질적 유용성이 아니라 전적으로 정부가 강제한 희소성과 검증을 기반으로 한다.

비트코인—블록체인 플랫폼에서 만들어지고 거래되는 디지털 통화—은 윌리엄 스탠리 제본스가 1세기 전에 제시한 "돈"이 되기 위한 모든 기준을 만족시킨다. 하지만 단 하나, 본질적인 유용성과 가치만은 예외다. 그렇다고 해서 비트코인이 교환의 수단으로서 가지는 중요성이 커지지 못할 것이라거나 지배적인 위치에 서지 못할 것이라는 이야기는 아니다. 애플 페이 등 휴대전화를 통한 디지털 거래가 흔해지고 정부의 뒷받침이 없는 디지털 통화라는 개념이 빠르게 수용되면서, 불과 3년 전과는 또 다르게, 신용 화폐와 성공적으로 겨루는 디지털 통화라는 예측이 완전히 설득력이 없는 이야기로 들리지 않게 되었다.

비트코인 프로토콜이 발표되고 64일 후에 시스템이 가동되었다. 나카모토의 논문에 설명된 알고리즘—점점 어려워지고 있는—에 대한 첫 해답이 발견되었다. 다시 말해 첫 번째 비트코인의 "채굴"이 이루어진 것이다. 비트코인은 만들어진 뒤 6년 만에, 가트너의 하이프 사이클(Gartner Hype Cycle)에서 말하는 신기술의 시장 적응 단계를 모두 밟았다. 초기의 무명 단계부터 "부풀려진 기대의 정점"에 이르면서 비트코인의 가격은 2011년과 2013년에 각각 급등했고, 이후 채택의 속도가 느리게 유지되는 "환멸"기를 맞았다.

낙관적인 전문가들은 비트코인이 세계 통화로서 지배적인 위치에 설 날이 멀지 않았으며 그에 따라 필연적으로 세계 중앙은행들을 대체하게 될 것이라고 주장했다. 한편에서는 비트코인은 돈세탁이나 불법 거래를 용이하게 하는 존재라고 매도하면서 비트코인이 사업적 플랫폼으로 성공할 수 없을 것이라고 주장했다. 비트코인에 대한 변덕스런 대중의 의견은 정부의 뒷받침이 없는 디지털 통화의 타당성과 실현 가능성에 초점을 맞추고 있지만, 더 중요한 문제는 잘 보이지 않는 곳에 가려져 있다. 나카모토 사토시라는 사람(혹은 사람들)이 7년 전 할로윈 날 밤 발표한 기술 보고서에 설명한, 신용에 의존하지 않는 전자 거래를 위한 시스템의 창안이 바로 그 문제이다. 이 시스템을 블록체인이라고 한다.

블록체인을 이해하려면 다시 한번 『크리스마스 캐롤』의 사무원, 밥 크래칫의 이미지를 떠올려야 한다. 책상에 앉아 계산을 하고 그 결과를 장부에 기록하고 있는 모습을 말이다. 이 장부는 에버니저 스크루지 앤 컴퍼니(Ebenezer Scrooge and Company)의 사업에 대한 권한 있는 기록이 된다. 각 거래가 가로 블록—장부의 열—에 들어가므로 전체 장부는 그러한 일련의 블록, 즉 블록의 체인이 되며 그 각 블록의 정확성은 이전 블록의 정확성에 의존한다. 달리 말하면 장부는 블록체인이다.

비트코인의 기저를 이루는 블록체인 역시 장부이다. 그렇지만 이 장부에는 두 가지 특별한 속성이 있다. 첫째, 블록체인은 "분산"된 장부이다. "밥 크래칫"— 혹은 보다 현대적인 형태로 프라이스워터하우스쿠퍼스(PriceWaterhouseCoopers)의 회계 감사팀 — 혼자 일을 하며 인증하는 것이 아니라, 수천 명의 서로 모르는 사람들이 인증한다. 이들 모두가 자신의 거래를 스스로 계산해서 체인 내의 해당 블록을 정확하고 진실하게 만든다. 위키피디아가 지식을 대상으로 한 일을, 블록체인은 거래를 대상으로 하는 것이다. 검증의 권한을 사용자에게 되돌려 주는 일을 말이다. 위키피디아가『브리태니커 백과사전(Encyclopaedia Brittanica)』의 지배에 종말을 가져왔듯이, 블록체인은 중앙은행, 대학교의 교무과장, 등기소 등 거래, 자격, 주장에 대한 제3의 검증자가 가지는 지배력에 종말을 가져올 잠재력을 품고 있다.

블록체인의 두 번째 특별한 속성은 첫 번째 속성에 직접적으로 연관된 것으로, 일단 블록체인의 블록이 인증되면 그것은 영원히 유효하게 유지된다는 점이다. 달리 말하면, 조작이나 변조가 가능한 유형의 장부와 달리 블록체인은 변경이 불가능하다. 어떻게? 블록체인은 디지털이라는 속성상, 종이와 달리 많은 장소에 동시에 존재할 수 있기 때문이다. 블록간 상호 검증을 통해 최종 버전을 결정하는 블록체인 체계 때문에 블록의 데이터를 변경하는 것이 불가능하다. 블록체인에서 거래 데이터를 변경하려는 시도는 세상에『햄릿』의 수정본이나 비틀즈 노래 〈예스터데이〉의 수정본을 원본이라고 주장하려는 시도에 해당할 정도로 어려운(어쩌면 기술적인 이유로 그보다 더 어려운) 과제이다. 비교 가능한 진짜가 너무 많이 퍼져 있어서, 가짜가 쉽게 눈에 띄는 것이다.

따라서 블록체인은 단순한 장부가 아니다. 블록체인은 변경할 수 없는, 분산된 장부의 한 예이다.

블록체인의 존재 자체가 내가 간단하게만 언급했던 코드 경제학의 필수적인 측면, 진위 검증을 부각시킨다. 우리는 동전에 있는 각인을 통해서, 무게를 통해서, (약간의 작업을 거친) 물리적 성분을 통해서 동전의 진위를 판단한다. 우리는 복제하기 힘든 투명 무늬와 마이크로 프린트된 문자를 비롯한 지폐의 도안을 통해서 지폐의 진위를 판단한다. 그러면 디지털 달러나 비트코인과 같은 디지털 화폐의 진위는 어떻게 가려낼 수 있을까? 익명화된 복잡한 세상에서 와인의 진위는, 예술 작품의 진위는, 심지어 경험의 진위는 어떻게 가려낼까?

블록체인은 화폐 거래의 역사만큼이나 오래된 문제를 해결한다. 사람, 물건, 주장이 그것이 나타내는 바와 일치하는지 어떻게 검증하느냐의 문제를 말이다. 그러한 검증이 없으면, 재산에 대한 권리나 계약에 대한 규칙을 정할 수 없고, 재산에 대한 권리와 계약에 대한 규칙이 없으면 시장의 거래 시스템을 구축할 수 없다.

거의 모든 경제 분석에는 재산에 대한 권리와 계약에 대한 규칙이 있다는 전제 하에서, 시장 거래의 속성과 결과에 초점을 둔다. 블록체인(비트코인 등, 블록체인 코드로 된 어플리케이션을 포함)의 출현은 시장이 거래의 플랫폼에 의존하며, 플랫폼은 인증과 검증의 프로토콜에 의존한다는 사실을 표면화시켰다.

블록체인은 그 불변성으로 인해 인증과 검증—그리고 잠재적으로는 코드 발전의 다음 단계—의 강력한 도구가 된다는 것이 밝혀졌다.

지금까지, 가장 관심을 모은 블록체인 어플리케이션은 금융 서비스—비트코인이 만든 전례에서 착안했지만 한 발 더 나아간 서비스—였다. 그렇지만 궁극적으로 인간의 경험에 가장 직접적인 영향을 줄 블록체인 어플리케이션은 P2P 네트워크의 관리에 관한 어플리케이션이 될 것 같다.

바로 그 구조로 인해 P2P 플랫폼이 확산되기 시작했다. 문제는 그러한 네트워크가 담고 있는 모든 에너지를 어떻게 조직해서 사람들이 기여에 따른 공정한 보상을 받게 할 것인가이다. 이것은 과거에는 (신뢰도를 유지하지 못하는) 비인격적인 시장이나 (기여에 대한 보상을 제대로 하지 못하는) 중앙집권화된 정부가 해결하던 문제이다. P2P 네트워크를 통제하기 위한 블록체인 기반 시스템은 아직 실현되지 않았지만, 보상의 분배에 대한 시장의 장점과 신뢰도 유지에 대한 정부 기관의 장점을 결합할 수 있을지도 모른다는 것을 보여 준다.

로빈 체이스, 리사 갠스키, 존 클리핑거를 비롯한 사람들이 확신한 형태로 설계된다면, P2P 시스템은 P2P 플랫폼 내에서 생성된 가치를 확장해서, 거기에 기여한 수만, 심지어는 수십만의 사람들에게 그 가치를 분배할 수 있을 것이다. 더구나, P2P 시스템은 경제 안의 잠재적 생산자들에게 새롭고 유혹적인 초대장을 보내 그들이 가진 자산과 재능을 활용해서 새로운 경제적 가치를 창출하게 할 것이다. 블록체인과 기타 P2P 혁신의 "스마트 계약(smart contract)"은 제본스가 오래전 말한 비전, 즉 이익 공유에 기반을 둔 "보다 유용하고, 이로운 형태의 조직"(6장 참조)을 실현해 줄 것이다.

따라서 P2P 사업 모델의 중요성은 현재 그것이 수익 창출 거래의 측면에서 GDP에 기여하는 비율만으로는 효과적으로 가늠할 수 없다. 이러한 혁신들은 선진 경제의 주변부에서 대기업이 계속해서 "몸집을 줄이면서", 즉 이전에 사람들이 수행했던 정례적인 과제를 수행하는 데 알고리즘과 기계를 활용해서 인건비를 줄여 나가면서 발생한 일자리의 공백을 채우고 있다. 뉴욕 시 경제 개발 공사 경제 전환 센터의 대표였던 스티븐 스트라우스(Steven Straus)는 같은 현상을 구직자의 입장에서 보았다. "현재는 일자리 하나당 구직자가 세 명에 달하는 형편이다. 200만 명이 구직 중이다. 따라서 공유 경제의 성장은 전혀 놀라울 것이 없는 일이다."[13]

앞으로 10년 동안, 미국을 비롯한 선진 산업 경제국들은 20세기의 규격화된 제조 중심 경제로 귀환하자마자 더 이전에 있었던 농업 중심 경제로 돌아가게 될 것이다. 이는 P2P 사업 모델을 기반으로 하는 새로운 생계 수단이, 대기업에서 사라지고 있는 산업 시대의 일자리보다 나은가에 대한 이야기가 아니다. 디지털로 인한 일의 분기 과정에서 일자리가 없어졌을 때, 그 이전의 형태로 되돌아갈 것인가 아닌가의 문제이다. 그런 일이 일어났을 때 인간은 가장 기본적인 사회 기술, 사람들과 함께 만들고 공유하는 것으로 돌아가는 수밖에 없지만 과거와는 한 가지 차이가 있다. 수백만 년 전의 고립된 우리 조상들과 달리, 21세기의 사람들은 전례가 없는 속도로 새롭고 다양한 생계 수단을 창출할 수 있는 협력 체계를 통해 지원받을 것이다.

로빈 체이스는 그녀의 책, 『공유 경제의 시대』에서 충분한 고려를 거친 분석과 자동차 공유 회사인 집카의 공동 창립자로서 겪은 그녀 자신의 개인적 경험을 이용해서, 가치를 창출하는 당사자와 가치 창출이 일어나는 플랫폼으로 "동료(Peers)"와 "회사(Inc.)"의 차이를 서술했다. 「황금을 가진 자는 누구인가?(Who Has the Gold?)」라는 적절한 제목을 가지고 있는 장에서 그녀는 다음과 같은 관찰을 내놓았다. "피어의 회사는 피어에게 기여의 동기를 부여할 때 번영한다. 피어에게 적절한 보상을 하지 않고, 그들의 기여를 가치 있게 여기지 않고, 그들의 잠재력에 투자하지 않는 플랫폼은 결국 실패하게 될 것이다."[14]

바로 그 안에 오늘날 P2P 경제의 잠재력이 있다. 그렇지만 P2P 네트워크의 존재만으로는 포괄과 형평을 보장할 수 없다. "등록하는 사람이 통제"하기 때문에, 포괄과 형평의 또 다른 필요조건은 네트워크가 동떨어진 제3자에 의한 것이 아닌 인증 및 검증 시스템을 기반으로 해야 한다는 것이다.

"인간은 자유롭게 태어났다, 그러나 그가 어디 있든 그는 사회적으로 구속받는다." 장-자크 루소가 『사회계약론』의 첫머리에 적은 이 강렬한 문장은 코드 발전과 인간 사회의 진보에 내재된 근본적인 모순을 담고 있다.

루소의 생각에 공감하는 나는 이 책의 처음부터 지난 4~5세기에 걸친 코드의 발전에 수천 년 동안 우리 자신과 가족 내부에서만 공유했던 권한과 자율성을 다른 사람에게 양도하고 코드화하고자 하는 인간의 집단적인 의지가 포함되어 있었다고 말했다. 이러한 개인의 자율성은 인류의 가장 위대한 발명들—도시, 세계 무역, 법규, 과학, 민주주의—이 모습을 드러내고 전파되게 했다. 이러한 위대한 발명들이 모두 사회적 발명이라는 사실은 놀라운 일이 아니다. 인간은 철저히 사회적인 존재이기 때문이다. 인간 사회의 진보는 정복과 예속의 사슬에서 협력과 상호 소통의 사슬로 향하는 사슬의 진화라고 볼 수 있다. 모든 단계에서 진보는 코드의 발전을 통해 일어났다.

앞서 나는 제네바 시계공의 아들인 루소가 정치철학과 자연철학에 대한 위대한 작품을 쓰던 계몽주의 시대에 나타난 민주주의, 과학, 금융 시스템에서의 중요한 발전에 대해 언급했다. 정치, 과학, 경제학의 시스템이 모두 동시에 발전—몇몇 도시의 커피점에서 이루어진 문인과 정객 들의 논의에 힘입어—했던 것은 결코 우연이 아니다. 인간의 사회적 진화에 토대가 되는 이러한 각각의 발전은 본질적으로 인증과 검증의 알고리즘이다. 과학적인 방법, 민주적인 절차, 금융 시스템 프로토콜은 모두가 개인의 독단적인 힘—거래를 검증하든, 사실을 정립하든, 규율을 하든—을 감소시키는 데 이바지하는 동시에 그룹의 집단적인 역량을 강화한다. 이 모두는 기본적인 현상, 즉 코드 발전의 사례이다.

정치, 과학, 경제 분야에서 각기 발현된 코드의 발전이 서로 연결되어 있다는 것은, 현대적인 민주주의 정치 체제와 과학 기술, 근대 금융 시스템의 구조를 탄생시키는 데 기여한 사람들이 거의 동일하다는 단순한 역사적 사실에서 증명된다. 앞서 언급했듯이, 뉴턴, 라이프니츠, 로크, 보일, 루소 그리고 역사에서 잊힌 많은 사람들이, 현재의 세상을 형성한 제도적 혁신의 이론화, 어떤 경우에는 그 실현에 상당한 기여를 했다.

정치, 과학, 경제 분야에서 인증과 검증 시스템들을 연결하는 패턴은 19세기까지 이어지면서 데이비드 리카도, 바이런, 찰스 배비지, 에이다 러브레이스, 헨리 조지, 윌리엄 제본스와 같이 다양한 인물들에 의해 구현되었다. 정치, 과학, 경제 분야의 동시적인 발전 속에서 인증과 검증 시스템들을 연결하는 패턴을 바로 감지하기가 어려운 것은 과거 1세기 동안 일어난 학문의 세분화 때문이다. 그런 패턴이 존재하기는 하지만 그것을 발견하는 데는 노력이 필요하다. 이 책의 목표는 그 패턴을 밝히는 것이다.

여러 영역에서 진행되는 코드 발전의 근원적 연관성이 오늘날 짐 베슨, 로빈 체이스, 존 클리핑거, 빈트 서프, 리사 갠스키, 재런 래니어, 팀 오라일리, 데이비드 노드포스를 비롯해 나와 코드 경제에 대한 견해를 공유하거나, 내가 밝히려 노력해 온 패턴에 다른 방식으로 정보를 제공한 다른 많은 사람들의 연구와 글에서 분명하게 드러나고 있다. 이 그룹에 속하는 상당수의 사람들은 인증과 검증을 위한 자치 프로토콜이 포괄적이고 민주적인 디지털 미래의 필수 요소라고 여긴다. 이 정통한 연구자들이 코드 경제의 구조에 자치를 포함시키는 일이 중요하다고 확신하는 것은 데이터의 독점, 그리고 인증과 검증에 대한 제3의 힘이 한 곳에 집중될 경우에 나타날 부정적인 결과에 대한 염려에 바탕을 두고 있다. 그렇지만 인증을 확보하기 위한 새로운 제도적 기제의 개발은 과거 기제의 사용을 막지 않는다. 4만 년에 이르는 코드의 역사를 어떤 암시로 본다면, 알고리즘 개선은 인간의 판단력이 귀중하게 여겨지고 그 중요성이 사라지지 않는 영역을 변화시킬 것이다. 우리가 각자 진짜라고 믿는 것이 우리가 각자 가치 있다고 믿는 것을 결정하게 될 것이다. 이렇게 분산된 개별적 가치 판단이 경제 진화와 인간 사회 발전 양상을 크게 바꿀 것이다.[15]

14장

목적
약속의 사막

어떤 아이디어도 직접적인 경험을 대체할 수 없습니다.
－ 버닝 맨 축제 원칙 No.10 －

지난 9월의 어느 저녁, 네바다 사막의 마른 호수 바닥에는 엄청난 차량의 행렬이 이어지고 있었다. 자동차, 승합차, 오토바이, 야영용 자동차, 기계로 움직이는 마스토돈들, 바퀴가 달린 유람선 등 지구 상 다른 어디에도 존재하지 않는 다양한 탈 것들이 왕복 5차선 도로만 한 너비에 16킬로미터에 달하는 길이를 가득 메웠다. 이 행렬은 시속 7킬로미터를 간신히 넘기는 속도로 평평하고 갈라진 진흙길을 따라 앞으로 향했다.

하루 전만 해도 이 차량 행렬의 운전자들은 7만 인구를 가진 도시

— 네바다에서 네 번째로 큰 — 의 시민이었다. 자전거 수리점은 숙련된 정비공과 그 곁에서 열심히 일하는 견습생으로 활기에 차 있었다. 아이들은 미니어처 골프를 했다. 임시 식당은 수백 인분의 그릴 치즈 샌드위치, 와플, 튀김을 만들어 냈다. 도시는 7일 동안 음악, 춤, 미술로 인해 문자 그대로 고동쳤다.

하지만 그 시민들의 분명한 에너지와 창의성에도 불구하고, 경제 지표의 견지에서 보면 이 도시는 비참한 실패작이었다. 금전적 거래가 아닌 선물을 기반으로 한 경제이기 때문에 GDP에 대한 기여는 0에 가까웠다. 마찬가지로 어떤 천연 자원의 산출도 없었다. 일반적인 정의에 따르면, 실업률은 100퍼센트에 가까웠다.

블랙 록 시티(Black Rock City)라고 알려진 이 도시는 경험에 있어서는 그 어떤 곳보다 풍요로웠지만 천연자원에 있어서는 그 어떤 곳보다 빈곤했다. 종료 시간이 가까워 오자, 시민들은 밤새워 이어진 의례적인 절차를 마치고 흩어졌다.

블랙 록 시티의 에스플러네이드는 상하이의 번드(Bund), 파리의 케도르세(Quai d'Orsay)처럼 변화한 도시 경관을 전망할 수 있는 광장에 비견된다. 그렇지만 다른 곳과 달리, 에스플러네이드에는 성당, 성, 다리가 없다. 대신 검은 창공에 불빛과 불길이 거의 별빛과 맞닿을 듯이, 너무나 많이 또 강렬하게 움직이는 모습을 볼 수 있다. 이 모든 장면의 중심에는 남자가 있다. 나무 막대로 만들어진 이 조형물은 블랙 록 시티의 형태를 이루는 반원형 거리의 정중앙에 있다(그림 14.1 참조).

그림 14.1 블랙 록 시티의 지도. 나사(NASA)의 월드 윈드(World Wind) 프로그램을 통해 얻은 블랙 록 시티의 위성 사진. 나사의 월드 윈드 프로그램에서 블랙 록 시티를 중심으로 확대하여 직접 작성했다. "도시" 전체가 전혀 혼란스럽지 않다.
출처: 나사.

이것이 바로 1년에 한 번 일주일 동안만 네바다 사막에 나타나는 인구 7만—2장에서 언급했던 메소포타미아의 도시 우루크와 비슷한 크기—의 임시 도시, 버닝 맨(Burning Man)이다.

버닝 맨의 창설자 래리 하비(Larry Harvey)는 2015년 9월 블랙 록 시티에서 한 연설에서 "저는 언제나 모임, 특히 전위적인 모임에 유난히 관심이 많았습니다."라고 말했다. 그는 "전위적인 모임은 급진적인 일을 하지만 서로 관련 없어 보이는 사람들의 교차점 역할을 합니다. 사람들은 서로를 만나기 시작하고, 서로의 반응을 살피고, 서로 아이디어를 나눕니다. 그것은 미국의 비츠(Beats)일 수도 있고 런던의 블룸즈버리 그룹(Bloomsbury Group)일 수도 있습니다. 그보다 더 오래된, 늘 그래 온 것처럼 알고 지내는 주변 친구들일 수도 있습니다. 우리가 바로 그런 모임입니다." 하비는 말을 멈추었다. 어떤 효과를 노려서가 아니라 생각을 하기 위해서였다. "우리가 보헤미아적인 모임을 도시로 전환한 최초의 조직이라는 것만 제외하면 말입니다." 그는 말을 이었다. "저는 그런 일을 누구도 한 적이 없다고 생각합니다. 때문에 이제 이 모임은 7만 명의 사람들이 함께 하는 모임이 됩니다. 보통의 모임은 그런 일을 할 수 없습니다."

여느 도시와 마찬가지로, 블랙 록 시티는 문화적 규범과 목표를 가지고 있다. 블랙 록 시티의 다른 점은 그러한 경험을 의도적으로 단순화시킨 플랫폼에서 제공한다는 것이다. 블랙 록 시티는 평범한 의미의 "축제"가 아닌, 10개의 원칙과 반원형 도시 설계로 이루어진, 샌프란시스코 도심 크기의 실험용기를 통해 진행하는 지속적인 사회적 실험이다(글상자 14.1 참조). 예술가들은 실험을 하고, 엔지니어들이 창작을 하는 도시가 출현한다. (워싱턴 국립미술관(National Gallery of Art) 지하의 조명 디자인은 일반 세상으로 돌아간 버닝 맨의 수많은 실험 중 하나이다.)

하지만 시작은 이런 식이 아니었다. "1986년의 어느 날 나는 한 친구에게 전화해서 사람 하나를 만들어서 해변에서 태워 버리자고 말했습니다." 이 도시의 유래에 대한 수없이 많은 이야기와 인터뷰에서 하비는 이렇게 회고했다. "충동적으로 한 일이었습니다. 머릿속에는 정말 아무 생각도 없었습니다. 수년 동안 그 일에 대해서 생각했습니다. 사람들이 계속해서 물어봤으니까요. 제가 말할 수 있는 것은 격정적인 자극, 즉각적인 상상들이 세상에서 구체화될 필요가 있다는 것입니다." 샌프란시스코 베이커 비치에서 처음 사람 형상을 태운 일은 사회 운동을 시작하려는—도시를 만드는 것은 물론이고—의식적인 노력이 아니라 직관을 따른 정교한 장난에 가까웠다. "나무 조각으로 사람 모양을 만든 뒤에 친구들 몇 명을 불러서 해변으로 가지고 갔습니다. 그것을 휘발유로 흠뻑 적신 후에 성냥으로 불을 붙였죠. 몇 분 만에 모여든 사람이 두 배가 되었습니다. 그렇게 해서 버닝 맨의 관습이 시작된 것입니다. 우리는 그 일에 깊이 감동했고, 다시 해야만 한다고 생각하게 되었습니다."

4년 후 베이커 비치에서의 모임은 대도시 권역에서 대규모로 무정부적 표현의 분출이 일어날 경우 예상되는 여러 가지 문제에 부딪히기 시작했다. 때문에 래리 하비와 그때까지 모임을 책임져 왔던 공동 창설자들은 다른 장소를 찾기로 결정했다.

그들은 블랙 록 사막에 자리를 잡았다. 블랙 록은 건조한 벌판으로 미 내무부 토지관리국은 더 없이 황량한 그곳의 환경을 이렇게 설명하고 있다. "그 환경에는 (……) 토양, 지표수나 지하수, 식물, 야생 동물, 멸종 위기종, 야생마, 고생물 화석, 고형 폐기물이나 유해 폐기물, 황무지, 문화재 등이 존재하지 않는다. (……) 더욱이, 중요한 환경적 관심 지역, 주요한 혹은 독특한 농지, 범람원, 습지, 독초와 같은 중

버닝 맨의 10가지 원칙

버닝 맨의 공동 창설자 래리 하비는 2004년 조직이 당시 형성한 지역 네트워크의 지침으로 이 10개의 원칙을 만들었다. 버닝 맨 기구는 이 원칙들이 "사람들이 어떠해야 하고 어떻게 행동해야 하는지를 지시하기 위해서가 아니라 1986년 행사가 시작된 이래, 유기적으로 발전해 온 공동체의 정신과 문화를 반영하기 위해서 만들어졌다."라고 설명했다.[1]

1. 근본적 포괄

누구나 버닝 맨 축제의 일원이 될 수 있습니다. 우리는 언제나 새로운 분들을 환영합니다. 축제에 참여하는 데는 어떠한 조건도 필요없습니다.

2. 선물 주기

버닝 맨은 선물을 주는 것에 의미를 둡니다. 하지만 그 선물의 가치에는 조건이 없습니다. 선물을 주는 것은 이익을 위해서나 동등한 가치를 가진 것과 교환하려고 하는 일이 아닙니다.

3. 비상업화

선물의 의미를 확립하기 위해 우리 공동체는 상업적 협찬, 거래, 또는 광고와의 관련이 없는 모임으로 만들고자 합니다. 우리는 이러한 부적절한 행위로부터 우리 문화를 보호하고 지켜내고자 합니다. 우리는 참여의 경험을 소비로 대체하는 것에 반대합니다.

4. 근본적인 자립

버닝 맨은 개개인이 자신만의 내적 자원을 개발하고, 발휘하고, 거기에 의존하는 것을 권장합니다.

5. 근본적 자기 표현

근본적 자기 표현은 개인이 가진 특유의 재능에서 나옵니다. 개인이나 공동 작업을 하는 집단 밖의 어떤 사람도 그 내용을 결정할 수 없습니다. 자기 표현은 선물로서 다른 사람들에게 제공됩니다. 그러므로 선물을 주는 사람은 선물을 받는 사람의 의사를 존중해야 합니다.

6. 공동의 노력

우리 공동체는 창의적인 협력과 공동 작업을 중시합니다. 우리는 이러한 상호작용을 돕는 소셜 네트워크, 공공 공간, 예술 작품, 소통 수단을 생산, 촉진, 보호하는 데 힘을 쏟습니다.

7. 시민의 책임 의식

우리는 시민 사회를 중요시합니다. 행사를 준비하는 공동체의 구성원들은 공공의 행복에 대해 책임감을 갖고, 다른 참가자들 또한 책임감 있는 시민으로서 행동할 수 있도록 노력할 것입니다. 또한 행사를 진행할 때에는 지역, 주, 연방의 법을 준수할 것입니다.

8. 흔적 남기지 않기

우리는 환경을 중요시합니다. 우리가 어디에 모이든 물리적 흔적을 남기지 않기 위해 최선을 다합니다. 뒷정리를 하고, 행사 장소를 우리가 발견했을 때보다 나은 상태로 만들기 위해 노력합니다.

9. 참여

우리는 철저한 참여적 윤리를 추구합니다. 우리는 개인이나 사회의 혁신적 변화가 개인의 참여라는 매개를 통해서만 이루어질 수 있다고 믿습니다. 우리는 실천을 통해 목표를 달성합니다. 이 일에 모두를 초대합니다. 이 놀이에 모두를 초대합니다. 우리는 마음을 여는 행동을 통해 진짜 세계를 만듭니다.

10. 직접성

여러 측면에서 직접적 경험은 우리 문화에서 가치를 평가하는 가장 중요한 기준입니다. 우리는 우리 자신과 내면의 자신에 대한 인식, 우리를 둘러싸고 있는 현실, 사회 참여, 그리고 인간의 힘을 넘어서는 자연과의 접촉 사이에 있는 장벽을 넘어서기 위해 노력합니다. 그 어떤 아이디어도 이러한 경험을 대체할 수는 없습니다.

요한 자원이 존재하지 않는다."² 블랙 록 시티가 존재하지 않는 1년의 51주 동안은 가지지 못한 것들 때문에 부정적으로밖에는 묘사할 수 없었다.

초기 참가자의 말에 따르면, 첫 6년간 버닝 맨은 "수천 명의 멍청이들이 사막에서 [미쳐] 날뛰었다. (······) 사람들은 범퍼에 방수포를 매달아서 친구들을 태운 채 운전하면서 움직이는 차 밖으로 총을 쏘아 댔다." 1992년 행사는 유료로 전환되었다. 입장료는 25달러(2016년에는 390달러였다)로 정해졌다. 이 도시의 자원 방범대인 블랙 록 레인저(Black Rock Rangers)도 같은 해 생겨났다. 1996년 술 취한 사람이 한밤중에 사람이 있는 텐트를 차로 덮쳐서 안에 있던 사람들 모두가 크게 다친 후 억압과 통제가 없는 아수라장의 시대는 끝이 났다. 같은 해 또 오토바이를 탄 참가자가 픽업 트럭과의 치킨 게임(game of chicken)에서 져서 치명적인 결과가 초래되었다. "우리는 공동체를 담을 용기를 만들기로 했습니다. 진짜 도시를 만들어야겠다고 생각했죠."

다음 해 돌아온 버너(Burner, 버닝 맨 참가자들이 스스로를 부르는 이름)들은 도시 계획이 이루어진 것을 발견했다. 모든 텐트와 숙소로 사용되는 자동차들은 속도 제한이 엄격하게 지켜지는 반원형 도시망 안에 들어가야 했다. 블랙 록 시티는 그렇게 태어났다.

블랙 록 시티의 다른 모든 것이 그렇듯이, 도시의 형태는 기획과 진화의 결과이다.³ 물리학자들은 도시를 소산적 구조라고 말한다. 그 존재가 지속적인 에너지 처리에 달려 있는 대단히 복잡한 유기체라는 것이다. 뉴욕 시로 가는 다리와 터널을 모두 폐쇄한다면 혹은 다른 도시를 그와 비슷하게 폐쇄한다면, 식료품점에는 사흘을 버틸 식품만이 남을 것이다.⁴ 도시의 다른 에너지 요건들 역시 마찬가지이다. 모든 도시는 일시적이다. 그들은 우리가 먹여 살려야만 생존할 수 있다.

그런 의미에서, 블랙 록 시티가 가진 명쾌한 — 실제로는 계약에 따른 — 일시적 속성은 모든 도시에 해당하는 근본적인 사실을 드러낸다. 블랙 록 시티의 진화가 도시 연구자들에게 주는 의미는 실제로 재현된 "쥐라기 공원(Jurassic Park)"이 고생물학자에게 주는 의미와 같다. 우리는 메소포타미아의 우루크이든 아나톨리아의 차탈회위크이든 인류 최초의 도시에서 사는 경험이 어떤지 확실하게 알지 못한다. 하지만 모든 도시에는 계획의 요소가 있다. 블랙 록 시티에 래리 하비가 있었듯이, 런던에는 로버트 훅(Robert Hooke), 워싱턴 D. C.에는 피에르 랑팡(Pierre L'Enfant)이 있었다. 이들은 공간의 경계를 어떻게 지어야 할지, 대칭과 흐름을 어떻게 만들어야 할지 고민했으며, 이를 통해 인간의 경험이 펼쳐질 수 있는 플랫폼을 제공했다.

"인간의 문화 — 문화를 둘러싸고 있는 사회적 제도와는 별개의 — 는 순수한 자연 현상입니다. 사회적 제도는 배양기 — 실험용기나 냄비 — 가 생물의 성장을 돕거나 방해하는 것과 아주 비슷하게 문화를 보호하고 유지하는 힘을 가지고 있습니다." 하비는 이렇게 관찰했다. "하지만 문화의 선천적 활력은 자연계에 속합니다. 거기에는 계획이 없으며, 성장이 허용되기만 하면 자원에 대한 우리의 일반적인 평가를 왜소해 보이게 만드는 영향력을 세상에 발휘합니다."⁵

블랙 록 시티의 거주민들은 도시의 벽(실제로는 버닝 맨이 벌어지는 장소의 경계를 정하는 쓰레기 울타리) 밖에 있는 모든 것을 "기본 세계 (default world)"로 생각한다. 기본 세계의 휴양지 — 호텔이나 모텔 — 에서 사람들이 무료로 얻을 수 있는 유일한 품목은 얼음과 커피뿐이다. 블랙 록 시티는 사정이 정반대이다. 구매해야 하는 유일한 품목이 얼음과 커피인 것이다. 이 아이러니는 유익하다. 블랙 록 시티의 경제는 기본 세계의 경제와 정반대이기 때문이다.

"우리는 어떤 것에 대한 광고나 매매도 허용하지 않습니다." 하비가 말한다. "우리는 물물 교환도 반대합니다. 물물 교환 역시 상품 거래이기 때문입니다. 대신 우리는 선물 주기만을 허용하는 경제 시스템과 기풍을 만들었습니다. 이것은 우리에게 익숙한 시장으로부터의 급속한 이탈입니다. 시장은 오늘날 우리 삶의 모든 부분에 침범했습니다. 선물 경제는 우리의 소비 문화를 지배하는 원칙들과는 180도 다른 원칙들을 기반으로 하고 있습니다." [6]

그러나 하비는 블랙 록 시티라는 "용기" 안에서 일어나는 것과 그 도시가 외부 환경과 상호작용을 가지는 방식을 구분 짓는다. "이곳이 돈이 필요 없는 이상향이라고 생각하는 사람들이 있습니다." 그는 2015년 블랙 록 시티에 모인 일단의 저널리스트들에게 말했다. "이 물건들은 모두 어디에서 온 것입니까? 그것은 시장에서 구입한 것입니다. 이 텐트는 어디 것입니까? 물적 자원이라고는 전혀 없는 환경에서 만들어진 것이 아닙니다. (……) 깎은 양털로 텐트를 직접 만드는 사람은 없었습니다." 다른 도시와 마찬가지로 블랙 록 시티가 생존할 수 있는 것은 에너지 처리 덕분이다.

블랙 록 시티를 차별화하는 것은 모든 곳에 스며든 참여의 문화이다. 버닝 맨에 규칙이 하나 있다면 "관중이 없다"는 것이다. 참가자가 많은 비용을 들여 네바다 사막으로 어렵게 수송하는 자원들에 대해서 하비가 말한 것처럼, "가장 중요한 문제는 그들이 도시의 경계를 넘어서 그들의 자원을 가지고 무엇을 할지 결정하는 때 어떤 일이 일어나는가입니다. 공장에서 나오는 물건들에는 의미가 담겨 있지 않습니다. 의미는 그들이 그 물건을 가지고 무엇을 하는지, 그들이 그 물건들을 이용해서 여기에 있는 모두와 어떻게 연결되는지에서 나옵니다. 그것이 버닝 맨 경제의 특이한 속성입니다."

블랙 록 시티는 참여적 문화의 특이한 속성을 가지고는 있지만 이런 측면 역시 보편화할 수 있다. 모든 도시가 외부에서 자원을 공급받으며, 이 자원으로 시민들이 무엇을 하고 또 주위에 있는 다른 사람들과 어떻게 연결되는지에 따라 이 자원들의 의미가 정해진다.

이 책의 3부에서 나는 게임과 만들어진 가상 세계에 초점을 맞추었다. 내가 다루고 있는 문제의 진지한 속성을 생각하면 이것이 이상한 접근으로 보였을지도 모르겠다. 〈모노폴리〉와 〈세컨드라이프〉, 버닝 맨이 코드 발전에 대한 연구 내용을 설명할 때 가장 적합한 매개체일까? 게임에 초점을 두는 것보다는 실제 세계에서 예시를 찾는 것이 보다 분명하지 않을까?

그럴지도 모른다. 하지만 게임 자체가 코드라는 점에 주목해야 한다. 코드 자체인 게임의 목적은 그 안에서 존재하는 방법을 연습함으로써 세계를 이해할 수 있게 하는 것이다. 그 때문에 좋은 게임은 효과적으로 군림하고 기능하는 세상의 본보기가 된다. 그러한 게임은 현실만큼 실제적이지는 않지만 특정한 사회가 존재하는 방식을 파악하는데 이상적인 렌즈가 된다. 사람들이 하는 게임은 응용경제학의 원형이 되기도 한다(글상자 14.2 참조). 실제로 오늘날의 경제학자들은 위대한 물리학자 존 폰 노이만(3장 참조)을 경제학자 오스카어 모르겐슈테른(Oskar Morgenstern)과 함께 『게임이론과 경제행동(The Theory of Games and Economic Behavior)』을 쓴 사람으로만 알고 있다. 그들은 노이만이 최초의 디지털 컴퓨터 개발 프로젝트의 리더로서 맡았던 역할에 대해서 알지 못한다. 오늘날 행동경제학과 실험경제학의 대부분은 폰 노이만과 모르겐슈테른이 게임이론에 대한 책에서 처음으로 소개한 근본적인 식견으로까지 거슬러 올라간다.

이 책의 핵심을 전달하는 게임을 들자면, 2장에서 언급한 〈인생 게임〉이 가장 좋은 예, 아니, 사실은 가장 좋은 반례가 될 것이다. 2장에서 이야기했듯이, 〈모노폴리〉가 헨리 조지의 정치 철학을 코드화시킨 것과 마찬가지로 〈인생 게임〉은 밀턴 프리드먼이 1957년 소개한 "항상 소득 가설"이란 경제학의 기본 이론을 코드화했다.

사실, 항상 소득 가설의 기본 전제는 그것이 〈인생 게임〉으로 코드화되자마자 흔들리기 시작했다. 1966년, 랜드 연구소(RAND Corporation)의 수석 연구원, 폴 아머(Paul Armer)는 백악관에 제출하는 보고서를 작성했다. 제목은 「기술 변화, 자동화, 경제적 진보의 컴퓨터적 측면(Computer Aspects of Technological Change, Automation, and Economic

Progress)」이었다. 이 보고서는 코드 발전과 일의 진화 간 관계에 대한 포괄적인 연구를 담고 있었다.

> 인간의 생산성이 향상되리라는 점은 예상되는 바이지만, 발전이 모두 균일하지는 않을 것이다. 컴퓨터와 기술 변화의 영향으로 최근 몇 년간보다 훨씬 빠르게 경제적 생산성이 성장할 것이다. 어떤 유형의 일자리는 사라지고, 많은 것이 변화하고, 새로운 일자리가 생길 것이다. 교육, 정부, 산업, 노조, 개인은 앞으로 점점 삶의 중요한 요소가 될 지속적인 변화를 예상하고 계획을 세워야 한다. 많은 개인이 일생 동안 다른 유형의 일을 두세 개 혹은 그 이상 배우고 수행해야 할 것이다. 교육은 평생 가는 지속적인 과정으로 받아들여져야 한다. 전문직과 기술직에 있는 사람들은 특히 더 그럴 것이다. 변화에 적응할 능력이 없는 사람들은 어려운 삶을 살게 될 것이다.[7]

무려 50년 전에 이 글을 쓰면서 아머는 이렇게 관찰했다. "과거에는 사람이 학교에 가고, 전문직이나 산업 분야의 일자리를 찾고, 조직에서 출세하고 은퇴할 때까지, 학교에서 배웠던 것과 경험을 통해 배웠던 것에 의지해 일하는 것이 일반적이었다. 하지만 사업을 비롯한 많은 분야에서 이런 일이 점점 어려워질 것이다."[8]

아머는 코드 발전에 대한 글을 쓰는 데 이점이 있었다. 그가 연구 계약에 따라 모니터링을 책임진 과학자 중 한 명이 앞에서 자주 등장

음과 양

고트프리트 라이프니츠는 『결합법론』을 발표하고 몇 년 후 『역경(易經)』을 우연히 읽게 되었다. 『역경』은 존재의 근원적 양상이 64개의 괘로 구성되어 있다고 보는 점술 책이다. 각 괘는 6개의 가로선(효(爻)라고 함)—각 선은 음(중간에 공백이 있는 파선)이나 양(실선)을 의미한다—으로 이루어진 도형이다. 음과 양은 도교와 유교 모두에서 각각 여성적인 요소와 남성적인 요소를 나타낸다. 음을 "0"으로, 양을 "1"로 나타내면 자연스럽게 이진법으로 표시된다. 각 자리가 0이나 1의 값을 갖기 때문에 여기에서 세 쌍의 숫자는 괘에서 64개의 가능성을 만든다.[9]

라이프니츠는 이원성—가부(可否)로 이루어진 일련의 가능성을 의미하며 그것들의 조합을 통해 복잡한 삶과 의식을 표현할 수 있다—의 측면에서 우주를 묘사하는 『역경』으로부터 최고의 프로그래밍 언어인 "보편 기호"의 개념을 뒷받침할 증거를 찾았다. 이러한 식견에서 힘을 얻은 라이프니츠는 이진법에 대한 연구를 재개했다. 1세기도 더 전에 조지 불(George Boole)은 이러한 방향의 연구에 손을 댔다. 그 결과가 오늘날 모든 디지털 컴퓨팅의 토대인 불 논리(Boolean logic)이다.

이진법 체계에 깊이 뿌리를 내리고 있는 것이 3세기 전 라이프니츠에게 영감을 주었던 음(⚋)과 양(⚊)의 병치이다. 라이프니츠가 구상한 방식으로 결합시킬 경우, 음와 양을 의미하는 문자는 새로운 문자 ⚌를 만든다.

그 의미는 인간성이다.[10] 현대 한자로는 인(仁)이라고 쓰는 이 문자는 유교에서 "인간"의 특성 이상의 의미를 갖는다. 그것은 나 외의 다른 존재를 위하는 마음, 이타심과 비슷하다. 영어로는 정확하게 대응되는 말이 없기 때문에 "박애(benevolence)", "덕(virtue)", "선(goodness)" 등으로 다양하게 해석된다. 하지만 이 중 어떤 말도 유교에서 인(仁)이 가지는 기능적 측면을 포착하지 못한다. 이 단어는 정서뿐 아니라 의례의 근원까지, 간단히 말해 사회 질서라는 코드까지 포함하기 때문이다.

위에서 언급했듯이, 나는 〈모노폴리〉와 버닝 맨의 이야기를 이용해 코드 경제에 대해서, 그리고 그와 더불어 지금의 코드 경제를 이해하는 데 도움을 줄 방법이 무엇인지, 앞으로 코드 경제가 어떻게 진화할 것인지에 대해서 설명했다. 하지만 이 두 가지 모델은 정반대에 가깝다. 전성기의 애틀랜틱시티—〈모노폴리〉의 모델—는 블랙 록 시티와 전혀 다르다.

정확하게 말하자면, 〈모노폴리〉와 버닝 맨은 음양의 이진쌍에 해당한다.

〈모노폴리〉는 승자 독식이지만 버닝 맨에서는 승리라는 것이 존재하지 않기 때문에 승자가 없다. 〈모노폴리〉에서는 물에 가까울수록 땅의 가치가 올라간다. 버닝 맨은 사막에서 열린다. 〈모노폴리〉에서는 모든 교환이 화폐로 이루어지고 부를 축적하는 것이 목표이다. 버닝 맨에서는 화폐로 이루어지는 교환이 없고 경험을 공유하는 것이 목표이다.

하지만 〈모노폴리〉와 버닝 맨은 공통점을 가지고 있다. 양쪽 모두 사람들이 서로의 포부와 동기에서 배움을 얻을 수 있는 계획적 공간이다. 양쪽 모두 한정된 시간 동안 존재하며, 동일한 규칙을 따라 반복된다. 양쪽 모두 의식(儀式)의 창조에서 영감을 받았다.

〈모노폴리〉는 인간의 본질적인 경쟁적 특성—소유하고, 통제하고, 뽑아내려는 욕구—을 표출하도록 고안되었다. 버닝 맨은 인간의 본질적인 협력적 특성을 표출할 공간을 제공하기 위해 고안되었다. 하지만 더 자세히 살펴보면, 우리는 이 두 도시가 각기 이면을 가지고 있다는 것을 깨닫게 된다.

〈모노폴리〉에 영감을 준, 『진보와 빈곤』에서 헨리 조지가 인간 본성과 사회 역학에 대해 제시한 견해는 그와 동시대를 살았던, 그리고 버닝 맨의 창설자 래리 하비에게 영감을 주었던 리처드 제프리스의 견해와 대단히 비슷하다. 「자연의 의도 결여」에서 제프리스는 이렇게 적고 있다. "나는 모든 노동 인구—진짜 노동이라고 할 수 없는 일부 숙련직은 제외하고—가 비참할 정도로 적은 급여를 받는 것은 강제나 결핍, 장애, 기아가 존재해서가 아니고 순전히 이기심 때문이라고 말하고 싶다. (……) 검약, 절약, 부의 축적은 발명된 것들이다. 그들은 자연적인 것이 아니다." [11] 제프리스에 따르면, 자연은 근본적으로 풍요로우며, 인간 사회는 자연의 확장이다. 인간 사회는 사람들의 생산력에 의해 풍요로워진다.

인류는 이기적이고 또 이타적이다. 코드의 발전은 개인의 힘과 자율성을 감소시키는 한편으로 개인의 능력과 자유를 확대한다.

한 허버트 사이먼이었기 때문이다. 사이먼, 그리고 그와 공동 연구를 하는 앨런 뉴얼과 긴밀하게 일해 온 폴 아머는 이러한 새로운 방식의 코드 제작과 진화가 가진 전환적인 힘을 이해하게 되었다. 그는 이러한 전환이 급속하게 변화하는 세상에 적응해야 할 사람들에게 어떤 어려움을 줄지, 사이먼만큼 명확하게 이해했다.

더 많은 그리고 더 나은 교육을 제공하는 것이 오늘날의 노동자들이 직면하고 있는 문제에 대한 해답일까? 21세기형으로 업데이트된 〈인생 게임〉은 어떤 모습일까?

이 책의 대부분에서 나는 생산과 일의 "방법"에 초점을 맞추었다. 그렇다면 "이유"는 무엇일까? 결국, 존 스튜어트 밀과 존 메이너드 케인즈가 오래전 내다보았듯이, 오늘날 지구상에 있는 사람들의 대부분은 살기에만 급급한 맬서스의 덫에서 해방되었다 — 그리고 그 비율은 내가 이전 책『다가올 번영(The Coming Prosperity)』에서 설명했던 이유로 계속해서 빠르게 늘어나고 있다.[12] 1990년, 개발도상국 인구의 43퍼센트(약 19억 명)라는 놀라운 비율의 사람들이 극빈 상태였다. 2010년 그 숫자는 21퍼센트, 12억 명으로 감소했다.[13] 진보는 그 이후에도 계속되고 있다.

지난 2세기 동안, 진보의 매개체는 더 많은, 더 나은 일자리를 생성시키는 경제의 지속적인 역량이었다. 세계적인 여론조사 기업인 갤럽의 CEO, 짐 클리프턴(Jim Clifton)은 이 진보를 계속 이어가야 한다고 주장하는 열렬하고 정통한 옹호자이다. 클리프턴은 2011년 이런 글을 썼다. "갤럽은 좋은 직업을 갖는 것이 이제는 가장 큰 세계적 꿈이라는 것을 발견했다. 그것은 모든 사람들이 가장 우선시하는 사회적 가치이다. 이것은 우리가 그 동안 발견한 어떤 사실보다 강력한 것이다. '좋은 직업'은 가족을 이루는 것보다 중요하고, 민주주의나 자유, 종교, 평화 등보다 설득력이 있다. (……) 일자리의 증가를 촉진하는 것은 모든 지도자들이 따르는 새로운 유행이다. 이런 일이 이루어지지 않는다면 불안정과 두뇌 유출, 혁명―모두가 실패한 리더십에서 나오는 최악의 결과이다―을 경험하게 될 테니 말이다."

대단히 설득력이 있는 주장이다. 전 세계 정치가들의 반응과도 부합한다. 하지만 2013년 발표된 또 다른 갤럽 연구가 나타내듯이 이야기는 여기에서 끝나지 않는다. 「세계 직장 상황(The State of the Global Workplace)」이라는 제목의 연구는 세계적으로 고용인의 13퍼센트만이 업무에 몰입하고, 거의 두 배에 달하는 26퍼센트는 "업무를 방해"하고 있다고 보았다. 이는 자신이 실제 하는 일이 그들을 소외시킨다고 생각하는 사람들이 자신의 일이 보람이 있다고 생각하는 사람의 두 배라는 의미이다.

이 두 개의 갤럽 조사 결과를 종합하면, 우리는 다음과 같은 결론에 이를 수 있다. 전 세계의 사람들이 무엇―"가족 (……) 종교, 평화 등"― 보다 원하는 것은 그들을 비참하게 만드는 안정적인 일자리라고 말이다. 어느 곳의 정치인이든 "일자리"를 만드는 것이 사회의 최우선 목표라고 하는 것을 보면, 영화 〈프린세스 브라이드(The Princess Bride)〉에 나오는 이니고 몬토야(Inigo Montoya)의 대사가 기억난다. "그

말을 계속 사용하도록 해. 하지만 나는 그 말이 네가 생각하는 의미가 아니라고 생각한다."

그렇다면 맬서스의 덫에서 해방된 그렇게 많은 사람들이 자신의 일에 만족하지 못하는 이유는 무엇일까? 우리는 우리의 일로부터 어떤 것─갤럽의 결과에 따르면 "일자리"가 대체로 전달하는 데 실패했다고 하는─을 찾고 있는 것일까?

미하이 칙센트미하이(Mihaly CsiksZentmihalyi)에 따르면, 그 답은 "몰입(flow)"이라는 한 단어에 있다.

칙센트미하이가 사용하는 "몰입"의 의미는 현재의 순간에 완전하게 집중하는 경험을 말한다. 몰입을 경험하는 것은 완벽한 열중과 목적의식을 경험하는 것이다.

이전에 접해 보지 못한 가장 까다로운 절벽을 오르는 암벽 등반가를 생각해 보라. 두 살 난 자녀와 공원에서 놀아 주는 부모를 생각해 보라. 수개월 동안 머릿속에서 맴돌던 아이디어가 의지를 가진 것처럼 갑자기 글로 옮겨지는 것 같을 때의 작가를 생각해 보라. 칙센트미하이에 따르면 이 사람들은 몰입을 경험하고 있다.[14]

이 개념을 알리기 위해 칙센트미하이는 수백 명의 사람들에게 자신이 정말로 행복했던 경험을 떠올리라고 요청했다. 그는 그 순간 다른 일에 대해서 생각을 하거나 주의가 산만해졌는지, 아니면 현재의 순간에 집중했는지를 물었다. 완벽하게 통제할 수 있다거나 완전히 통제 불능의 상태에 빠졌다고 느낀 적이 있는가? 시간이 느려지거나 빨라지는 것처럼 보였는가? 당신이 하고 있는 것에 목적이 있다고 느꼈는가?

　칙센트미하이의 몰입 이론은 아직 신경과학적 증거에 의해 완벽하게 입증되지 못했다. 사실, 행복에 대한 과학적 연구는 아직 초기 단계에 불과하고 확실하게 말할 수 있는 것은 많지 않다. 하지만 칙센트미하이의 이론은 그 가치를 높게 평가할 만한 두 가지 이유를 가지고 있다. 첫째. 이 이론은 행복에 대한 어떤 학구적 문헌에 뒤지지 않는 탄탄한 연구를 바탕으로 하고 있다. 둘째, 칙센트미하이의 연구가 얻고 있는 지속적인 인기를 볼 때, 많은 사람들의 공감을 얻고 있는 것으로 보인다.

　일단 찾기 시작하면 여러 곳에서 몰입의 사례를 찾을 수 있다. 향신료를 먹는 것도 한 예이다. 자극적인 음식을 먹는 것은 경험이 없는 사람들에게는 고통스러울 수도 있고 속을 다치게 할 수도 있다. 향신료는 영양적 가치가 없고 비싸다. 수 세기 동안 향신료는 가장 귀한 교역 상품이었다. 그렇다면 우리는 왜 향신료를 먹는 것일까? 더구나 왜 향신료를 그렇게 귀중하게 생각하는 것일까?

　이 주제에 대한 한 연구는 인간이 향신료를 소비하고 그 가치를 높게 평가하는 데에 적어도 두 가지 진화론적 이유가 있다고 말한다. 첫째, 향신료는 조합해서 적용했을 때, 음식에 방부 효과를 주는 것으로 보인다. 따라서 이런 관점에서 볼 때 향신료에 대한 기호를 개발하는 것이 가지는 진화론적 가치는 분명하다. 향신료는 우리의 안전을 지켜 준다.[15]

　둘째는 첫 번째 이유와 아주 다르다. 향신료를 사용하는 것은 고통과 위험에 대한 통제된 실험이다. 롤러코스터나 공포 영화와 유사하게, 자극적인 음식을 먹는 경험은 우리의 몸에 도전하여 우리가 회복력을 유지하게 돕는다.[16]

이 두 번째 해석의 증거는 펜실베이니아 대학교 심리학과의 폴 로진(Paul Rozin) 교수의 연구에서 찾을 수 있다. 로진은 40년 이상 사람들이 자극적인 음식을 좋아하는 이유를 찾기 위해 노력했다. 한 연구에서 로진은 자극적인 음식에 익숙한 멕시코의 한 마을 사람들과 비교적 담백한 식사에 익숙한 미국인 그룹을 상대로 인내력을 비교했다. 그는 각 그룹에 칠리 가루의 양을 변화시킨 옥수수 과자를 먹인 후, 연구 대상자들에게 매운 맛을 즐길 수 있었을 때와 참을 수 없게 되었을 때를 평가해 달라고 요청했다.

당연히, 멕시코인들은 미국인들보다 매운 음식에 내성이 강했다. 그렇지만 두 집단 모두, "즐길 수 있는" 자극과 "참을 수 없는" 자극 간의 격차가 아주 좁았다. 로진은 『월스트리트 저널』에서 자신의 연구를 이렇게 요약했다. "두 집단이 가장 선호하는 매운 맛 단계는 참을 수 없는 고통을 불러 일으키는 단계 바로 밑이었다. 따라서 나는 자극적인 맛을 선호하는 경향에 고통 자체가 관련되어 있다고 생각하게 되었다. 그들은 자신을 한계까지 몰아붙이고 있었다."[17] 한계까지 몰아가는 것은 몰입의 필수적인 부분이다. 직업은 보통 한계를 시험하도록 만들어지지는 않는다. 일은 "자양분"이 될 수는 있어도 자극적이지는 않다. 정례적이고 도전의 요소가 없는 일은 지루한 데에서 그치지 않고 치명적이다.

혁신적인 투자가에서 사회 이론가로 변신해 『행운에 속지 마라 (Fooled by Randomness)』와 『블랙 스완(The Balck Swan)』 등을 저술한 나심 니콜라스 탈레브(Nassim Nicholas Taleb)는 이 점을 더 발전시켜 같은 일을 계속하는 것은 지루할 뿐 아니라 건강에까지 좋지 못한 영향을 끼친다고 주장한다. "일상적으로 약도 독이 될 수 있다는 표현이 쓰인다. 적은 약은 몸에 좋지만 지나치면 사람을 죽음에 이르게 할 수도 있다는 뜻이다. 우리는 이런 상황을 늘 마주친다. 알코올에 관해서도 마찬가지이다. 와인을 약간만 마시면 심장에 좋지만 많이 마시면 목숨에 위협이 된다." [18] 탈레브에 따르면 같은 위험이 일에도 적용된다. 고용 보장에는 대가가 따른다. 퇴직해야 할 때 ─ 필연적으로 이렇게 된다 ─ 적응해야 하는 것이 그 대가이다. 적은 양이면 혜택이 유용하지만 많은 양이면 치명적일 수 있다.

탈레브는 이런 문제를 제기한다. 장기적이며 안정적인 일자리에 대한 사람의 선호가 선험적이라면, 오랫동안 유지한 안정적인 일자리를 잃었을 때 무슨 일이 생길까? 많은 증거들이 안정적인 직장을 오랫동안 다닌 후의 실직만큼 고통스러운 경험은 없다고 말해 준다.[19] 사람이 같은 일을 같은 환경에서 오래할수록, 그 일을 잃었을 때의 회복력은 낮아진다. 특정한 환경에 과잉 적응한 유기체와 같이, 장기 근속한 직원은 환경의 극적인 변화에 대응하지 못하게 된다.

비유를 바꾸어 보면, 일에 있어서 안정을 추구하고 위험을 피하는 것은 숲에서 국지적인 산불을 막는 것과 같다. 결국은 일련의 작은 산불 ─ 단기적인 실직의 경험이나 노동 시장의 변동성에 노출된 경험 ─

을 놓아 두었을 때보다 훨씬 더 파괴적인 결과가 빚어진다. "자연적인 상황에서는 잡목이 울창해진 뒤에 화재가 일어나면 그전까지의 모든 화재를 합쳐 놓은 것 같은 불이 된다. 그런 산불은 믿을 수 없을 정도의 파괴력을 가진다."[20] 의도치는 않았지만 필연적으로, 안정을 추구하는 것은 결국 재앙을 불러들인다. 피해가 작게 여러 번 일어나는 대신 한꺼번에 닥치는 것이다.

제인 제이콥스가 수십 년 전 관찰했듯이, 사람과 숲에 적용되는 것이 도시에도 적용된다. 그녀는 19세기 맨체스터와 버밍엄에 대한 다음의 글에서 효율화와 전문화가 야기한 해악의 예를 보여 준다. "두 제조업 도시, 맨체스터와 버밍엄의 비효율성에 대해 진단해 보자. 1844년 벤저민 디즈레일리(Benjamin Disraeli)의 소설에 등장하는 한 인물은 '맨체스터는 현대의 가장 근사한 도시임이 분명해. (……) 버밍엄은 맨체스터 때문에 시대에 뒤떨어진 것처럼 보일 뿐이지.'라고 말했다."[21] 20세기 중반 자동차 생산으로 특화된 디트로이트, 타이어 생산으로 특화된 애크런과 마찬가지로, 19세기 중반의 맨체스터는 직물 생산으로 특화된 도시였다. 이후 미국 직물 산업이 등장하면서, 맨체스터는 결국 핵심 산업을 지키지 못했고 시민들은 한때 안정적이었던 일자리를 잃었다. 그 결과 황폐화된 도시를 회복하는 데는 수십 년이 걸렸다. "직물 생산의 효율적인 전문화는 경기 침체와 극심하게 쇠퇴한 도시를 야기했다. 다른 곳의 다른 사람들 역시 면직물을 효율적으로 잣고 짜는 방법을 배우자, '광대한 미래'가 광대한 손실이 된다는 것이 드러났다."[22] 반대로 버밍엄의 비교적 다양성이 풍부한 경제는 시간이 지나면서 회복력이 훨씬 크다는 것이 밝혀졌다. 제이콥스는 그 결과로 "버밍엄의 경제는 여전히 건재하다."라고 말한다.

생물 종과 산업에 필요한 것으로 밝혀진 전문화와 적응성 간의 그와 같은 균형(8장 참조)은 도시에도 필요한 것으로 나타났다.

경제의 모든 플랫폼이 그렇듯이, 도시는 유기적이면서 동시에 계획적이고, 자연적이면서도 동시에 인공적이다. 도시가 무의식적인 진화와 계획 사이의 이원성을 어떻게 해결하는지 이해해야만 어떻게 경제가 구조뿐 아니라 목적도 가지는지 이해하는 일에 한 발 더 가까워질 수 있다.

경제학자들이 자본이라고 부르는 것은 사실상 현대의 인간들을 둘러싸고 있는 축적된 인공물이다. 이들 인공물 각각은 의도된 목적을 담고 있다. 일부는 우리가 인프라라고, 일부는 도구라고, 또 다른 일부는 장난감이라고 부르는 것들이다. 그들 중에는 컴퓨터도 있다. 코드는 항상 활동 중이다. 레시피에서든, 레시피를 준비하는 데 이용되는 스토브에서든 말이다. 각각의 도구는 고유의 방법으로 우리를 생산자로 만들 수 있는 아이디어를 코드화한다. 따라서 우리는 사람들의 상상이 실현된 것들에 둘러싸여 있다.

헨리 조지가 거의 100년 전 명확하게 이해했듯이, 사람들이 함께 협력하고, 공유하고, 경험하게 하는 플랫폼들은 사회에서 가치 창출을 할 때 강력한 매개체 역할을 한다. 문제는, 조지가 『진보와 빈곤』을 썼을 때처럼, 그 가치를 어떻게 공유하는가이다.

조지의 해법은 토지에 대한 단일세 제도였다. 경제학자 피터 오재그가 말했듯이 부동산세의 인상은 형평의 관점에서 논리성을 가진다. 그러한 세금은 사회 전반에 최소 임금을 보장하는 것을 제도화하는 일 —몇 년 전에만 해도 완전히 터무니없는 것으로 여겨졌지만 현재는 지지자들이 점점 늘어가고 있는 생각—에 자금이 될 수 있다.

하지만 재분배는 코드 발전이 제기하는 문제에 대한 실질적인 해법에서 기껏해야 절반에 불과하다. 내가 이 책 전체에 걸쳐 주장해 왔듯이, 우리 인간은 소비자인 만큼 생산자이기도 하다. 즉 우리는 최저 소득 보장뿐만 아니라 최소 목적 보장을 추구해야 하며, 후자가 더 중요하다. 여기에서 "목적"이란 일을 통해 다른 사람들과 관계를 맺고 의미 있는 기여를 할 기회를 의미한다.

디지털화로 인한 일자리 분기의 다음 단계에는, 자동화될 수 있는 일자리(내가 10장에서 언급한 지속적인 코드 중심 분화의 결과인 "저가 대량 생산" 방식)에서 얻을 수 있는 보상이 대부분 아주 적어질 것이다. 그리고 플랫폼을 유지하는 소수의 사람들만이 계속해서 혜택을 누릴 것이다. 그들은 20세기 경제에서 인프라 건설 업체나 그 노동자들이 수행한 것과 비슷한 역할을 한다.

보편적인 행복으로 가는 가장 가능성 있는 길은 인간화된 일(내가 10장에서 언급한 지속적인 코드 중심 분화의 결과인 "고가 소량 생산" 방식)이다. 이 길은 독특하고 사적이며, 인간적인 가치 창출에 대한 모든 것을 포함한다. 이 길은 농장 직송 재료를 이용하는 레스토랑, 집에서 받는 의료 서비스, P2P 코칭, 라이브 공연—간단히 말해 인간이 우위에서는 모든 업무—을 통해 창출되는 가치를 포괄한다. 이 길은 비인격적인 서비스보다는 공유되는 경험에 대한 것이다. 이 길이 블록체인과 같은 분산적이며 불변하고 신뢰도가 높은 플랫폼을 기반으로 체계화된다면, 광범위한 사람들에게 최저 소득을 보장하고 최저 목적을 보장할 수 있을 것이다.

그러한 활동이 향후 사람들에게 확실하게 기회를 창출하기 위해서는 세 가지 조건이 갖추어져야 한다.

- 새로운 경험의 잠재적인 창조와 공동 창조에 제한이 없어야 한다.
- 새로운 경험을 완전히 자동화시키는 일에는 반드시 일정한 대가가 따라야 한다.
- 새로운 사람들을 만드는 것보다 새로운 컴퓨터를 만드는 것이 더 쉬워야 한다.

이런 조건들이 갖추어지면 일이 끝없이 분기되고, 새로운 프로세스(말하자면, 새로운 일)가 지속적으로 최저 생활 임금에 일치하는 이익을 낼 것이다.

디지털 경제로의 이행은 즉 인간 생산 활동의 "산물"로부터 "방법"과 "이유"로의 변화이다. 디지털 지원 코드의 발전으로 가능해진 새로운 일의 기회 중에서 대부분은 아니더라도 많은 부분이 디지털 지원 코드와 가장 동떨어진 것들이 될 것이다(글상자 14.2 참조).

대기업의 고정적인 알고리즘을 기반으로 한 안정적 일자리들은 사라질 것이다. 미래의 경제는 정례화된 업무를 수행하는 것이 아닌 새로운 가치를 끊임없이 만들어 내는, 즉 자기 자신과 다른 사람의 역량을 키우기 위해 창조하고 그 과정에서 새로운 레시피를 찾는 능력에 의해서 지배될 것이다.

고전주의와 신고전주의 경제학파 모두가 200년이 넘도록 소비와 물리적인 결핍에 초점을 맞추어 왔지만 실제 경제는 점차 생산과 알고리즘적 풍요에 의해 주도되고 있다. 왜일까? 우리 인간은 오로지 소비하기 위해서 창조하는 것이 아니다. 우리는 우리의 잠재력이 세상에서 실현되는 것을 보기 위해서 창조한다. 따라서 코드의 역사는 집단적인 창조 역량의 발전이라는 측면에서 인류가 축적해 온 진보의 역사이기도 하다.

디지털로 인한 일의 분기에 직면한 현대 사회에서 대두된 가장 중요한 문제는 의미 있는 일의 기회가 미래에도 존재하느냐가 아니다. 의미 있는 일의 기회가 어떻게 보상을 받는가도 아니다. 문제는 보다 본질적이다. 문제는 인간 생산 활동의 속성에 대한 것이며 우리가 창조하고 공유하는 것에 우리가 어떻게 가치를 매기느냐에 대한 것이다. 달리 말하면, 인간적이라는 것이 무슨 의미인가에 대한 것이다.

정체성
코페르니쿠스적 전환

> 그러나 모든 것의 중심에는 태양이 있다.
> - 니콜라스 코페르니쿠스, 『천구의 회전에 관하여』, 1543 -

네안데르탈인들은 호모사피엔스보다 큰 대뇌를 가지고 있었다. 하지만 두 종족은 수천 년 동안 이종 교배를 하고 유럽의 전기 구석기 시대 동안 공존할 정도로 긴밀한 관계였다.[1] 그 결과 오늘을 사는 모든 인간이 가진 DNA의 1퍼센트는 호모사피엔스 조상이 아닌 네안데르탈인 조상으로부터 얻은 것이다. 최근 네안데르탈인 게놈의 배열 서열을 밝힘으로써, 우리는 네안데르탈인들이 FOX2 유전자 — 언어 구사력과 관련이 있는 — 를 가지고 있었다는 것을 알게 되었다. 여기에는 호모사피엔스와 유일하게 공유하는 특정한 코드 배열이 있다.[2] 하지만 진화론적 근접성과 큰 대뇌의 이점에도 불구하고, 네안데르탈인들은 약 4만 년 전 멸종했다. 이들의 멸종에는 최소한 부분적으로 호모사피엔스와의 경쟁이 영향을 끼쳤을 것이다.

대뇌의 크기 외에 다른 어떤 것이 호모사피엔스 조상들에게 우위를 가져다준 것으로 보인다. 그것은 무엇이었을까?

"아마도 네안데르탈인들에게 있어 가장 흥미로운 점은 그들이 어떤 존재였느냐가 아니라 그들이 어떤 존재가 되는 데 실패했느냐일 것이다." 1장에서 언급한 연구를 수행한 생물학자 E. O. 윌슨은 말했다. "그들이 존재한 2만 년 동안 그들의 기술이나 문화에는 사실상 어떤 진보도 없었다. 도구 제작에 있어서 어떤 땜질도 없었고, 예술도, 개인적인 치장도 없었다. 최소한 우리가 지금 가지고 있는 고고학적 증거는 없다."[3] 반대로, 네안데르탈인과 호모사피엔스가 중복되는 정확히 같은 기간 동안, 우리의 직계 조상들은 스스로가 억누를 수 없는 땜장이라는 것을 보여 주었다.

"무엇이 호모사피엔스를 이런 수준으로 끌어올린 것일까?" 윌슨은 흑요석 도끼와 창촉을 생산하는 발전된 기법은 물론 표상적 동굴 벽화, 불을 통한 동물의 포획, 특정한 복장을 한 주술사의 출현으로 드러나는 복잡한 사회적 의식을 증거로 삼아, 후기 구석기 시대 동안 이루어진 코드의 탄생을 언급했다. "이 주제를 다루는 전문가들은 향상된 장기 기억력(특히 작업 기억에 들어가는)과 단기에 시나리오를 구성하고 전략을 세울 수 있는 능력이 유럽 등지에서 중요한 역할을 했다는 데 동의하고 있다."[4] 인간은 코드를 만들고, 저장하고, 수정하고, 더 중요하게는 공유하는 일에 있어서 네안데르탈인보다 극적으로 나았다.

현재로 돌아와서, 윌슨은 인간의 장점을 이렇게 요약한다. "인간이 성공적으로 살아남은 것은 모든 문제를 해결하는 높은 일반 지능 때문이 아니라 사회적 기술의 전문가로 태어났기 때문이다. 의사소통과 의도를 읽는 행동을 통해서 힘을 합침으로써, 각 개인이 한 노력을 합친 것보다 집단으로서 훨씬 더 많은 일을 해내는 것이다."

이 책의 도입 부분에서 나는 "인간이 디지털 컴퓨터보다 잘하는 일이 있을까?"라는 질문에 대한 대답이 무척 단순하다는 것을 언급했다. 인간은 인간적인 부문에서 더 낫다. 이것은 무슨 의미일까? 인간적이 되는 것은 비판적으로 사고하는 것이다. 협력하는 것이고 소통하는 것이며 창의적이 되는 것이다. 우리가 "경제"라고 부르는 것은 이러한 활동의 연장이다. 경제는 우리가 코드를 개발하고 발전시키는 영역이다.

장기적으로 인간 종족을 차별화시켰던 본질적인 속성에 집중한 E. O. 윌슨의 관찰은 우리가 먼 과거를 이해하는 데 도움을 준다는 면에서가 아니라 가까운 미래에 대한 예측을 할 수 있게 한다는 면에서 가치가 있다. 예를 들어, 교육자들은 21세기의 기술을 규정한다고 이야기되는 "4C"—비판적 사고, 커뮤니케이션, 협력, 창의성—역량을 개발하는 데 집중하고 있다. 이들 기술은 E. O. 윌슨이 호모사피엔스가 네안데르탈인과의 경쟁에서 승리하는 데 결정적이었다고 주장하는 것들과 완전히 일치한다.

앨프리드 마셜은 1910년 그의 명저 『경제학 원리』의 서두에 신고전주의 경제 이론의 초석이 될 전제를 이야기하면서 이렇게 적고 있다. "정치경제학이나 경제학은 일상적인 삶을 사는 사람들에 대한 학문이다. 이 학문들은 개인과 사회가 행복의 물질적인 필수 조건을 어떻게 쓰며 어떤 성과를 내는지 살핀다." 하지만 그는 다음과 같이 말을 이었다. "[정치경제학은] 한편으로 부에 대한 학문이다. 다른 한편으로, 더 중요하게는, 인간에 대한 학문이다. 종교적 이상형으로서의 인간성이 아닌 인간의 특징은 매일 하는 일과 그를 통해 입수하는 물질적 자원에 의해 만들어지기 때문이다."[5]

앨프리드 마셜은 우리가 소비하는 것들만큼이나 우리가 세상에서 창조하고 공유하는 것들—"우리가 매일 하는 일"—이 우리를 형성한다는 것이 인간성의 공리임을 정확하게 이해했다.

지속적인 코드의 발전이 근본적으로 중요한 이유도 여기에 있다. 허버트 사이먼이 1965년 관찰했듯이, "컴퓨터가 인간을 모방할 수 있게 되면서, 인간의 정체성에 대한 사고방식이 변화할 것이다."[6] 50년 전 사이먼이 멀리에서나 볼 수 있었던 변화의 파도가 역사의 바다를 가로질러 인간 사회를 강타했다.

우리는 어떻게 대응할까? 사이먼의 대답은 인간의 정신에 대한 그의 믿음에서 나왔다. "나는 인간이, 과거에 그러했듯이, 우주 안에서 그의 위치를 형성하는 새로운 방법—존엄성과 목적에 대한 욕망을 충족시킬 방법—을 찾을 것이라고 확신한다. (……) 하지만 그것은 현재의 것과 다른 방법이 될 것이다. 코페르니쿠스적 방법이 프톨레마이오스의 방법과 달랐던 것처럼 말이다." 이전의 인간 세대는 지구가 우주의 중심은커녕 태양계 중심에도 있지 않다는 깨달음—사이먼이 말하는 프톨레마이오스적 세계관에서 코페르니쿠스적 세계관으로의 변화—과 싸워야 했다. 지금을 살고 있는 세대들은 그에 상응하는 문제, 우리가 인지적 세계의 중심에 있지 않다는 문제와 싸워야 한다. 우리의 손으로 창조한 것들이 우리를 능가하고 있다.

우리 각자가 일을 재규정하기 위해서는 다름 아닌 정체성의 재규정이 필요하다. 생산은 단순히 소비하기 위해서 하는 일이 아니기 때문이다. 사실은 그 반대이다. 우리는 살아 있는 존재이다. 우리는 생산하기 위해서 소비한다. 생산은 우리의 목적이다.

루소가 언급했던 우리를 제약하는 사슬은 우리를 연결시키기도 한다. 사슬은 코드로 만들어진다. 4만 년의 인류 역사가 그러한 유대를 형성시켰다. 그들은 쉽사리 사라지지 않을 것이다.

감사의 말

2013년 2월 19일 화요일, 나는 맨해튼 어퍼웨스트사이트의 아르테 카페(Arte Café)에서 당시 케임브리지 대학교 출판부(Cambridge University Press)의 경제학 부문 편집 차장이었던 스캇 패리스(Scott Parris)를 만났다. 이전에 내 편집자였던 존 버거가 그의 동료였던 덕분에 그를 알게 되었다. 점심 식사를 하는 동안 나는 스캇에게 생산 레시피—경제학에서 "무엇"을 생산하느냐의 문제와 다른 "어떻게" 생산하느냐의 문제—에 대한 나의 오랜 연구 중 일부를 경제의 진화에 대한 광범위한 사상을 배경으로 전개시켜 짧은 단행본을 낼 생각을 가지고 있다고 설명했다. 스캇은 이 생각에 관심을 가지고, 더 발전시켜서 이러한 진화론적 주제를 현재 경제 추세에 적용해 보자고 권유했다.

몇 주 뒤, 나는 빈트 서프와 데이비드 노드포스가 보낸 초대장을 받았다. I4J 회의에 참석해 달라는 내용이었다. 실리콘밸리 SRI에서 열리는 이 회의의 의제는 다음과 같았다. "정보 기술은 새로운 산업 혁명이다. 세계가 점점 더 빠르게 혁신 경제로 나아감에 따라, 경제국들은 노동 시장을 조정하느라 애를 먹고 있다. 경제 주체들은 이제 혁신이나 일자리가 아닌 일자리의 혁신을 필요로 한다." 나는 이 주제에 즉시 공감했다. 나는 이전에 출간한 나의 책 『다가올 번영』을 펼쳐서, 로봇공학의 아버지 노버트 위너의 일화를 읽었다. 그가 인간 노동자를 대체하는 로봇에 대한 현재의 우려를 예상한 부분이었다. 그것은 시작에 불과했다. 나는 그 주제를 더 탐구하고 싶었다.

그로부터 얼마 후 두 번째 초대장을 받았다. 이번에는 공동 연구를 한 적이 있었던 동료 호세 로버가 보낸 것으로, 역시 우리의 동료인 데버라 스트럼스키가 주관하는 산타페 연구소의 여름 회의에 참여해 달라는 것이었다. 〈블랙박스에 들어가다: 기술 진화와 경제 성장(Getting Inside the Black Box: Technological Evolution and Economic Growth)〉이라는 제목의 이 회의는 호세와 내가 정확히 20년 전 산타페 연구소에서 SFI 서머스쿨 참가자로서 처음에는 진화생물학자 스튜어트 카우프만과, 이후에는 거시경제학자이자 경제학 이론가인 칼 셸과 함께 탐구하기 시작했던 주제, 즉 진화론적 과정으로서 생산의 미시경제학적 구조에 초점을 맞추고 있었다.

마음에 두고 있던 스캇 패리스의 조언과 처음의 이상을 시험하고 공유할 수 있는 충분한 기회를 제공한 두 모임 덕분에, 나는 생산의 "방법"에 대한 더 나은 이해가 디지털 기술의 발전—이미 급속히 성장하고 있는—으로 인한 일의 분기에 대한 글을 쓰는 데 어떻게 도움을 줄 수 있을지 생각하기 시작했다. 스캇이 우연히 옥스퍼드 대학교 출판부(Oxford University Press)로 옮기면서 능력 있는 내 에이전트 제시카 파핀(Jessica Papin)이 계약을 체결할 수 있었고 나는 이 책을 쓰기 시작했다.

초고에 적극적으로 매달렸던 거의 2년 동안 나는 이전의 어떤 저술 프로젝트에서보다 많은 도움을 받았고 그 때문에 이 책이 만들어질 수 있었다. 그 과정은 내가 깊은 감사의 마음을 가지고 있는 스캇과 제시카의 조언에서 시작되었다. 익명의 세 리뷰어들에게도 꼭 감사를 전하고 싶다. 초기 원고에 대한 그들의 숙고 덕분에 상당한 발전이 있을 수 있었다.

익명의 리뷰어들 외에도 여러 사람이 주의 깊게 책을 읽고 상세한 피드백을 제공했다. 특히 어떤 작가도 하지 않았을 만한 질문을 했는데도, 이 책을 만드는 데 도움이 되는 실질적인 조언을 제공한 데인 스탠글러(Dane Stangler)와 스티브 버니(Steve Bunney)에게 감사를 전하고 싶다. 로버트 액스텔(Robert Axtell), 로케시 다니(Lokesh Dani), 베서니 에드워즈(Bethany Edwards), 제인 헤이글러(Jane Hegeler), 아미샤 밀러(Amisha Miller), 레사 미첼(Lesa Mitchell), 드와이트 리드(Dwight Read), 짐 스포러(Jim Spohrer), 존 자이스먼(John Zysman) 역시 여러 단계에서 다양한 조언을 주었다. 나딘 로메로(Nadine Romero)는 4장의 수메르인들에 대한 부분을 뒷받침하는 연구에 큰 도움을 주었다.

2013년 9월 〈블랙박스에 들어가다〉 회의의 참가자나 I4J 네트워크의 구성원들에 대해서는 이 책에 언급한 이외에 달리 개인을 언급하지는 않으려 한다. SFI와 I4J 공동체로부터 힘입은 바가 크다고 말하면 족할 것이다. 우리는 비슷한 연구 경향과 아이디어를 서로 나누고자 했다. 그러나 그와 동시에 우리는 다른 시각으로 토론에 나서기도 했다. 지난 3년 동안 많은 논의들이 있었다. I4J 회원인 로빈 체이스, 존 클리핑거는 물론 제임스 베슨, 니컬러스 블룸, 에릭 브린욜프슨, 앤드루 매카피, 타일러 코웬, 리카르도 아우스만, 폴 로머, 시드니 윈터가 발표한 연구들은 특히 중요한 영감을 주었다.

내가 참여하는 영광을 얻은, 활발하게 활동하고 있는 또 다른 지적 공동체, 카우프만 재단에도 특별한 감사의 마음을 느낀다. 이 재단의 고문이라는 역할을 맡으면서 교환한 의견들은 이 책을 쓰는 동안 엄청난 도움이 되었다. 이와 관련해서 데인 스탠글러와 아미샤 밀러는 물론 알렉스 크라우스(Alex Krause), 아르노비오 모렐릭스(Arnobio Morellix), 모토야마 야스유키, 데릭 오즈칼(Derek Ozkal), 조너선 로빈슨(Jonathan Robinson)에게 다시 한 번 감사를 전한다.

외교협회와 루스벨트 연구소에 초대해서 청중들에게 이 책에 대해 이야기할 기회를 준 밥 리탄(Bob Litan)과 보 커터(Bo Cutter)에게도 감사드린다. 이들 행사 참가자들의 식견은 이 책에 대한 작업을 마무리하는 데 도움을 주었다.

프로젝트의 마지막 단계에서, 도디 릭스(Dody Riggs)는 이 원고에 그녀만의 편집 마법을 부렸다. 도디는 내 작업의 너무도 많은 측면에 큰 기여를 해 주었다. 이 자리에서 변함없는 그녀의 전문성과 훌륭한 자세에 감사를 전할 기회를 얻게 되어 대단히 기쁘다.

더불어, 이 책 내용의 상당 부분을 쓴 장소인 폴리틱스 앤 프로즈(Politics & Prose) 서점의 공동 소유주, 리사 머스카틴(Lissa Muscatine)과 브래들리 그레이엄(Bradley Graham)에게도 감사 인사를 전하고 싶다. 우리 지역사회에는 개인 소유의 서점과 카페를 비롯한 "제3의 장소(third place, 집이나 사무실이 아닌 다른 장소로, 휴식을 취하거나 지역사회의 일부인 것처럼 느끼게 하는 곳—옮긴이)"가 많고 폴리틱스 앤 프로즈는 그중에서도 특출난 곳이다.

비슷한 맥락에서 버닝 맨에서 나를 그들의 공동체에 기꺼이 맞이해 준 드림 소사이어티(Dream Society) 캠프 메이트들과, 처음으로 초대해 준 코리 라단(Cori Lathan)에게도 감사의 인사를 빠뜨릴 수 없겠다.

마지막으로 이 책을 쓰는 데 몰두하는 동안 인내를 보여 준 나의 세 딸, 세실리아, 헬레나, 이자벨 그리고 나의 아내, 카제에게 감사를 전한다. 이 프로젝트를 마무리한 후에도 사들인 책과 프린트 용지들이 집의 구석구석을 급습하는 일은 멈추지 않겠지만, 적어도 다음 책을 시작할 때까지는 맹렬한 기세는 잠시 수그러들 것이라고 약속한다.

주해

들어가는 글

1 이들은 Kahneman(2011)이 "빠른 생각(thinking fast)"와 "느린 생각(thinking Sslow)"이라고 부르는 방식과 일치한다.
2 "논리(logic)"라는 말은 '로고스(logos)'에서 유래했으며 로고스는 "세다, 말하다"라는 뜻의 '레고(λέγω)'에서 비롯되었다. 이는 이후 기술 진화의 결합적 성격에 대한 논의에서 언급하는 어린이 장난감의 이름과 일치한다.
3 전분 분자를 소화가 가능한 조각들과 변성 단백질들로 분해해 소화 효소가 그들에게 작용할 수 있게 함으로써 가능해졌다. Wrangham, 2009.
4 Zink, Lieberman, 2016, p. 1: "호모(Homo) 속(屬)의 기원은 확실치 않다. 하지만 두뇌가 더 커지고 신체가 진화한 호모에렉투스부터 수렵 범위가 넓어지고 인류의 일일 에너지 요구량이 증가했을 것이다. 하지만 호모에렉투스는 비교적 작은 치아, 축소된 저작근, 약화된 최대 교합 능력, 비교적 작은 소화관을 가졌다는 면에서 이전의 인류들과 다르다. 저작 능력 및 소화 능력은 감소했으나 에너지 수요는 증가한 이 역설적인 조합은 식품을 기계적으로 가공하거나 조리함으로써 식단에 육류를 추가할 수 있게 되었기 때문으로 가정한다. 그렇지만 조리는 50만 년 전까지 분명히 흔치 않은 일이었고 육식과 초기 구석기 시대의 가공 기법들이 저작에 미친 영향은 알려지지 않았다. (……) 조리가 중요한 혜택이긴 하지만 호모 속에 작은 저작 기능이 채택된 것은 석기의 이용과 육류 섭취의 조합을 통해 가능했던 것으로 보인다는 점을 발견했다."
5 Rifkin, 1995, p. xvi.
6 Rifkin, 1995, p. 106.
7 Kurzweil, 2006, p. 371.
8 Kurzweil, 2006, p. 20.
9 Cowen, 2013; Frey and Osborne, 2013; Brynjolfsson, McAfee, 2014.
10 최근의 경제학 연구는 사회적 배경, 특히 소비자 선택이라는 배경에서 인간의 의사 결정에 대한 이해를 넓혔다. 여기에는 Kahneman(2013)을 비롯한 "행동경제학" 연구들이 포함된다. 인간 복지를 측정하는 기존의 관행은 수십 년간 소비 지표에 초점을 맞춰 왔다. 그 대표적인 예외가 Sen(1985, 1999)이다. 그는 소비 자체가 아닌 자유에 대한 인식과 역량의 확대를 인간 발전의 목표로 강조한 연구로 노벨 스웨덴 은행상(Bank of Sweden Prize, 일반적으로 노벨 경제학상으로 알려져 있다)을 수상했다.

1장

1 "인공물(artifact)"은 "기술에 의한, 기술을 이용하는"이라는 의미의 라틴어 '아르테(arte)'와 "만들어진 것"이라는 의미의 '팍툼(factum)'의 조합으로 19세기 초반 만들어진 말이다. 나는 생산 과정을 통해 만들어지는 물리적 결과물을 "인공물"이라고 표현했다. 인공물은 생물학에서 말하는 표현형(phenotype) 같은 것으로, 여기서 코드는 표현형을 창출하는 DNA처럼 인공물을 만드는 역할을 한다.
2 Read (2008); Read, van der Leeuw, 2015, pp. 33–38.

3 Wilson, 2012, p. 92는 이 과정을 이렇게 설명한다. "신석기 시대에 발명된 도끼와 자귀는 일련의 단계를 거쳐 만들어졌다. 우선 결이 고운 바위에서 적당한 모양으로 돌을 떼어 낸다. 이후 점점 더 작게 조각을 내 더 세밀한 형태를 만든다. 마지막으로 끌질을 하거나 갈아서 표면의 거친 부분을 없앤다. 최종 산물은 매끈한 표면에 날카로운 모서리를 지닌, 필요에 따라 납작하거나 둥근 형태를 가진 날붙이가 된다."

4 Wilson, 2012, p. 91. Wilson은 이런 현상을 보다 폭넓게 진사회성(eusocial) 행동의 발견이라고 부른다. "좋은/진짜의"라는 그리스 어의 접두사 "eu"와 "사회적(social)"이라는 단어의 조합인 "진사회성(eusocial)"은 곤충이나 동물이 보여 주는 협력과 협업이 포함된 고도의 사회적 행동을 이른다. Wilson의 말대로, 나는 인간이 진사회성 행동을 "발명"했다기보다는 "발견"했다고 본다. 그것은 인간과 벌거숭이 두더지쥐와 같은 다른 포유류만이 아니라 개미나 기타 사회적인 곤충들에게도 있는 특징이기 때문이다. 윌슨은 인류 역사에서 석기가 제작된 시기를 내가 여기에서 말한 것보다 훨씬 앞선 때로 잡는다. 내가 5만 년 전을 선택한 것은 나의 초점이 경제에 있기 때문이다. 사회의 획기적 변화는 세계의 여섯 곳에서 인간들이 일제히 농업을 발명한 기원전 약 1만 년에 일어난 것이 분명하다. 이런 동시성은 농업의 발명으로 대변되는 코드의 발전이 훨씬 이전에 시작된 코드 진보의 일부라는 것을 직접적으로 말해 준다.

5 Bessen, 2015, p. 41.

6 Read (2008); Read, van der Leeuw, 2015, pp. 33–38.

7 Read, van der Leeuw, 2008.

8 Wilson, 2012, p. 226: "우리와 유전적으로 가장 가까운 침팬지를 비롯한 다른 동물 종의 인지와 인간의 인지 사이에 가장 결정적인 차이는 공통의 목적과 의도를 달성하기 위해 협력하는 능력이다. 거대한 규모의 작업 기억에서 만들어진 계획성이야말로 인간에게만 있는 특징이다. 우리는 마음을 읽는 전문가이자 문화를 발명하는 세계 챔피언이 되었다. 우리는 발전된 사회 조직을 가진 다른 동물들과 마찬가지로 서로 긴밀히 상호작용을 할 뿐 아니라 유일무이할 정도로 협력하고자 하는 욕구를 가지고 있다."

9 Wilson, 2012, p. 91.

10 Sander van der Leeuw, 개인적인 대화.

11 아리스토텔레스는 *Politika* (book I, part II)에서 마을의 기원을 다수 가구의 결합으로 묘사했다. "가족은 인간이 일상적으로 원하는 것들을 공급하기 위해 자연스럽게 형성된 유대이다. 시칠리아에서는 그 구성원을 '찬장을 공유하는 사람들'이란 뜻의 카론다스(Charondas)라고 칭했고, 크레타에서는 '구유를 공유하는 사람들'이라는 뜻의 에피메니데스(Epimenides)라고 불렀다. 한편 마을은 여러 가족이 결합하고 그 연합체가 일상적인 수요에 대한 공급을 넘어서는 어떤 것을 목표로 하면서 형성된 최초의 사회 집단이다."

12 Hobbes, 1689.

13 *Documents Relating to the Revels at Court in The Time of King Edward VI and Queen Mary*(Loseley 원고) https://archive.org/stream/documentsrelatin00greauoft#page/n5/mode/2up.

14 Schumpeter, 1954, p. 258.

15 Hofstadter, 1955는 Spencer에 대해 비판적인 입장을 보였다. *The Stanford Encyclopedia of Philosophy*에서는 다음과 같은 평가를 내리고 있다. "Richard Hofstadter (1955)는 *Social Darwinism in American Thought*의 한 개 장 전체를 스펜서를 논하는 데 할애했다. 그는 안타깝게도 19세기에 스펜서의 사상이 유행하면서 Andrew Carnegie와 William Graham Sumner의 수치를 모르고 억제되지 않은 자본주의라는 비전에 영감을 주었다고 주장했다. Hofstadter에게 Spencer는 가난한 자들을 불필요한 쓰레기로 보는 "초–보수주의자"였다. "손을 잡고 함께 걷는다"는 그의 사회 철학은 "자유방임에 대한 생물학적 사과"에 지나지 않았다(Hofstadter, 1955: 41, 46). 하지만 Carnegie가 Spencer의 사회 이론을 무자비한 경제적 경쟁을 정당화하는 데 이용했다는 이유만으로 그런 오용 자체를 스펜서의 탓으로 돌려서는 안 된다. 그렇지 않으면 스펜서에 대해 평가할 때, 사회적 다윈주의를 통속화하는 사람들에게 영향을 주었다는 사실을 무비판적으로 받아들일 위험을 안게 된다. http://plato.stanford.edu/

entries/spencer/.

16 Statutes of the Realm, 1810, pp. i, 307. 또한, 이 칙령은 "모든 식품 공급자(식품 판매인)는 합리적인 가격으로 물건을 판다."라고 규정했다.

17 10장에서 언급하게 될 것처럼, 스위스 시계 생산의 초기 역사는 자족적인 공방으로부터 고도로 전문화된 작업들을 중심으로 하는 복잡한 공급망으로의 전환을 보여 주는 한 예이다. 다음의 책도 참조하라. Auerswald, 2012, ch. 8.

18 Smith, 1776.

19 Hamilton, 1791.

20 Glaeser, 2011.

21 Wilson, 2012.

22 이 관찰은 Sen, 1985에 의해 처음 경제학에 도입된 아이디어를 확장한 것이다.

2장

1 Steinkeller, Postgate, 1992, Steinkeller, 2002.

2 Viscato, 2000.

3 천 년에 걸쳐 수메르 기호의 수 역시 감소했다. 기원전 3000년대 초반, 수메르 기록에는 1,200개의 상형문자가 포함되어 있었다. 기원전 2000년대 말, 메소포타미아 인들은 언어의 규칙을 세우고 기호를 여러 가지 공간 질서에 따라 무리지어 놓음으로써 사용하는 경제 기호의 수를 600개로 줄였다.

4 문학적 서사시가 등장한 것은 기원전 2220년이며 기원전 1700년에 이르러 문학은 보다 흔하고 풍성해졌다. 설형문자는 단순한 상형문자에서 8,000줄의 "창조 신화"로 성장했다.

5 Knuth, 1972.

6 Bauer, Englund, Krebernick, 1998, p. 3.

7 전적으로 남성 교수와 사업가가 지배하는 세상에서 인문학 학사 학위를 가지고 활동하는 여성인 제이콥스는 그녀가 "주부(housewife)"나 "미친 여자(crazy dame)"라고 비판한 여성들로부터 조롱을 받았다. Gratz, 2011.

8 Jacobs, 1969.

9 Jacobs, 1969.

10 Jacobs, 1969.

11 Lobo는 생산 레시피에 대한 내 초기 논문들의 공저자이다.

12 Bettencourt 등, 2007.

13 Kleiber, 1932.

14 Bettencourt 등, 2007.

15 Whitehead, 1911, p. 61.

16 Gleick, 2011, p. 47.

17 Gleick, 2011, p. 48.

18 Gleick, 2011, p. 50.

3장

1 Samuel Rolle은 "런던의 화재는 작은 다윗이 새총으로 쏜 조약돌에 거인 골리앗이 죽은 것과 같았다."라고 생각한다. "A True and Faithful Account of the Several Informations Exhibited to the Honorable Committee Appointed by the Parliament to Inquire into the Late Dreadful Burning of the City of London, 1667," pp. 7 – 8, Rietveld, 2012에서 인용, Kindle Locations 424 – 427.

2 Beely, 2003.

3 Leibniz, 1666.

4 Grattan–Guinness, 1990, pp. 177 – 178.

5 Grattan–Guinness, 1990, p. 179.

6 Simon, 1965, p. 2: "만일 생산 요인으로 여겨지는 컴퓨터가 자본으로 분류된다면 그들은 특이한 자본이다. 분명 자카드 직기는 컴퓨터의 선구자로, 최신의 반도체를 이용한 기계들만큼이나 프로그램화된 기계였다. 하지만 현대의 컴퓨터는 소프트웨어 구성 요소의 중요성이 매우 크며, 이러한 내용의 중요성이야말로 이전과의 차이점이라고 볼 수 있다." Simon의 언급은 컴퓨터 코드와 관례상 "자본"으로 여겨지는 것 사이의 근본적인 차이를 명확하게 설명했을 뿐 아니라 자카드 직기라는 예를 통해 코드의 발전을 지도화하는 데 도움을 준다.

7 첫 번째 전시는 1978년 이루어졌다. 공식적인 명칭은 "L'Exposition publique des produits de l'industrie française"이었다. Danvers, 1867, pp. 488 – 499.

8 Stanford, 1912.

9 Rodgers, 1974, p. 53; Saval, 2014, p. 47에 인용.

10 Taylor, 1911, p. 64.

11 Saval, 2014, p. 59.

12 Saval, 2014, p. 60.

13 Essinger, 2004, p. 19.

14 몇 가지 이야기에 따르면, 러다이트들이 노팅엄에서 기계 직기를 부순 리옹의 직공들 뒤를 따를 즈음 프랑스에는 1만 대가 넘는 자카드 직기가 운영되고 있었다고 한다. 5장 참조.

15 자카드 직기의 영향은 디지털 시대에까지 직접적으로 이어진다. 저명한 수학자 John von Neumann의 아버지가 자카드 방직기의 천공 카드를 집에 가져와서, von Neumann은 연구하는 과정에서 그것을 면밀히 조사했다. Dyson, 2012, p. 61.

16 http://www.computerhistory.org/babbage/charlesbabbage/ 참조.

17 Simon, 1978.

18 차분기관은 William Gibson과 Bruce Sterling이 1990년 출간한 동명 소설에도 영감을 줬다. 이 작품은 스팀펑크(steampunk, 전기 대신 증기로 작동하는 기계가 등장하는 문학 장르 – 옮긴이) 장르를 개척한 것으로 여겨진다.

19 Burroughs, 1910, p. 25: "몇 년 동안 배비지는 런던 인근에 위치한 자신의 집 지하에 작업장을 마련하고 그곳에서 쉴 새 없이 연구를 했다. 하지만 처음부터 거대한 장애물을 만나는 바람에, 이 기관이 반쯤 완성된 1833년 연구가 중단되었다. 이때까지 1만 7,000파운드가 넘는 정부의 지원금이 들어갔고 배비지의 주장에 따르면 그의 개인 자금도 거의 그 정도 들어갔다. 그는 Peel에 이어 수상이 된 Lord Derby에게 가서 연구를 진행하기 위한 새로운 지원금 책정을 제안했다. Derby는 그 문제를 당시 재무상이던 Disraeli에게 이야기했다. 하지만 소설가이자 정치가였던 Disraeli는 많은 돈을 투자했는데도 가시적인 성과가 없기 때문에 돈을 더 내줄 수 없다고 콧방귀를 뀌며 말했다. 간단히 말해 '딱 잘라' 거절한 것이다. 배비지는 발명에 돈을 모두 쏟아부었고 이 모든 일의 최종 결과는 반만 완성된 차분기관이었다. 정부는 배비지에게 이 미완성품을 내어 달라고 제안했지만 그는 거절했다. 이후 미완성의 차분기관은 킹스컬리지 박물관에 맡겨졌다. 대형 술통만 한 크기의 육중한 기계 장치는 여전히 그 박물관에 남아 실용적인 계산 기계 개발의 진정한 첫 단계를 말 없이 증명하고 있다.

20 한 세기가 지난 1950년, Turing은 이 원리를 인공 지능을 위한 튜링 테스트(Turing Test)로 일반화시켰다.

21 Simon, 1991, p. 206.

22 Simon, 1991, pp. 206 – 207.

4장

1 Taub, 2003(이 책에 대한 Hine, 2005의 리뷰에 따르면): "다른 여러 지식 분야의 이름들과 마찬가지로 '기상학(meteorology)'은 고대 이래 그 의미가 바뀌었다. 현대에는 기상학이 주로 날씨 예보를 나

타낸다. 하지만 그리스 어 메테오롤로기아(meteorologia, 위에 있는 것들에 대한 학문)는 우리가 기상 현상 혹은 대기 현상이라고 부르는 것뿐 아니라 혜성이나 유성을 비롯한 천문 현상(따라서 우리가 'meteor(유성)', 'meteorite(운석)'이라는 말을 사용하는 것이다), 강, 바다, 지진과 같이 다른 기상 현상과 원인이 비슷하다고 여겨지던 지상의 현상까지 아울렀다. 이 메테오롤로기아는 보통 철학자와 기술서 작가들의 영역이었다. 날씨를 예측하는 구전 설화의 전통도 있었다. 그 가장 오랜 예가 헤시오도스이며 그 전통의 대부분은 메테오롤로기아를 다루는 여러 작가들에 의해 보전되었다."

2 Knuth, 1972.

3 Halloran, 2006.

4 Taub, 2003.

5 Richardson, 1922, p. vii.

6 Richardson, 1922, p. 219.

7 Richardson, 1922, p. 219. Lynch, 2008 참조.

8 Turing, 1950, p. 436.

9 Turing, 1950, p. 426.

10 Dyson, 2012, p. 69.

11 Dyson, 2012, pp. 69–70은 디지털 컴퓨팅의 기원에 대한 역사를 포괄적으로 이야기하면서, "탁상형 계산기로 작업하는 인간 컴퓨터가 하나의 [탄도] 궤적을 계산하는 데에는 약 12시간이 걸린다. (……) 탄도 발사표 하나를 완성하려면 한 달 동안 그 일에만 매달려야 한다."라고 말했다.

12 Dyson, 2012, p. 70.

13 Goldstine는 von Neumann이 뉴멕시코 사막에서 원자 폭탄을 연구하는 또 다른 비밀 군사팀의 일원이라는 점을 몰랐다.

14 Platzman, 1979, p. 308.

15 Dyson, 2012, p. 167; Charney, 1955, p. 800.

16 Dyson, 2012, p. 75.

17 Dyson, 2012, p. 167.

18 1958년 컴퓨터를 통한 기상 예보에 걸리는 수리 계산의 속도는 사람이 하는 것과 막상막하였다. 하지만 1960년부터는 사람의 속도를 앞질렀다. Dyson, 2012, p. 169.

19 Dyson, 2012, p. 3.

20 1바이트와 여분의 1비트를 이용하면, 아스키 코드(American Standard Code for Information Interchange, ASCII. 미국 표준 협회(ANSI)가 1962년에 제정한 정보 교환용 표준 코드 – 옮긴이)의 문자 집합에 속한 하나의 문자를 표시할 수 있다. 일반적으로 데이터의 양을 측정하는 데 사용되는 다른 척도들은 모두 바이트를 기준으로 정의된다. 1킬로바이트(KB)는 1,000바이트; 1메가바이트(MB)는 100만 바이트; 1기가바이트(GB)는 10억 바이트; 1테라바이트(TB)는 1조 바이트; 1페타바이트(PB)는 1,000조 바이트.

21 사실, 이 책의 1장에 언급한 초콜릿 칩 쿠키 레시피는 404비트로 이루어진 다음의 2진 수열로 코드화시킬 수 있다.

```
01001001 01001110 01000111 01010010 01000101 01000100 01001001 01000101
01001110 01010100 01010011 00001010 00001010 00110010 00100000 00110001
00101111 00110100 00100000 01100011 01110101 01110000 01110011 00100000 01100001
01101100 01101100 00101101 01110000 01110101 01110010 01110000 01101111 01110011
01100101 00100000 01100110 01101100 01101111 01110101 01110010 00001010 00110001
00100000 01110100
```

Google에서 "이진 문자 해독기(binary to text decoder)"를 검색하면 0과 1로 적힌 이 톨하우스의 레시피를 영어 레시피로 바꾸는 도구를 찾을 수 있다.

22 Moore, 1965.

23 Grace, 2013, p. i.

24 2013년 Dylan McClain은 New York Times에 다음과 같은 기사를 실었다. : "유명 체스 선수가 부정 의혹에 연루되었다. 이번 달 열린 Sparkassen Chess Meeting의 공개 부문 마지막 라운드 전에 독일 출신의 국제 마스터, Jens Kotainy가 휴대전화를 이용하고 있는 것에 대회 임원들이 의문을 제기하면서 그가 실격 당하는 일이 벌어졌다. (……) 이 대회의 책임자인 Christian Goldschmidt가 온라인에 포스팅한 문서에 따르면 휴대전화를 보여 달라는 Goldschmidt의 요구에 Kotainy는 주머니에서 전화를 꺼내며 규칙대로 꺼져 있다고 말했다고 한다. 하지만 Goldschmidt는 Kotainy가 전화를 쥐고 있는 동안 전화가 모르스 부호와 비슷한 진동을 했다고 말했다. (……) Goldschmidt가 Kotainy를 의심한 것은 여러 전문가—부정 행위 탐지 프로그램을 연구하고 있는 버팔로의 컴퓨터 공학 교수 Kenneth W. Regan 등—들이 Kotainy의 움직임이 선도적인 컴퓨터 프로그램의 선택과 거의 정확하게 일치한다는 것을 발견했기 때문이다."

5장

1 Kelly, 2015 참조.

2 R.U.R.는 *Rosumovi Univerzální Roboti* (Rossum의 보편 로봇)를 의미한다. 작가 Kurt Vonnegut가 1925년 발표한 첫 번째 소설, *Player Piano*도 주목할 만하다.

3 Hanson, 2016은 연구를 기반으로 Kevin Kelly가 언급한 "인공 외계인"의 관점에서 인간을 모방한 로봇이 대부분의 일자리를 차지하는 세상을 상상했다.

4 Andreessen, 2011.

5 이 이야기는 이후 Ricardo의 형제가 설명한 것이다.

6 이것은 Ricardo가 자신의 이해에 반하는 입장에 원칙적으로 반박한 많은 경우 중 첫 번째였다. Sraffa, 1951, p. 13, King, 2013에 인용.

7 Ricardo, 1821, chap. 5, para. 5.9.

8 Ricardo, 1821, para. 5.9: "자본은 생산에 채용되는 국부의 일부이며 노동에 영향을 주는 식품, 의류, 도구, 원료, 기계로 이루어진다."

9 Ricardo, 1821, para. 5.1: "노동의 자연 가격은 전체 노동자가 연명하고 증가 또는 감소 없이 그들의 경주를 영속화하기 위해 필요한 가격이다." http://www.econlib.org/library/Ricardo/ricP2. html#Ch.5,%20Of%20 Wages.

10 Adam Smith는 *The Wealth of Nations*(book I, chapter 8, paragraph 38)에서 이렇게 말하고 있다:

> 문명화된 사회에서는 하층 계급이 먹고살기 어려워지면 인구 증가에 제한이 걸린다. (……) 결혼의 결실인 아이들 대다수가 사라지기 때문이다. 노동에 대한 관대한 보상은 그들이 자녀에게 더 나은 것을 제공할 수 있게 함으로써, 그리고 결과적으로 더 많은 자녀를 키울 수 있게 함으로써 그러한 제한이 없어지게 만든다. (……) 따라서 노동에 대한 관대한 보상은 부의 증가가 낳는 효과이면서 인구 증가의 원인이다. 그에 대해 불평하는 것은 대중의 번영에 필수적인 인과 관계에 대해 한탄하는 것과 다르지 않다.

11 David Ricardo는 *On the Principles of Political Economy and Taxation*에서 비슷한 말을 했다:

> 노동의 시장 가격이 자연 가격을 초과할 때 노동자는 번영하고 행복한 상태가 된다. 노동자는 그런 상태에서 삶에 필요한 것들과 삶의 즐거움을 누릴 힘을 얻게 되고 따라서 건강한 가족을 많이 거느리게 된다. 그렇지만 고임금의 장려가 인구의 증가로 이어지면 노동자의 수가 증가하고, 임금은 다시 자연 가격으로 떨어지며, 때로는 반작용에 의해서 자연 가격 이하로 떨어진다. (pp. 5-6)

12 구빈법 법령에는 임금 기금 이론을 요약하는 다음의 단락이 포함되어 있다:

> 노동에 고용되는 사람의 수는 전적으로 노동의 유지에 적용할 수 있는 기금의 양에 달려 있다. 이 기금이 어떻게 적용되고 어떻게 지출되든, 처음 그들에 의해 유지되는 노동력의 양은 거의 같을 것이다. (……) 법률의 규정에 따라 얼마만큼이든 기금이 적용된다면, 법에 의해 관리되는 다른 대상, 극빈층 노동자에게도 기금이 주어질 것이다. 사업을 벌여 돈을 번 당사자 대신에, 극빈층에 그 돈이 주어질 것이다.

13 Nicholas, Steckel, 1991.

14 Barton, 1817, p. 24: "당시 임금의 상승이 언제나 인구의 증가로 이어진 것은 아니었다. 임금의 상승은 노동의 유효 수요를 감소시키는 경향이 있기 때문에, 자연히 그런 일이 벌어진다는 것은 의문스럽다. 임금이 오르면 제조업자와 농부들은 자본 순환을 줄이고 고정 자본을 확대한다. 농부들의 전반적인 합의에 의해 농업 부문의 급료가 주당 12실링에서 24실링으로 올랐다고 가정해 보자. 나는 결혼을 막는 데 이보다 효과적인 상황을 상상할 수 없다. 이런 상황은 가능한 노동력을 줄여 경작하려는 가장 중요한 동인이 될 것이기 때문이다. 기계나 말을 사용해서 노동을 대체할 수 있는 경우라면 모두가 그렇게 할 것이다. 그리고 기존 노동자의 상당 부분은 일자리를 잃게 될 것이다. 젊은 노동자가 직장을 구하자마자 주당 24실링을 받을 수 있다면 그는 망설이지 않고 결혼을 할 것이다. 하지만 직장에서 나이가 있는 숙련 노동자를 선호한다면, 젊은 노동자들은 급료가 어떻든 직장을 구하지 못하게 될 가능성도 있다."

15 Barton, 1817, pp. 17 – 18: "부의 증가가 언제나 노동력의 수요를 그만큼 증가시키는 것은 아닌 이유를 알아보자. (……) 어느 특정 시점의 노동 임금은 그 노동력이 전체 생산에 기여한 정도에 따라 결정된다. 이것은 자본을 어떻게 사용할지 결정하는 것처럼 보인다. (……) 이윤율이 국부의 크기에 의해서 측정된다는 Dr. Smith의 의견은 이윤이 오로지 임금에 의해서 통제된다는 Ricardo의 주장과 화해할 수 있다. 공동체의 연저축에서 돈의 가치는 변하지 않지만, 대부분은 고정 자본에 추가되는 반면 일정 부분은 순환 자본을 증가시켜 노동 수요를 늘리고 임금을 높인다. 이제 노동 수요의 증가는 최소한 15년에서 16년 동안 공급의 확대를 낳지 못한다. 그 기간 동안 임금은 이전의 수준보다 높을 것이고 그 사이에 성장한 새로운 세대는 그러한 상황의 발전에 익숙해지고, 이 새로운 세대는 인상된 노동 가격을 필수적인 것으로 받아들이게 될 것이다. 따라서 자본의 축적은 임금 상승을 통해 이윤을 침체시킨다." Schumpeter, 1954, pp. 650 – 655도 참조.

16 Ricardo, 1821.

17 Ricardo, 1821.

18 George, 1868.

19 George, 1904, p. 210. George, 1898, p. 163도 참조.

20 George, 1879, p. 114. 이 책에 대한 익명의 리뷰어가 내 관심을 끌었다. 높은 인구 밀도가 번영을 초래할 수 있다는 생각은 경제학에서 그 역사가 매우 길다. William Petty는 1676년 완성되어 사후인 1690년 발표된 그의 책에서 당시 네덜란드(좁은 지역에 인구가 집중되어 있던)의 경제적 우위를 설명하면서 영국의 번영을 위한 길은 외딴 지역으로부터 도시로의 대규모 인구 이동이라고 제안한다. Petty, 1676.

21 George, 1879.

22 George, 1879, p. 191.

23 Tabarrok, 2003.

24 Summers, 2014.

25 Douglas, 1926.

26 Bradsherjan, 2013.

27 규모에 비례하여 수익이 일정하게 증가한다는 생각은 직관적이다. 당신이 하루에 500개의 제품을 생산하는 기계 10대와 이를 이용하는 100명의 사람을 고용한 공장 하나를 가지고 있다고 가정하자.

그렇다면 10대의 기계를 이용하는 100명의 사람을 고용한 공장 하나를 더 짓는 경우, 200명의 사람과 20대의 기계가 내놓은 산출물의 합계는 1,000개가 된다. 투입량을 두 배로 하면 두 배의 산출물이 나오는 것이다. 이것이 "규모에 대한 수익 불변"의 정의이다. 기존 경제 활동의 "복제"에 대한 이 논리를 전체 경제로 확장하여 계산할 경우, 생산 함수는 자연히 규모에 비례한 수익을 보여 줄 것이다. 규모에 대한 일정 수익의 생산 함수를 뒷받침하는 전제는 1899년에서 1922년 사이 미국 제조업의 특성과 잘 맞아떨어진다. 많은 소규모 제조업체가 같은 기술을 이용해서 비슷한 제품들을 생산하고 있었다. 기업들은 가격을 기반으로 서로 경쟁해서 다른 기업이 각자의 시장을 독점하지 못하게 했다.

28 Kauffman, 1993.

29 Simon, Newell, 1958, p. 3.

30 Simon, 1950, p. 4, Simon, 1991, pp. 198 – 1990에서 인용.

31 상황은 다음과 같다: Ada Lovelace의 부모 Lord Byron과 Anne Isabelle Milbanke는 1815년 1월 2일 결혼했다. Ada는 11개월 후인 1815년 12월 10일 태어났다. 그녀는 이 혼인 관계에서 태어난 유일한 아이였다. Essinger, 2004는 다음과 같이 말한다: "Annabella이 Byron의 불안정한 정서, 부채, 부정(不貞)에 염증을 느끼고 아이와 함께 한밤중 런던의 집에서 도망친 것은 Ada가 생후 몇 개월밖에 되지 않은 때였다." (p. 124). 1816년 4월 25일 Byron은 외국으로 가서 다시 영국으로 돌아오지 않았고 1824년 4월 19일 그리스 메솔롱기온에서 렙토스피라증으로 사망했다. Ada의 어머니는 Ada가 아버지에게서 물려받은 시적 재능을 발전시켜서는 안 된다고 결심하고 딸이 수학 공부에 초점을 맞추어야 한다고 고집했고 이렇게 해서 Ada는 어린 시절 동안 수학 공부에 매진하게 되었다.

6장

1 머신 러닝과 인공 지능의 초기 지지자들이 가진 열망 사이에는 근본적인 차이가 존재한다. 초기 AI 지지자들은 인간의 추론 과정, 심지어는 창의성까지 모방하는 프로그램을 만들고자 했고 Herbert Simon은 여기에 "발견적 프로그램(heuristic program)"이라는 이름을 붙였다. Simon, 1960은 그 정의를 이렇게 이야기한다: "비수치(非數値)적 과제를 다루고, 인간과 비슷한 문제 해결 기법을 사용하며, 때로 학습 과정을 포함하는 컴퓨터 프로그램을 '발견적 프로그램(heuristic program)'이라고 부른다. 그런 프로그램은 단순히 기계의 완력으로 인간의 노련함을 대체하는 것이 아니다. 그들은 점차 인간의 노련함을 모방하고 때로는 향상시킨다. 반면 머신 러닝은 Simon이 조롱을 섞어 "기계의 완력"이라고 표현한 것을 이용해 "학습된" 해법에 이르게 하는 일에 대한 것이다.

2 Valiant는 이후 이렇게 회상했다: "내가 보기에 가장 큰 문제는 학습 알고리즘이 효과적이라는 평가를 받기 위해 필요한 것을 특정하는 일이었다. 그것이 무엇을 의미하든 그 정의가 정량적이어야 한다는 것만은 명백했다. 데이터 양이나 계산에 있어서는 실질적으로 문제가 없었기 때문이다. 베이지안 추론(Bayesian inference, 대상의 사전 확률과 추가적인 정보로 관측 이후의 사후 확률을 추론하는 방법 – 옮긴이)과 같은 기존의 통계적 개념들은 실제로 학습할 수 있는 것과 그렇지 못한 것을 정량적으로 구분하지 못하기 때문에 충분치 않아 보였다." Hoffmann, 2011, p. 128.

3 Rothkopf, 2015.

4 Levitt, 2015. https://www.youtube.com/watch?v=r5jATFtKtI8.

5 Simon, 1978.

6 Simon, 1978.

7 Simon, 1978.

8 Simon, 1978.

9 Jevons는 경력 초기에 이후 자신의 이론적 연구를 지배하고 경제학 분야에서 영향력을 가지게 될 인간 본성에 대한 입장도 정립했다. "나는 현실에서의 인간이 근본적으로 이기적이라고 생각한다. 모든 일을 즐거움을 얻거나 고통을 피하고자 하는 입장에서 하기 때문이다." Peart, 1996, p. 3. 대부분의 경제학자들이 그렇듯이 Jevons는 일을 수입을 위해서 견디는 것으로 보았다. 생산성을 올리는 과정에 고유한 즐거움이나 가치는 존재하지 않았다. 결과적으로 시장 경제에서 인간의 의사 결정은

수입을 얻기 위해 고통을 견뎌야 하는 필요와 즐거움을 추구하기 위해 일을 피하고자 하는 욕망 사이의 균형으로 정리할 수 있다.

10 Jevons, 1866.

11 노예 제도 철폐 전에 도시에서 유행하던 노래는 공통적인 정서를 표현했다:

> 노예 무역이 사라지면 우리 삶은 끝난 거야.
> 우리 모두는, 아이들과 아내도 거지가 될 거야.
> 우리의 항구에는 배가 없고, 자랑스레 돛을 펼치는 일도 없겠지.
> 우리의 거리에는 풀이 자라고, 거기에는 소들이 거닐겠지.
>
> Lamb Smallpage, 1935, p. 34.

12 Jevons, 1870, p 125.

13 Jevons, 1870, p. 123.

14 Peart, 1996, p. 147.

15 Jevons, 1870, p. 148. (원문 강조)

16 Jevons, 1870, p. 134.

17 출판을 위해 바뀐 제목은 "신뢰도가 떨어지는 계전기를 사용하는 믿을 만한 회로(Reliable Circuits Using Less Reliable Relays)"였다.

18 Gleick, 2011, p. 222.

19 Gleick, 2011, p. 299.

20 Marshall, 1910.

21 Schumpeter, 1912는 다음과 같은 유명한 글을 남겼다. "우리가 '기업'이라 부르는 새로운 조합을 이 행하는 것 그리고 그 일을 수행하는, 우리가 '기업가'라고 부르는 개인." Chisholm, 2015는 이 아이디어의 실제적인 이행을 제안한다.

22 이 분야에 중요한 기여를 한 사람으로는 Roy Radner(정보 처리 기구로서의 기업), Richard Nelson, Sidney Winter(진화경제학), Oliver Williamson(기업 이론), Tom Schelling(비협력 게임 이론)이 있다. 방향은 다르지만 정보 습득과 처리에 대해 연구한 Daniel Kahneman, Amos Tversky도 여기에 속한다.

7장

1 Child, Prud'homme, 2006, p. 19.

2 Child, Prud'homme, 2006, p. 89.

3 Frost, 1923, "The Road Not Taken."

4 http://www.handsomeatlas.com/us-census-statistical-atlas-1870 참조.

5 Walker는 세계적인 신고전학파 생산 이론이 기본으로 받아들여지는 세상의 존재를 추측하면서 시작한다. 이 세상에서는 같은 능력을 지닌 다수의 고용주들이 대체 가능한 산출물들을 관리하며 서로 경쟁한다. 이곳에서는 어떤 고용주가 생산 과정에서 혁신을 일으키면, 곧바로 다른 고용주들에 의해 완벽하게 복제된다. 고용주 사이의 경쟁으로 이윤이 전체 고용주들이 차선의 직업, 즉 다른 사람이 경영하는 기업에서 직원으로 임금을 버는 것보다 나을 바 없는 수준까지 떨어진다. 그 지점에서 고용주들은 본질적으로 수익을 내지 못하는 기업의 대단히 일상화된 생산 과정을 타성적으로 감독하는 관리인이 된다.

6 Walker, 1887, p. 276.

7 Walker, 1887, p. 275. Walker가 직접적으로 말했듯이, 수익성이 높은 대기업들 역시 정치 공작이나 강압을 통해 경쟁적 환경을 왜곡했을지 모른다. 그들은 수익성이 낮은 기업들에 비해 손쉽게 (예를 들어 규모의 경제로 인해) 낮은 가격의 기본적인 투입물에, 혹은 낮은 비용의 노동력에, 혹은 다른 사람들이 배제된 시장에 접근할 수 있었을지도 모른다. 그렇지만 기업들이 오로지 혹은 주로 그러한

비경쟁적 조치를 통해서 우위를 얻는다면, 우리는 시장 지배의 범위와 고객 만족도 사이의 역상관관계(혹은 비상관관계)는 물론, 0에 가까운 매출을 올리는 지배적인 기업의 모습을 보게 될 것이다. 시장을 지배하는 소수의 기업들은 고객들에게 계속적으로 좋지 않은 서비스를 제공할 수 있을지 몰라도 대부분의 기업들은 그렇게 할 수가 없다. 결과적으로 특별히 성공적인 직원—혹은 기업가—이라면 어려운 문제를 비교적 효과적인 방식으로 해결하는 경영 방식을 찾아낼 것이며, 자신의 회사를 초기에 성장시키고 회사가 성장한 후에도 지배력을 유지할 수 있을 것이다.

8 이것이 Wilson, 2012의 핵심적인 논지이다.

9 Bessen, 2015, p. 3.

10 Harold Ickes는 1933년부터 1946년까지 13년 동안 미국 내무장관을 역임했다.

11 운영 규모와 투입물의 사용 효율이 나란히 증가함으로 인해, "리버티 호(Liberty Ship)" 한 대당 평균 조립 시간이 미국이 참전한 때는 186일이었다가 전쟁이 끝난 때는 19일로 단축되었다.

12 Moore, Davis, 2001, p. 6.

13 Moore, Davis, 2001, pp. 4-5.

14 Moore는 새로운 회사 창설 과정에서 최선의 관행을 모방하는 행위가 중심적인 역할을 하는 두 가지 사례를 제시한다. 첫째, "8인의 배신자(Moore가 Fairchild를 설립하기 위해 Shockley Semiconductor를 떠난 자신을 비롯한 8명의 엔지니어를 이르는 데 사용하는 말)"가 선도적인 기존 기업에 몸담고 있던 노련한 관리자, Ed Baldwin을 고용하기로 한 결정. 둘째, Baldwin이 회사의 핵심 엔지니어들과 함께 후속 경쟁사를 차리기 위해 Fairchild를 떠난 것. 두 사례를 생산 레시피라는 개념에 연결시키면, 성공적인 기존 기업이 가진 생산 레시피를 복제하는 것이 후속 기업의 핵심 전략이라고 설명할 수 있다. 그러한 복제가 성공할 수 있는 가능성은 생산 과정의 근본적인 복잡성, 영업 비밀 유지 규칙의 강도와 집행력, 생산 과정에서 비교적 중요한 역할을 하는 암묵적인 지식 등 여러 요소에 의해 제한된다. 따라서 생산의 복잡성은 기존 기업의 관행을 복제하는 새로운 기업의 능력을 제한한다. 경제학자들이 선호하는 말로 표현하자면, 암묵적 지식은 지배적이며, 정보 비대칭성은 표준이고, 거래 비용은 크다. 기술 변화라는 주제에 대한 Mansfield, 1961, 1963 등 중요한 초기 연구는 다른 기업의 생산 방법에 대한 모방과 관련된다. 이 연구는 기술 채택에 대한 Griliches, 1957의 연구를 발전시켰다. Giliches는 발표된 자료들을 이용해서 모듈 방식의 농업 기술 채택에 대해 연구했다. Mansfield, 1961는 설문과 인터뷰를 이용해서 4개 대기업이 채택한 새로운 생산 기법을 연구했다.

15 Moore는 같은 이야기의 후반부에서 "R&D와 제조 사이의 불화를 피하자."라는 Intel 역사 초기의 결정을 언급한다. "우리는 보다 효율적인 이관 과정을 위해 덜 효율적인 제조를 기꺼이 받아들인다. 우리는 R&D 부문 사람들이 생산 시설 안에서 개발 연구를 시행하게 했고 (약간의 변화는 있지만) 그 이후 그런 관행을 계속 유지하고 있다." (Moore , Davis, 2001, p. 14) 이 말은 명시적인 투자(R&D)의 결과로 발생하는 불연속적 기술 변화와 현장에서의 실행에 의한 점진적 학습 사이의 전형적인 격차가 과장되었을 수 있다는 것을 암시한다. 이 부분은 Auerswald, 2010에서 인용했다.

16 선구적인 성장 이론가이며 노벨상 수상자인 Robert Solow은 1996년 스탠포드 대학교에서 펼친 일련의 강의를 통해 이 연구자들이 경제학 분야에 가진 식견에 대해 통찰했다. "기술 변화에는 두 가지 프로세스가 작용하고 있는 것으로 보인다. 좀 더 분명한 프로세스는 기존 업계에서 제품이나 생산 프로세스의 성격을 변화시키거나 혹은 새로운 업계의 창출로까지 이어지는 크고 작은 불연속적 혁신의 발생이다. 좀 더 확실치 않은 프로세스는 보통 제품과 프로세스의 '지속적인 개선(continuous improvement)'으로 묘사된다. 이는 표준적 제품의 디자인과 제조에서 계속되는 일련의 작은 개선들로 이루어진다." (Solow, 1996, p. 20) Solow는 이런 결론을 내린다. 장기적으로는 두 번째의 이 지속적인 개선 혹은 경험 학습이 첫 번째 프로세스 즉, 더 높은 평가를 받는 불연속적인 기술 변화보다 경제의 진보에 더 중요하다.

17 Bloom 등, 2013, p. 1.

18 Marshall은 계속해서 이렇게 이야기한다. "조직은 지식을 돕는다. 조직은 단일 기업 조직, 같은 사업을 하는 다양한 기업 조직, 서로 관련된 다양한 사업 조직, 모두에게 보호를 제공하고 대부분에게 도움을 주는 국가 조직 등 많은 형태로 나타난다. 공공 기관과 민간 기관이 각기 소유한 지식과 조직의

비율은 매우 크게 차이 나며 그 중요성도 커지고 있다. 어떤 면에서는 물질적인 공공 자산과 민간 자산의 차이보다 더 중요할 수도 있다. 때로 조직을 생산의 동인 중 한 요소로 보는 것이 나을 때도 있기 때문이다." (Marshall, 1910, book IV, chap. 1, para. 2.)

19 Goldfarb, Yang, 2009.
20 Drucker 1974, p. 1.
21 Jacob, 1977, p. 1163.
22 Bateson, 1979, p. 52의 논의를 다른 말로 표현하고 있다.
23 Bateson, 1979.

8장

1 Wyman, 2014, p. 23.
2 Winter, 1968, p. 9.
3 Gleick, 2011, p. 299.
4 셋째 형, Percy Wright는 저명한 정치학자이다.
5 반면, 한 점 돌연변이는 선형적으로 확장된다.
6 Wright, 1932, p. 356: "수백만 세대를 거쳐 온 수백, 수천만 개의 종에서 두 명이 동일한 유전적 구성을 가질 가능성은 없다. 유성생식에서 나온 각각의 인간과 같은 유기체의 유전적 특이성을 설명하는 데에는 어려움이 전혀 없다."
7 Wright, 1932, p. 359.
8 Wright, 1932, p. 360. 근친 교배 역시 표현형의 회복력이 감소하거나, 유전적 질환이 발병할 큰 위험을 포함한다.
9 Entrepreneur, 2008.
10 Young, 2007.
11 Kroc은 계속해서 이렇게 말한다:

> 내 첫 번째 가맹주인 Art Bender는 때로 왜 이익의 1퍼센트를 McDonald's에 주는 대신 자기 식당을 시작하지 않느냐고 자문한다고 말한다. 그는 Ray Kroc에게 사업을 가르칠 때 도와준 사람이었다. 혼자서도 쉽게 사업을 할 수 있었을 것이다. "성공적인 식당을 가질 수 있었을지도 모르죠." 아트가 말한다. "하지만 내가 회사로부터 받는 서비스들을 따로 구입한다고 하면, 일개 개인인 내가 얼마만큼의 비용을 지불해야 할지 생각해야 했습니다." Kroc, 1987, p. 178.

12 Kroc, 1987, p. 178.
13 본래 Wiener의 인용문은 다음과 같다: "우리는 혼란의 급류에 맞서서 상류로 헤엄치고 있었다. 그것은 불균형과 동일성의 열역학적 죽음으로 수렴되기 쉬운 일이었다. (……) 물리학의 이러한 열역학적 죽음에 대응하는 것을 키르케고르의 윤리에서 찾을 수 있다. 그는 우리가 도덕적 혼란의 우주에서 살고 있다고 지적했다. 그 안에서 우리의 주된 임무는 질서와 시스템을 갖춘 독단적 거주지를 세우는 것이다. (……) 붉은 여왕처럼 우리는 가능한 빨리 달리지 않으면 우리가 있는 그 자리를 유지할 수 없다." (Gleick, 2011, p. 32)
14 Schrödinger, 1944.
15 Schrödinger, 1944.
16 Watson, 1968.
17 Watson, Crick, 1953.
18 Watson과 Crick은 Maurice Hugh Frederick Wilkins와 노벨상을 공동 수상했다. Rosalind Franklin은 DNA 구조의 발견에 혁혁한 기여를 한 공로로 공동 수상자가 되었지만 노벨상을 수상하기 전에 사망했다.

19 특히 여행하는 외판원 문제와 스핀 유리.

20 Jacob, 1977, p. 1163.

21 Jacob, 1977, p. 1164.

22 Jacob, 1977, p. 1163.

23 Kauffman, Levin, 1987, p. 29: "우리는 Boolean 모델 유전자 네트워크를, 활성화 혹은 비활성화 상태로 N 중에서 무작위로 선택된 2개 유전자로부터 K−2 규정 인풋을 받는 N 이진 유전자와 함께 고려했다. 우리는 무작위로 각 유전자에 16개의 Boole 함수 중 하나를 할당했다. 이 Boole 함수는 두 개의 입력 유전자의 직전 활동에 따라 해당 유전자의 활동을 지정한다. 예를 들어 유전자는 직전에 하나 또는 두 개의 인풋이 활성화 상태일 때 활성화되는 OR 함수일 수도 있고, 두 인풋 모두가 활성화 상태일 때 활성화되는 AND 함수일 수도 있다. 이러한 네트워크는 NK Boolean 네트워크의 앙상블에서 무작위로 샘플링된 결정론적 동적 시스템이다. 유전자가 N개일 때, 하나의 네트워크는 2N개의 유전 활동 조합이 가능하다. 여기에서 각 조합은 하나의 네트워크 상태이다. 매 순간, 각 유전자는 인풋의 활동을 평가하고 그만의 Boole 함수에 따라 적절한 다음 활동값을 정한다. 따라서 네트워크의 상태는 특유의 후속 상태로 바뀐다. 상태의 수는 유한하기 때문에 네트워크는 결국 이전에 도달했던 상태가 된다. 우리의 시뮬레이션은 도약 적응에 대한 위의 이론이 사실임을 보여 준다."

9장

1 다른 말로 평형과 거리가 먼 열역학 시스템(far-from-equilibrium thermodynamic system). Prigogine, Stengers, 1984. 참조.

2 Auerswald, Kim, 1995.

3 Porter, 1998, p. 86.

4 Kash, Rycroft, 1999.

5 달리 말해, 복잡성의 물리적 표현(예를 들어, 부품의 수와 부품 조립의 복잡성)은 생산이 필요로 하는 조직과 직접적으로 관련되어 있다. 기술적 복잡성의 증가 역시 새로운 시장을 창출할 때 다른 여러 가지 기술 분야를 통합하는 팀의 노력이 얼만큼 필요한지와 같다고 이해할 수 있다. 즉 복잡성은 새로운 기술 혁신을 창출할 때 팀의 일반적인 규모와/나 다양성이 얼마나 필요한지, 혹은 인적 자본의 관점에서 기술적 우위에 서려면 얼마나 개인의 인적 자본을 투입해야 하는지를 보여 준다.

6 Santa Fe Institute "Inside the Black Box" 워크숍에서의 발언, 2013년 8월 7일.

7 경제적 복잡성의 구조에 대한 연구 이전에, 거시경제학자들은 경제 내 전문화의 대단히 고르지 못한 패턴을 설명하는 두 가지 접근법 중 하나에 만족하는 경향을 보였다. 그 첫 번째는 전문화 패턴의 핵심 결정 인자로서 미분화 "자본"이 가진 중요성에 초점을 맞췄다. 우리는 더 많은 자본을 가진 노동자가 자본을 덜 가진 노동자에 비해 더 많은 수익을 올릴 뿐 아니라 품질이 더 좋은 산출물을 생산할 것이라고 예상한다. 두 번째 접근법은 근본적인 기술 격차에 중점을 두지만 여기에서 상당히 선형적인 방식을 취한다. 일반적으로 사용되는 접근법에서는 기술에 대해, 더 높은 단계의 발전에 이르기 위해 국가들이 반드시 올라야 하는 "품질의 사다리(quality ladder)"의 가로대로 묘사한다. 거시경제적 수준에서 이들의 접근법은 미시적 수준, 기업 수준에서 전문화의 패턴에 대한 기존의 신고전주의적 접근법과 직접적인 유사성을 갖는다.

8 Hidalgo, Hausmann, 2009, p. 10570.

9 애덤 스미스는 이렇게도 말했다. "모든 분별 있는 가장들은 사는 것보다 만드는 데 비용이 더 드는 것을 만들려는 시도는 하지 말라는 처세법을 가지고 산다. (……) 일반 가정에서 분별 있는 행동으로 여겨지는 것이 국가의 측면에서는 어리석은 행동일 수 있다." 이것은 이후 David Ricardo가 설명하는 비교 우위 이론의 간략한 버전이다. Smith, 1776, book IV, chap. 2, paras. 11–12.

10 Hidalgo, Hausmann, 2009, p. 10570.

11 Bloom 등, 2007; Bloom, Van Reenen, 2010.

12 Santa Fe Institute "Inside the Black Box" 워크숍에서의 발언, 2013년 8월 7일.

13 Murphy, Yates, 2009, p. 7에서 인용.

14 서브루틴으로서의 레시피를 상호 호환이 가능하게 하는 표준화는 기업 수준에서 본 레시피 자체의 표준화와는 다르다는 점에 유의하라. 요식 업계에서, 표준화된 레시피와 생산 프로세스는 McDonald's나 KFC 같은 프랜차이즈 기반 기업의 성공에 밑바탕이 되었다. 지난 장에서 언급했듯이 그러한 기업들은 코드 경제의 진화에 기여해 왔다. Baldwin, Clark, 2000.

15 Smith, 1776.

16 이 주석 초고를 검토한 익명의 사람에 따르면, Marx는 이런 복잡성과 상호 의존성의 결합이 자본주의 체제를 불가피한 붕괴로 이끌게 될 것이라고 예견했다. 익명의 검토자의 말대로(나 역시 동의하는), "Marx가 코드 진화를 예견하는 데 실패한 것은 Malthus가 산아 제한과 농업 기술의 발전이 가져올 영향을 예견하는 데 실패한 것에 비견할 만하다."

17 Hezekiah Agwara, Brian Higginbotham 그리고 내가 주장하는 대로, "다국적 기업이 거느린 자회사들의 전형적인 조합과 달리 세계 기업은 비즈니스 프로세스를 가장 효율적으로 이용할 수 있는 기술과 역량을 갖춘 전 세계 기업들의 융통성 있는 조합이다." Agwara, Auerswald, Higginbotham, 2013, p. 394.

2006년 당시 IBM의 CEO Palmisano는 이런 글을 남겼다:

> 1970년대 초반부터, IT 혁명이 세계 커뮤니케이션과 기업 운영의 질을 수백 수천 배 개선하고 비용을 수백 수천 배 줄였다. 가장 중요한 것은 IT 혁명이 전 세계의 기술과 기업 운영 방식을 표준화시켰다는 점이다. 전 세계의 IT와 커뮤니케이션 인프라를 바탕으로 한 공통 기술과 공통 비즈니스 표준의 조합은 기업들이 가능하다고 생각하는 세계화의 종류를 변화시켰다. (Palmisano, 2006, p. 130)

18 Whitehead, 1911, p. 61.

19 Smith, 1776, pp. 12–13.

20 Bush, 1945, p. 113.

21 Bush, 1945, 124.

22 Engelbart, 1962.

23 Licklider, 1960, p. 4.

24 Licklider, 1963.

25 Licklider, 1963.

10장

1 Bearaknov, 2014.

2 Miller, 1956, Baddeley, 1992.

3 Moore, 2016.

4 "위그노(Huguenots)"라는 말이 본래 조소적인 의미를 담고 있었다는 데에는 역사학자들 사이에 확실한 합의가 있지만 정확한 어원에는 논란의 여지가 있다.

5 University of Maryland이 운영하며 낭만주의 문학과 문화에 대한 연구를 전문으로 하는 한 웹사이트는 프랑켄슈타인 이야기의 영감에 대해 이렇게 상술하고 있다: "Byron과 Shelly는 Rousseau와 그의 작품에 연관된 장소를 방문하려는 목적을 가지고 Lake Geneva의 북쪽 기슭을 보트로 여행했다. Mary Shelley는 뒤에 남았지만, 프랑스 계몽주의의 위대한 인물에 대한 열정만은 공유하고 있었다. '나는 제네바 태생이다.'(1.1.1)라는 1인칭 서사로 시작하면 독자들이 비슷한 방식으로 시작하는 Rousseau Confessions의 네 번째 단락을 떠올릴 것이라는 생각이 그녀의 머릿속을 떠나지 않았다. 새로운 '고결한 야만인(noble savage)'을 강조한 것에서부터 교육, 특히 생명의 형성에 대한 관심, 반체제주의의 정치적 함의에 이르기까지 소설 전체에 Rousseau의 정신이 흐르고 있다고 말할 수 있을 것이다." Fraistat, Jones, 2015.

6 Hartley, 1983.

7 Moore, 2016.

8 Auerswald, 2015a.

9 Organisation for Economic Co-operation and Development, 2010.

10 Baumol, Bowen, 1966과 Spence, 2011가 그 이유를 설명한다.

11 Simon, 1960.

12 Simon, 1960, p. 35.

13 Simon, 1960, p. 23.

14 Simon, 1960, p. 24.

15 Autor, Levy, Murnane, 2003.과 Gabe, Florida, Mellander, 2012는 비슷한 방식으로 관찰한다: "경제 위기로 미국 내의 모든 사회 경제적 계층에서 실업률이 급격히 증가했다. 2006-2011 U.S. Current Population Surveys에 따른 개인별 데이터를 이용하는 회귀 모델은 이 기간 동안 창조 계층(Creative Class)의 구성원들이 서비스 계층(Service Class)과 노동 계층(Working Class)의 구성원보다 직장을 잃을 가능성이 낮았으며, 불황 이후 2년간 창조적 직업의 긍정적 영향력이 더 커졌다는 것을 보여 주었다."

16 Autor, 2014, p. 1.

17 Fox News, 2011, Economist, 2011.

18 Bessen, 2013.

19 Bessen, 2013.

20 Frey, Osborne, 2013.

11장

1 Case, Deaton, 2015.

2 Goldin, Katz, 2008, p. 122: "기술과 역량의 상보성은 20세기 초 제조업에서 배치(batch process)와 일관 공정(continuous process)으로 알려진 생산 방법이 확산되면서 나타났다. 증기와 수력 에너지 에서 전기로의 전환이 이를 강화시켰다. 이 전환이 많은 수송, 전달, 조립 업무에서 비숙련 육체 노동 의 수요를 감소시켰기 때문이다."

3 Bessen, 2015, pp. 40-41: "보통, 새로운 기술은 여러 가지 변수들의 적절한 통제를 요구한다. 주철 을 산소로 제련하는 Henry Bessemer의 단순한 원리는 적절한 온도, 적절한 크기의 용광로, 용광로 에 대한 적절한 내화성 보완 작업, 적절한 양과 온도의 공기, 적절한 광석이 모두 있을 때에만 제대 로 작동한다. 면섬유에서 실을 잣는 기계와 같이 아주 단순하고 오래된 기술조차 많은 수의 매개 변 수를 통제해야 한다." 더욱이 이들 공장의 산출물은 미국의 경우 장인이 만드는 것이 아니라 이전에 집에서 만들던 것들이었다: "기량 단순화의 서사에서, 기술은 비숙련 공장 노동자가 숙련된 장인을 대체할 수 있게 한다. 이런 서사는 두 가지 이유에서 오해의 소지가 있다: 첫째, 길드 체제와 전통적 인 장인 도제 제도가 사양길을 걸은 것은 대규모 기계화 출현보다 훨씬 이전의 일이다. 기계화 이전 에 장인 공방의 상당수는 기계화가 되지 않은 '제조소(manufactory)'로 대체되었다. 제조소에서는 도 제 훈련을 조금 받았거나 전혀 받지 않는 노동자들이 제한적인 업무를 수행했다. 둘째, 대부분의 미 국 초기 공장들은 이전에 공방이 아닌 집에서 만들어지던 물건을 생산했다. 즉, 공장은 장인 공방을 대체했다기보다는 가사 노동을 대체했다. 최소한 수십 년 동안은 말이다." (pp. 23-24).

4 Bessen, 2015, p. 75. 그는 이렇게 상술한다: "자본과 노동을 생산 요소로 이용하는 표준 성장 회계는 노동자 1인당 생산성의 증가가 차지하는 비중이 3.72퍼센트, 노동자 한 명당의 자본 증가가 차지하는 비중이 2.89퍼센트, 기간의 시작부터 끝 사이에 산출물의 평균 자본 지분 55퍼센트를 기반으로 자본 축적이 성장의 43퍼센트에 기여한다고 할 것이다. 하지만 이 계산은 드러나지 않는 몇 가지 강력한 전제를 기반으로 한다. 기술 변화가 실제로 노동력을 절감할 때 그것이 중립적이라는 것이 그런 전 제 중 하나이다. 산업 혁명 동안 전체 생산량 증가에 섬유 산업이 가졌던 중요성을 고려하면, 이러한

발견은 표준 다요소 생산성 증가 추정치가 기술의 역할을 과소평가하고 자본 축적의 역할을 과대평가한다는 것을 암시한다. (p. 238)

5 Bessen, 2015, p. 75.

6 Bessen, 2015, p. 21.

7 Bessen, 2015, p. 18.

8 Bessen, 2015, pp. 41-42. 그는 이 과정에서 신생 기업의 역할을 언급하면서 이렇게 말한다: "초기 단계의 기술―비교적 표준화된 지식이 적은 기술―은 소규모로 사용되는 경향이 있다. 활동이 국지적이며, 개인적 훈련과 직접적인 지식 공유가 중요하고, 새로운 기량이 필요하기 때문에 노동 시장이 필요한 노동량을 충당하지 못한다. 원숙한 기술―표준화된 지식이 많은 기술―은 대규모로, 시장이 허락한다면 세계적으로 이용된다. 공식화된 교육과 지식 교환이 흔해지며 탄탄한 노동 시장이 노동자들로 하여금 자신의 기량을 개발하도록 고무시킨다." (p. 68). 이 단계에서는 도시에서 일어나는 상호 작용의 강도도 중요하다. "매뉴얼을 통한 지시가 어려운 초기 단계에는 지식 확산에 직접적인 의사소통이 특히 중요하다." (p. 21)

9 Bessen, 2015, p. 3.

10 Bessen, 2015, p. 14.

11 Licklider, 1963: "컴퓨터 네트워크 제어 언어의 측면에도 비슷한 문제가 있다. 아마 좀 더 어려운 문제일 것이다. 여러 개의 다른 집단이 함께 엮어 있는 상황을 생각해 보라. 각 집단은 대단히 개인주의적이며 그만의 특별한 언어와 특별한 행동 방식을 가지고 있다. 모든 집단이 어떤 언어 혹은 '어떤 언어를 쓰세요?'와 같은 질문을 하는 관습에 동의하는 일은, 불필요하고 바람직하지도 않은 것일까? 다음의 극단적인 케이스는 본질적으로 SF 작가들이 고민할 문제이다: '전혀 연관이 없는 "지적인(sapient)" 존재들 사이에서 어떻게 커뮤니케이션을 시작할 수 있을까?' 하지만 나는 이런 비상관성에 대해서 극단적인 추정을 하고 싶지 않다. (나는 지혜(sapience)에 대해서는 기꺼이 극단적인 추정을 한다.) 보다 실질적인 질문은 네트워크 제어 언어가 동일한가이다."

12 Aeppel, 2015.

13 Shiller, 2015.

14 Chase, 2015, p. 249.

15 Hall, Krueger, 2015는 그들이 "설문 자료와 익명화된 통합 관리 자료를 기반으로 하는 우버의 운전사―파트너에 대한 최초의 포괄적 분석"이라고 묘사하는 것을 제시한다. 그들은 "모든 비용을 고려해 우버의 운전사―파트너와 택시 운전사, 운전기사의 세후 시간당 순수입을 비교하는 것은 쉽지 않은 일이다. 하지만 우버 운전사―파트너는 최소한 택시 운전사와 운전기사만큼의 수입을 올리고, 대부분 택시 운전사와 운전기사보다 많은 돈을 버는 것 같다."

16 Dyson, 2012.

17 Shirky, 2010 참조.

12장

1 Keynes, 1930.

2 George, 1879, Introduction, p. 3.

3 George, 1879, Introduction, pp. 5-6.

4 Gordon 그리고 그와 시각을 공유하는 사람들에게 현대의 코드 발전은 전기, 자동차, 실내 배관 등 19세기 말 등장해 미국의 도시화를 가능케 했던 플랫폼 기술의 힘에 비하면 아무것도 아니다. Gordon, 2012은 이야기를 덧붙인다: "1875년에서 1900년 사이의 발명들이 경제 성장에 미쳤던 큰 영향은 다시 반복되기 힘들 것이다. (……) 새로운 발명들은 항상 새로운 성장 방식을 도입하며, 역사는 미래의 혜택에 의문을 제기하는 많은 사람들의 사례를 갖고 있다. 나는 혁신의 종말을 예견하지는 않는다. 그저 과거의 위대한 발명들에 비하면 미래 발명의 유용성이 떨어질 것으로 내다볼 뿐이다." (Gordon, 2014). 이 논거는 Gordon, 2016에서 더 진척된다.

5 보다 광범위하게 보면 TFP의 증가가 기술적 한계의 확장을 가장 정확하게 측정하는 수단이라고 하더라도, 지난 40년간 데이터에서 TFP의 증가로 설명할 수 있는 지점은, 현재의 생산성 "둔화"가 아니라 1990년대 중반부터 2000년대 중반 사이의 이례적으로 빠른 생산성 증가(이에 비교해 현재의 성장세를 "둔화"로 정의하게 된다) 중간에 있었던 "휴지기"이다. 이 데이터를 자세히 분석하면 TFP 증가에 대한 논쟁이 1996년부터 2004년 사이에 거의 전적으로 디지털 컴퓨팅과 연관된 신생 영역에서만 일어났다는 것을 알 수 있다. 지난 10년간 벌어진 현상은 디지털을 통한 가치 창조의 방식이 대개 가격이 매겨지고 상품화되는 것으로부터 주로 무료로 제공하는 것으로 전환되며 일어난 것일지도 모른다. 그렇다면, 지금 측정된 데이터는 생산성의 하락이 아닌 폐쇄형 비즈니스 모델에서 개방형 비즈니스 모델로의 전환을 포착하고 있는 것이다. 따라서 TFP는 21세기 작업 방식의 도래보다는 20세기 작업 방식의 점진적인 퇴장을 측정하는 데 훨씬 좋은 도구라고 할 수 있다.

하버드의 Dale Jorgenson이 50년에 걸친 연구를 통해 보여 주었듯이 시간에 따른 지수 변화에 근거한 측정 시스템이 참신한 이유를 설명하는 것이 실제로 가능하다. Jorgenson을 필두로 하는 경제학자들은 자본과 노동을 보다 잘 측정하기 위해 상당한 노력을 기울였다. "일정한 품질의" 노동 지표와 산출물에 대한 쾌락적(즉, 특성 기반) 가치 책정이 TFP 척도를 개선시켰다. 그렇지만 TFP는 새로운 것과 오래된 것, 소프트웨어와 하드웨어, 공유물/서비스과 교환물/서비스를 체계적으로 구분하지 못한다. 상품과 서비스의 공유를 가능케 하는 소프트웨어가 점차 경제를 지배하는 현실에서 이것은 문제가 된다.

6 오래전 Joan Robinson이 보여 주었듯이, 시장 기반 경쟁은 국지적 독점 상품의 존재와 궤를 같이 한다. Robinson은 경제에서의 이런 상황에 "독점적 경쟁(monopolistic competition)"이라는 이름을 붙였다. 이 점을 설명하기 위해, 〈모노폴리〉 게임에서 가장 두드러지게 등장하는 독점 상품이 철도, 전기, 수도가 아니라는 것을 생각해 보라. 그들은 모두 지주이다. 별 것 아닌 이 게임은 모든 땅이 그 땅에서 이루어지는 모든 용역의 제공을 독점한다는 것을 상기시킨다. 이것이 경제학자들이 지대를 산출하는 토지에 대해 이야기하는 이유이다. 토지는 정해진 양만큼만 존재한다. 우리는 물리적(가상의 토지와 반대되는) 토지를 효율적으로도 비효율적으로도 사용할 수 있지만 토지를 더 만들어 낼 수는 없.

1995년 Jorgenson은 이 주제에 대한 연구 총서 1권의 서문에서 이렇게 이야기했다: "경제의 성장 원천으로서 생산성이 가지는 결정적 특징은 높은 생산성에 의해 발생한 수입은 성장을 유발하는 경제 활동의 외부에 있다는 점이다(p. xvii). 따라서 생산성은 "투자"와 다르다. 생산성 향상은 기업이 시장에서 포착할 수 있는 방식을 통해 의식적으로 자신의 상품과 서비스를 개선하려고 노력하는 데에서 일어나지 않는다. 생산성의 향상은 경제학자들에게는 긍정적 "외부 효과"라고 알려진, 생산 활동의 긍정적 부산물로 나타난다. 독점적 경쟁력이 있는 기업이 행하는 상품과 서비스(판매에 특히 좋은 위치를 점하고 있는)에 대한 투자는 이 범주에 해당되지 않는다.

7 "미국 경제 성장의 미래(The Future of U.S. Economic Growth)"에 대한 Amar Bhidé의 발언. 2014년 12월 4일 Cato Institute conference. http://www.cato.org/events/future-us-economic-growth.

8 George, 1879, Introduction, p. 184.

9 George, 1879, Introduction, p. 218.

10 George, 1879, Introduction, p. 341.

11 Piketty, 2014, p. 96.

12 여기에서 당연한 의문이 제기된다. 1950년대에서 1980년대까지는 어떻게 부의 불평등이 그렇게 미미했던 것일까? Piketty는 그에 대해 명료하고 강렬한 대답을 제시한다. Piketty는 *Capital in the Twenty-First Century*, 15페이지에서 이렇게 말한다. "1914년에서 1945년 사이 거의 모든 부유한 국가에서 우리가 관찰하는 소득 불평등의 급격한 감소는 무엇보다 세계대전들과 그에 수반된 강력한 경제적, 정치적 충격(많은 재산을 가지고 있는 사람들에게는 특히나 큰 충격)으로 인한 것이었다." 그는 계속해서 이렇게 이야기한다: "두 차례의 세계대전과 그들을 뒤따른 공공 정책은 20세기에 불평등을 줄이는 데 중심적인 역할을 했다. 이 과정에 자연스럽거나 자발적인 것은 존재하지 않았다." (p. 237) 그는 공공 정책을 언급하면서도 1918-1919년 스페인 독감의 유행(가장 믿을 만한 추정에 의하면 스페인 독감으로 사망한 미국인의 수는 1차 세계대전과 2차 세계대전에서 사망한 미국인의 수를 합친 것보다

많다)과 대공황(미국의 축제에 상당한 영향을 미친)은 배제했다. Piketty의 언급대로, 미국이 1950년대에서 1980년대(그가 책의 상당 부분에서 미래 경제의 바람직한 참조점으로 삼고 있는 시기)의 불평등 수준에 이른 과정에 "자연스럽거나 자발적인 것은 존재하지 않았다."

Piketty 자신의 분석에 따르면, 2차 대전 후 수십 년 동안 미국이 누리던 부와 소득의 비교적 평등한 분배는 1915년에서 1950년 사이(불평등의 기록적인 하락이 발생한 기간) 일어난 전쟁, 폭정, 전염병, 세계적인 경기 침체로 인해 1억 명 이상의 사람이 죽은 것이 직접적인 원인이었다. Piketty는 다음과 같이 말했다(p. 8). "전쟁으로 시작된 경제적, 정치적 대규모 충격 없이 이런 궤적이 어디로 이어졌을지 짐작하기는 대단히 어렵다. 역사 분석에 약간의 견해를 첨가하면, 이제 우리는 그런 충격이 산업혁명 이래 불평등을 줄일 만큼 강력한 힘을 가진 유일한 존재라는 것을 알 수 있다." 이런 일련의 사건들은 약 30년 동안 고도로 산업화된 국가들에서 불평등을 감소시키는 긍정적 부작용을 낳았다. 하지만 1980년대부터 불평등은 다시 돌아왔다.

13 McCloskey, 2015는 Piketty의 분석에서 인적 자본의 누락과 관련된 지적을 하고 있다: "Piketty가 내린 부의 정의에는 노동자들이 소유한 인적 자본, 즉 부유한 국가들에서 1800년부터 사회 풍조와 지식에서의 엄청난 자본(접근할 수 있는 모든 사람이 소유하는) 축적과 결합되어 주요 소득원으로 부상하고 있는 인적 자본이 포함되지 않는다. 과거에는 인적 자본이 존재하지 않는 Piketty의 세계가 우리의 세상, 그리고 Ricardo나 Marx의 세계와 가까웠다. 노동자가 가진 것은 손과 허리뿐이고 고용주와 지주가 모든 다른 생산 수단을 소유한 세계였다. 하지만 1848년부터 세계는 노동자의 두 귀 사이에 있는 것을 통해 변화했다. 이 책이 자본에서 인적 자본을 배제한 유일한 이유는 Piketty가 도달하고자 하는 결론을 강요하기 위한 것으로 보인다. 7장의 소제목 중 하나는 '자본은 항상 노동보다 불평등하게 분배된다'라고 말하고 있다. 그렇지 않다. 인적 자본—평범한 공장 근로자의 글을 읽고 쓰는 능력, 간호사의 교육받은 기술, 복잡한 시스템에 대한 전문 관리자의 통솔력, 공급 반응에 대한 경제학자의 이해—이 포함되면 노동자가 국가 자본의 대부분을 소유한다. 그리고 Piketty의 각본은 실패로 돌아간다."

14 Robinson, 1953, p. 81.

15 Solow, 1957, p. 314.

16 Solow, 1955, p. 101.

17 Samuelson, 1966, p. 579.

18 Hahn, 1972, p. 8.

19 Piketty, 2013.

20 Orszag, 2015.

21 Ondrejka, 2007.

22 Kalning, 2007.

23 Ondrejka, 2007.

24 Demmitt, 2015.

25 Ondrejka, 2007.

26 The Economist, 2014.

27 http://www.economist.com/news/special-report/21593580-cheap-and-ubiquitous-building-blocks-digital-products-and-services-have-caused.

28 Ondrejka, 2007.

29 Lanier, 2013, p. 15: "디지털 정보는 사실 가면을 쓴 사람들에 불과하다."

30 Metcalfe의 법칙은 전기 통신 네트워크의 가치가 시스템에 연결된 사용자 수의 제곱(n^2)에 비례한다는 것이다.

31 당신이 그 권리를 주장하기로 선택하는가 여부는 또 다른 문제이다. 당신은 처음부터 정말 당신의 것이 무엇인지를 다른 사람들에게 공개할지 말지 선택할 수 있을 뿐이다.

32 O'Reilly. TechAtState에서의 발언, 2010년 11월 4일.

33 전국 도매 유통협회(National Association of Wholesale Distributors)의 요약, https://www.naw.org/

govrelations/advisory.php?articleid=563.

34 Bollier, Clippinger, 2014.

13장

1 James Biscione과의 인터뷰. http://www.ibm.com/smarterplanet/us/en/cognitivecooking/truck.html, https://www.youtube.com/watch?v=R4ssoD_P0Vc.

2 Florian Pinel과의 인터뷰. http://www.ibm.com/smarterplanet/us/en/cognitivecooking/truck.html, https:// www.youtube.com/watch?v=Vp9z9vEZ7_s.

3 Florian Pinel과의 인터뷰. http://www.ibm.com/smarterplanet/us/en/cognitivecooking/truck.html, https:// www.youtube.com/watch?v=MNg5R6Hy_z8.

4 Steve Abrams과의 인터뷰. http://www.ibm.com/smarterplanet/us/en/cognitivecooking/truck.html, https:// www.youtube.com/watch?v=DX0601vQDqw.

5 Dewey, 2015.

6 Luckerson, 2015.

7 Bollier, Clippinger, 2014.

8 Bollier, Clippinger, 2014.

9 국립 원산 • 품질 연구소(National Institute of Origins and Quality), 옛 이름인 원산지 명칭 국립 연구소(Institut National des Appellations d'Origine)로 더 잘 알려져 있다.

10 Bosveld, 2010.

11 Bosveld, 2010는 다음과 같이 말한다: "그들이 얼마나 진지했는지 보여 주는 증거가 1691년 Boyle의 죽음 이후 드러났다. Boyle은 일생 동안 적토의 레시피를 세상에서 가장 귀중한 것인 양 비밀에 부쳤다. 하지만 그가 죽은 후 그의 유언집행자이며 그 역시 연금술사였던 Johan Locke는 더 관대했다. 그는 Newton에게 그 레시피와 Boyle이 죽기 전에 만든 샘플을 보냈다. Newton이 적토로 무엇을 했는지는 아무도 모른다. 화학자이며 과학사학자인 존스 홉킨스 대학교의 Lawrence Principe는 Newton이 Boyle이 사망하고 1년 뒤 신경 쇠약에 걸렸다고 말하면서 그것이 수은 중독으로 인한 것이었을지도 모른다고 의심했다. 적토를 만드는 첫 번째 단계에는 수은을 가열하고 식히는 반복적 공정이 필요하다. Principe는 '그는 이 레시피의 부본을 얻은 직후 수은을 증류했다.'라고 말한다."

12 Jevons, 1875.

13 Strauss, 2013.

14 Chase, 2015, p. 199.

15 퀘벡 사람들의 입맛에 맞춰진 맛 감별기가 없는 상황에서, SXSW 페스티벌에서 알고리즘으로 만들어져 제공된 푸틴 요리의 검증과 인증을 맡은 것은 Nicolas Vanderveken이었다. 그는 Watson Food Truck이 활용되는 장면을 기록하는 IBM의 동영상에서 푸틴을 우물거리며 "정말 맛있어요. 마음에 쏙 듭니다."라고 말한다.

14장

1 http://burningman.org/culture/philosophical-center/10-principles/ 참조.

2 Doherty, 2006, p. 52.

3 Harvey, 2014의 모델은 의도적으로, 그리고 전적으로 생물학적이다: "블랙 록 시티의 디자인은 무엇보다 좌우 대칭의 원칙을 따른다. 척추를 중심으로 모든 것이 좌우 대칭을 이룬다. 그것은 보편적이고 여러 문화를 아우르는 것이다. 거기에는 뭔가 원초적인 것이 있다. 신성한 건축물의 경우에도 이런 강력한 중심화 효과가 있고 초자연적으로 사람에게 다가서려는 경향이 있다. (······) 인간의 몸이 좌우대칭이기 때문에 버닝 맨(사람의 형상을 한 조형물) 역시 좌우대칭이다. 버닝 맨은 블랙 록 시티라는 개방형 반원의 중앙에 서 있다. 도시의 좌우 대칭은 바로 버닝 맨으로부터 시작된다. 매년 블랙

록 시티의 창설을 기념하는 첫 행사는 리본을 자르는 것이 아니고 스파이크를 박는 것이다. 스파이크와 방사축이 사막을 가른다. 도시와 같은 분열이 뒤따른다."

4 작가, Alfred Henry Lewis는 1906년 3월 월간지 *Cosmopolitan* 에 이런 유명한 글을 남겼다. "인류와 무정부 상태 사이에는 단 아홉 끼가 있다." 보다 최근의 정량적 평가는 Mahanta, 2013 참조.

5 Harvey, 2014.

6 Harvey, 2014.

7 Armer, 1965, p. 1–239.

8 Armer, 1965, p. 1–239.

9 64라는 숫자는 컴퓨터 구조에서도 중요하다. Marc Andreessen의 첫 번째 컴퓨터, Commodore 64가 이런 이름을 가진 것은 64킬로바이트의 메모리를 가지고 있기 때문이었다. 위에서 설명한 이유 때문에 이진 컴퓨터의 메모리는 항상 2의 거듭제곱으로 표시된다.

10 이후 仁.

11 Jefferies, 1885, p. 349

12 Auerswald, 2012.

13 *The Economist*, 2013.

14 Csikszentmihalyi, 1990.

15 Brody, 1998.

16 McQuaid, 2014.

17 McQuaid, 2014.

18 Roberts, 2012.

19 Young, 2012; McArdle, 2014; Kroft, Lange, Notowidigdo, 2012.

20 Roberts, 2012.

21 Jacobs, 1969, pp. 86 – 87.

22 Jacobs, 1969, p. 88.

마치는 글

1 Higham 등, 2014.

2 Wilson, 2012.

3 Wilson, 2012.

4 Wilson, 2012.

5 Marshall, 1910.

6 Simon, 1965, p. 52.

7 Simon, 1965, p. 62. Hanson, 2016은 이런 현실을 상상할 수 있는 출발점을 마련한다.

참고자료

Acemoglu, Daron, and James Robinson (2012). *Why Nations Fail: The Origins of Power, Prosperity, and Poverty.* New York: Crown Business.

Acs, Z. J. (2013). *Why Philanthropy Matters: How the Wealthy Give, and What It Means for Our Economic Well-Being.* Princeton, NJ: Princeton University Press.

Aeppel, Timothy (2015). "Silicon Valley Doesn't Believe U.S. Productivity Is Down." Wall Street Journal, July 16. Accessible at http://www.wsj.com/articles/silicon-valley-doesnt-believe-u-s-productivity-is-down-1437100700.

Agwara, H., Auerswald, P., and Higginbotham, B. (2013). "Algorithms and the Changing Frontier." In *The Changing Frontier: Rethinking Science and Innovation Policy.* Chicago, IL: University of Chicago Press, pp. 371–410.

Andersson, Claes (2011). "Paleolithic Punctuations and Equilibria: Did Retention Rather Than Invention Limit Technological Evolution?" *Paleo Anthropology.* 243–259.

Andreessen, Marc (2011). "Why Software Is Eating the World." The Wall Street Journal, August 20. Accessible at http://www.wsj.com/articles/SB10001424053111903480090457651225091 5629460.

Armer, Paul (1965). "Computer Aspects of Technological Change, Automation, and Economic Progress." Report prepared by the RAND Corporation for the National Commission on Technology, Automation, and Economic Progress.

Auerswald, Philip (2010). "Entry and Schumpeterian Profits: How Technological Complexity Affects Industry Evolution." *Journal of Evolutionary Economics*, 20(4): 553–582.

Auerswald, Philip (2014). "The Power of Connection: Peer-to-Peer Businesses." Testimony before the U.S. House of Representatives Committee on Small Business, January 15.

Auerswald, Philip E. (2015a). "A Doctor in the House." *The American Interest*, 10(6): 62–69.

Auerswald, Philip E. (2015b). "Enabling Entrepreneurial Ecosystems." In D. B. Audretsch, A. N. Link, and M. L. Walshok, *The Oxford Handbook of Local Competitiveness* (pp. 54–83). New York: Oxford University Press.

Auerswald, Philip, and Jan Tai Tsung Kim (1995). "Transitional Dynamics in a Model of Economic Geography." In L. Nadel and D. Stein, eds., *1993 Lectures in Complex Systems*. Santa Fe Institute Studies in the Sciences of Complexity, Lecture Volume VI, Addison-Wesley.

Auerswald, Philip E., Stuart Kauffman, Jose Lobo, and Karl Shell (2000). "The Production Recipes Approach to Modeling Technological Innovation: An Application to Learning by Doing." *Journal of Economic Dynamics and Control*, 24: 389–450.

Autor, David (2014). "Polanyi's Paradox and the Shape of Employment Growth," NBER Working Paper No. 20485, September.

Autor, David H., Frank Levy, & Richard J. Murnane (2003). "The Skill Content of Recent Technological Change: An Empirical Exploration." *The Quarterly Journal of Economics*, 118 (4):

1279–1333.

Baddeley, Alan (1992). "Working Memory." *Science*, New Series, 255(5044), January 31: 556–559.

Baldwin, Carliss, and Kim Clark (2000). *Design Rules: Volume 1*. Cambridge, MA: MIT Press.

Barton, John (1817). *Observations on the Circumstances Which May Affect the Labouring Classes*. London: Printed for John and Arthur Arch, Cornhill, by W. Mason, Chichester.

Bateson, Gregory (1979). *Mind and Nature*: A Necessary Unity. New York: Bantam Books.

Bauer, Josef, R. K. Englund, and M. Krebernick (1998). *Mesopotamien: Späturuk- Zeit und Frühdynastische Zeit*. Orbis Biblicus et Orientalis 160/ 1, Freiburg: Universitätsverlag and Göttingen: Vandenhoeck & Ruprecht.

Baumol, William, and William Bowen (1966). *Performing Arts, the Economic Dilemma: A Study of Problems Common to Theater, Opera, Music, and Dance*. New York: Twentieth Century Fund.

Bearaknov, Max (2014). "Master of Memory Credits Meditation for His Brainy Feats." *New York Times*, November 18, p. A4.

Beeley, Philip (2003). "Leibniz on the Limits of Human Knowledge, with a Critical Edition of 'Sur la calculabilité du nombre de toutes les connaissances possibles.' " *The Leibniz Review*, Volume 13 (December): 83–91.

Bessen, James (2013). "Don't Blame Technology for Persistent Unemployment," Slate. com, September 30. Accessible at http://www.slate.com/blogs/future_tense/2013/09/30/technology_ isn_t_taking_all_of_our_jobs.html.

Bessen, James (2015). *Learning by Doing: The Real Connection between Innovation, Wages, and Wealth*. New Haven, CT: Yale University Press.

Bloom, Nicholas, and John Van Reenen (2010). "Why Do Management Practices Differ across Firms and Countries?" *Journal of Economic Perspectives*, 24(1): 203–204

Bloom, Nicholas, Benn Eifert, Aprajit Mahajan, David McKenzie, and John Roberts (2013). "Does Management Matter? Evidence from India." *The Quarterly Journal of Economics*, 128(1): 1–51.

Bollier, David, and John Clippinger, eds. (2014). *From Bitcoin to Burning Man and Beyond: The Quest for Identity and Autonomy in a Digital Society*. Cambridge, MA: ID3 in cooperation with Off the Common Books.

Bosveld, Jane (2010). "Isaac Newton, World's Most Famous Alchemist." *Discover Magazine*. July/August. http://discovermagazine.com/2010/jul-aug/05-isaac-newton-worlds-most-famous-alchemist.

Bradsherjan, Keith (2013). "Chinese Graduates Say No Thanks to Factory Jobs." *New York Times*, January 24. Accessible at http://www.nytimes.com/2013/01/25/business/as-graduates- rise-in-china-office-jobs-fail-to-keep-up.html.

Brandes Gratz, Roberta (2011). "Jane Jacobs and the Power of Women Planners." *The Atlantic*: CityLab, November 16.

Brody, Jane E. (1998). "Adding Cumin to the Curry: A Matter of Life and Death." *New York Times*, March 3. Accessible at http://www.nytimes.com/1998/03/03/science/adding-cumin-to- the-curry-a-matter-of-life-and-death.html.

Brynjolfsson, Erik, and Andrew McAfee (2014). *The Second Machine Age: Work, Progress, and Prosperity in a Time of Brilliant Technologies*. New York: W. W. Norton & Company.

Burroughs Corporation (1910), *A Better Day's Work at a Less Cost of Time, Work, and Worry to the Man at the Desk*. Detroit, MI: Burroughs Adding Machine Company.

Bush, Vannevar. (1945). "As We May Think." *The Atlantic*, pp. 112–124. Retrieved from http://

www.theatlantic.com/magazine/archive/1945/07/as-we-may-think/303881/ .

Byron, George Noël Gordon [Lord Byron] (1831). *The Complete Works of Lord Byron including His Lordship's Suppressed Poems with Others Never before Published*, Volume 1. Paris: Galignani.

Case, Anne, and Angus Deaton (2015). "Rising Morbidity and Mortality in Midlife among White non-Hispanic Americans in the 21st Century." *Proceedings of the National Academy of Sciences*, 112(49), December 8: 15078–15083.

Charney, Jule G. (1955). "Numerical Methods in Dynamical Meteorology." *Proceedings of the National Academy of Sciences*, 41(11): 798–802.

Chase, Robin (2015). *Peers Inc: How People and Platforms Are Inventing the Collaborative Economy and Reinventing Capitalism*. New York: PublicAffairs.

Child, Julia and Alex Prud'homme (2006). *My Life in France*. New York: Alfred A. Knopf.

Chisholm, J. (2015). *Unleash Your Inner Company: Use Passion and Perseverance to Build Your Ideal Business*. Austin, TX: Greenleaf Book Group Press.

Cowen, Tyler (2013). *Average Is Over: Powering America Beyond the Age of the Great Stagnation*. New York: Dutton.

Csikszentmihalyi, Mihaly (1990). *Flow: The Psychology of Optimal Experience*. New York: Harper & Row.

Demmitt, Jacob (2015). "Third Life? Second Life Founder Holds Out Hope for a VR Revival." GeekWire.com, October 28. http://www.geekwire.com/2015/third-life-second-life-founder-holds- out-hope-for-a-virtual-reality-revival/ .

Dewey, Caitlin (2015). "Meet Chef Watson, IBM's Futuristic Foodie Robot." *The Washington Post*, May 12. https://www.washingtonpost.com/lifestyle/food/could-ibms-watson-eventually- replace-creative-chefs-not-at-this-rate/2015/05/11/82a0a3ca-f29f-11e4-b2f3-af5479e6bbdd_ story.html.

Doherty, Brian (2006). *This Is Burning Man: The Rise of a New American Underground*. Dallas, TX: BenBella Books.

Douglas, Paul H. (1926). "The Movement of Real Wages and Its Economic Significance." *The American Economic Review*, 16(1), March, Supplement — Papers and Proceedings of the Thirty-eighth Annual Meeting of the American Economic Association: 17– 53.

Dyson, Esther (2012). *The Rise of the Attention Economy*. Prague: Project Syndicate.

Dyson, George (2012). *Turing's Cathedral: The Origins of the Digital Universe*. New York: Pantheon.

The Economist (2011). "Are ATMs Stealing Jobs?" June 15. Accessible at http://www.economist.com/blogs/democracyinamerica/2011/06/technology-and-unemployment.

The Economist (2013). "Not Always with Us," June 1. Accessible at http://www.economist.com/news/briefing/21578643-world-has-astonishing-chance-take-billion-people-out-extreme-poverty-2030-not.

The Economist (2014). "A Cambrian Moment," January 16. Accessible at http://www.economist.com/news/special-report/21593580-cheap-and-ubiquitous-building-blocks-digital-products-and-services-have-caused.

Engelbart, Douglas C. (1962). *Augmenting Human Intellect*. Washington, DC: Air Force Office of Scientific Research, Summary Report AFOSR-3233 (October).

Entrepreneur Magazine (2008). "Ray Kroc: Burger Baron." Entrepreneur, October 9. Accessible at http://www.entrepreneur.com/article/197544.

Essinger, James (2004). *Jacquard's Web: How a Hand-loom Led to the Birth of the Information Age*. Oxford and New York: Oxford University Press.

Fox News (2011). "Obama Blames ATMs for High Unemployment." June 14. Accessible at http://nation.foxnews.com/president-obama/2011/06/14/obama-blames-atms-high-unemployment.

Fraistat, Neil, and Steven E. Jones (2015). "Notes: Geneva." In Neil Fraistat and Steven E. Jones, eds., *Romantic Libraries*. Romantic Circles. Accessible at https://www.rc.umd.edu/ editions/ frankenstein/V1notes/geneva.

Frey, Carl Benedikt, and Michael A. Osborne (2013). "The Future of Employment: How Susceptible Are Jobs to Computerisation?" Unpublished manuscript, Oxford Martin School.

Gabe, Todd, Richard Florida, and Charlotta Mellander (2012). "The Creative Class and the Crisis." Martin Prosperity Research Working Paper Series.

George, Henry (1879). *Progress and Poverty: An Inquiry into the Cause of Industrial Depressions and of Increase of Want with Increase of Wealth: The Remedy*. Garden City, NY: Doubleday, Page & Co.

George, Henry (1898). *The Science of Political Economy*. New York: Doubleday & McClure, Co.

George, Henry, Jr. (1904) *The Life of Henry George: First and Second Periods*. Garden City, NY: Doubleday Page & Co.

Glaeser, Edward L. (2011). *Triumph of the City: How Our Greatest Invention Makes Us Richer, Smarter, Greener, Healthier, and Happier*. New York: Penguin Press.

Gleick, James (2011). *The Information: A History, a Theory, a Flood*. New York: Random House.

Goldfarb, Avi, and Botao Yang (2009). "Are All Managers Created Equal?" *Journal of Marketing Research*, 46(5): 612–22.

Goldin, Claudia, and Lawrence F. Katz (2008). *The Race between Education and Technology*. Cambridge, MA: Belknap Press.

Gordon, Robert J. (2016). *The Rise and Fall of American Growth: The U.S. Standard of Living since the Civil War*. Princeton, NJ: Princeton University Press.

Grattan-Guinness, I. (1990). "Work for the Hairdressers: The Production of de Prony's Logarithmic and Trigonometric Tables." *Annals of the History of Computing*, 12(3): 177–85.

Griliches, Z. (1957). "Hybrid Corn: An Exploration in the Economics of Technological Change." *Econometrica*, 25(4): 501–22.

Hahn, Frank H. (1972). *The Share of Wages in the National Income*. London: Weidenfeld and Nicolson.

Hall, Jonathan, and Alan Krueger (2015). "An Analysis of the Labor Market for Uber's Driver-Partners in the United States." Unpublished manuscript.

Halloran, John (2006). *Sumerian Lexicon: A Dictionary Guide to the Ancient Sumerian Language*. Los Angeles: Logogram Publishing. Accessible at http://www.sumerian.org/sumerlex.htm.

Hanson, Robin (2016). *The Age of Em: Work, Love and Life when Robots Rule the Earth*. Oxford, UK and New York: Oxford University Press.

Hartley, John (1983). "Robots Start to Assemble Watches." *Assembly Automation*, 3(3): 169–70.

Harvey, Larry (2014). "Why The Man Keeps Burning." Talk at the Long Now Foundation, October 20. Accessible at http://longnow.org/seminars/02014/oct/20/why-man-keeps-burning/ .

Hidalgo, César A., B. Klinger, A. Barabasi, and R. Hausman (2007). "The Product Space Conditions and the Development of Nations." *Science*, 317: 482–487.

Hidalgo, César A., and Ricardo Hausmann (2009). "The Building Blocks of Economic Complexity." PNAS, 106(26): 10,570–10,575.

Higham, Tom, Katerina Douka, Rachel Wood, Christopher Bronk Ramsey, and Fiona Brock, et al. (2014). "The Timing and Spatiotemporal Patterning of Neanderthal Disappearance." *Nature*, 512: 306–309.

Hine, Harry (2005). "Reviewed Work: *Ancient Meteorology* by Liba Taub." *Classical Philology*,

100(1): 83–88.

Hoffmann, Leah (2011). "Q&A: A Lifelong Learner: Leslie Valiant Discusses Machine Learning, Parallel Computing, and Computational Neuroscience." *Communications of the ACM*, 54 (6), June; pp. 128ff.

Hofstadter, Richard (1955). *Social Darwinism in American Thought*, 1860–1915. Boston: Beacon Press.

Jacob, François (1977). "Evolution and Tinkering." *Science*, New Series, 196(4295), June 10; pp. 1161–1166.

Jacobs, Jane (1969). *The Economy of Cities*. New York: Random House.

Jefferies, Richard (1885 [1990]). "The Absence of Design in Nature." In *The Norton Book of Nature Writing*, Robert Finch and John Elder, eds., New York: W. W. Norton & Company, pp. 338–49.

Jevons, William Stanley (1875). *Money and the Mechanism of Exchange*. New York: D. Appleton and Co.

Jorgenson (1995). *Productivity: Postwar U.S. Economic Growth, Volume 1*. Cambridge, MA: MIT Press.

Kahneman, Daniel (2011). *Thinking, Fast and Slow*. New York: Farrar, Straus & Giroux.

Kalning, Kristin (2007). "If Second Life Isn't a Game, What Is It?" NBCNews.com. Accessible at http://www.nbcnews.com/id/17538999/ns/technology_and_science-games/t/if-second-life-isnt-game-what-it/ #.Vu8zmoRh1E6.

Kash, Don E., and Robert Rycroft (1999). *The Complexity Challenge: Technological Innovation for the 21st Century*. London: Thomson Learning.

Katz, Lawrence F., and Robert A. Margo (2013). "Technical Change and the Relative Demand for Skilled Labor: The United States in Historical Perspective." NBER Working Paper No. 18752, February.

Kauffman, Stuart (1993). *Origins of Order: Self-Organization and Selection in Evolution*. New York and Oxford, UK: Oxford University Press.

Kauffman, Stuart, and Simon Levin (1987). "Toward a General Theory of Adaptive Walks on Rugged Landscapes." *Journal of Theoretical Biology*, 128: 11–45.

Kelly, Kevin (2015). "Call Them Artificial Aliens." TheEdge.org. Accessible at https://www.edge.org/response-detail/26097.

King, John E. (2013). *David Ricardo*. London: Palgrave Macmillan UK.

Kleiber, Max (1932). "Body Size and Metabolism." *Hilgardia*, 6: 315–51.

Kroc, Ray (1987). *Grinding It Out*. New York: St. Martin's Paperbacks.

Kroft, Kory, Fabian Lange, and Matthew J. Notowidigdo (2012). "Duration Dependence and Labor Market Conditions: Theory and Evidence from a Field Experiment." National Bureau of Economic Research (NBER) Working Paper No. 18387, September.

Kurzweil, Ray (2006). *The Singularity Is Near: When Humans Transcend Biology*. New York: The Viking Press.

Lamb, C. L., and E. Smallpage (1935). *The Story of Liverpool*. Liverpool, U.K.: Daily Post Printers.

Lanier, Jaron (2013). "Who Owns the Future?" New York: Simon & Schuster.

Levitt, Steven (2015). "Thinking Differently about Big Data." Remarks delivered at the National Academy of Sciences, Sackler Colloquium, "Drawing Causal Inference from Big Data," Washington, D.C., March 26. Accessible at https://www.youtube.com/watch?v=r5jATFtKtl8.

Licklider, J. C. R. (1960). "Man- Computer Symbiosis." *IRE Transactions on Human Factors in Electronics*, October; pp. 4–10.

Licklider, J. C. R. (1963). "For Members and Affiliates of the Intergalactic Computer Network." Unpublished memorandum, Advanced Research Projects Agency, April 23. Accessible at http://www.dod.mil/pubs/foi/Reading_Room/DARPA/977.pdf.

Luckerson, Victor (2015). "Netflix Accounts for More Than a Third of All Internet Traffic." Time. com, May 29. http://time.com/3901378/netflix-internet-traffic/ .

Lynch, Peter (2008). "The Origins of Computer Weather Prediction and Climate Modeling." *Journal of Computational Physics*, 227: 3431– 3444.

Marshall, Alfred (1910). *Principles of Economics*. London: Macmillan.

Mansfield, E. (1961). "Technical Change and the Rate of Imitation." *Econometrica*, 29: 741– 766.

Mansfield, Edwin (1963). "The Speed of Response of Firms to New Techniques." *The Quarterly Journal of Economics*, 77 (2): 290–311.

McArdle, Megan (2014). "Unemployment: A Fate Worse Than Death." Time.com, February 19. Accessible at http://time.com/9009/unemployment-is-worse-than-death/ .

McClain, Dylan Loeb (2013). "A Master Is Disqualified over Suspicions of Cheating." *New York Times*, August 17.

McCloskey, Deirdre N. (2015). "How Piketty Misses the Point." *Cato Policy Report*, July/ August. Accessible at http://www.cato.org/policy-report/julyaugust-2015/how-piketty-misses- point.

McQuaid, John (2014). "Why We Love the Pain of Spicy Food." *Wall Street Journal*, December 31. http://www.wsj.com/articles/why-we-love-the-pain-of-spicy-food-1420053009.

Melvin, Harold (1922). "The Standard Reference Work, for the Home, School, and Library, Volume 4." Minneapolis, MN: Standard Education Society.

Mahanta, Siddhartha (2013). "New York's Looming Food Disaster: Hurricane Sandy Exposed Striking Vulnerabilities in the City's Supply Chains." TheAtlantic.com, October 21. http://www.citylab.com/politics/2013/10/new-yorks-looming-food-disaster/7294/ .

Miller, George A. (1956). "The Magical Number Seven, Plus or Minus Two: Some Limits on Our Capacity for Processing Information." *Psychological Review*, 63: 81– 97.

Monod, Jacques (1972). *Chance and Necessity: An Essay on the Natural Philosophy of Modern Biology*. New York: Vintage Books.

Moore, Geoffrey (2016). "Developing Middle Class Jobs in the Digital Economy." In David Nordfors, Vint Cerf, and Max Senges (eds.), *Disrupting Unemployment: Reflection on a Sustainable, Middle Class Economic Recovery*. Kansas City, MO: The Ewing Marion Kauffman Foundation.

Moore, Gordon, and K. Davis (2001). "Learning the Silicon Valley Way." Working Paper 00- 45, Stanford Institute for Economic Policy Research.

Moore, Gordon E. (1965). "Cramming More Components onto Integrated Circuits." Electronics, April 19, pp. 114–117, April 19.

Murphy, Craig N., and Joanne Yates (2009). *The International Organization for Standardization (ISO): Global Governance through Voluntary Consensus*. London; New York: Routledge.

Nicholas, Stephen, and Richard H. Steckel (1991). "Heights and Living Standards of English Workers during the Early Years of Industrialization, 1770– 1815." *The Journal of Economic History*, 51 (4): 937– 57.

Ondrejka, Cory (2007). "Collapsing Geography: Second Life, Innovation, and the Future of National Power." *Innovations: Technology, Governance, Globalization*, 2(3): 27– 54.

Organisation for Economic Co-operation and Development (2010). "OECD Health Data." Paris: OECD Health Statistics.

Orszag, Peter R. (2015). "To Fight Inequality, Tax Land." *BloombergView*, March 3. Accessible at https://www.bloomberg.com/view/articles/2015-03-03/to-fight-inequality-tax-land.

Palmisano, Samuel J. (2006). "The Globally Integrated Enterprise." *Foreign Affairs*, 85(3): 127–36.

Peart, Sandra (1996). *The Economics of W. S. Jevons*. London: Routledge.

Petty, William (1676 [1690]). *Political Arithmetick*. London. Accessible at http://oll.libertyfund.org/titles/petty-the-economic-writings-of-sir-william-petty-vol-1.

Piketty, Thomas (2014). *Capital in the Twenty- First Century*. Cambridge, MA: Harvard University Press.

Platzman, G. W. (1979). "The ENIAC Computations of 1950: Gateway to Numerical Weather Prediction." *Bulletin of the American Meteorological Society*, 60(4): 302–12.

Porter, Michael (1998). "Clusters and the New Economics of Competition." *Harvard Business Review*, 76(6): 77–90.

Read, Dwight W., and Sander E. van der Leeuw (2008). "Biology Is Only Part of the Story … " *Philosophical Transactions of the Royal Society B* 363: 1959–1968.

Read, Dwight W., and Sander E. van der Leeuw (2015). "The Extension of Social Relations in Time and Space during the Palaeolithic and Beyond." In Fiona

Coward et al., eds., *Settlement, Society and Cognition in Human Evolution*. New York: Cambridge University Press, pp. 31– 53.

Ricardo, David (1821). *On the Principles of Political Economy and Taxation*, 3rd edition. London: John Murray.

Richardson, Lewis F. (1922). *Weather Prediction by Numerical Process*. Cambridge, UK: Cambridge University Press.

Rietveld, James D. (2012). *London in Flames: Apocalypse 1666*. Dallas: Highland Loch Press, Kindle Edition.

Rifkin, Jeremy (1995). *The End of Work: The Decline of the Global Labor Force and the Dawn of the Post- Market Era*. New York: G. P. Putnam's Sons.

Roberts, Russ (2012). "Taleb on Antifragility." EconTalk Episode with Nassim Nicholas Taleb, January 16. Accessible at http://www.econtalk.org/archives/2012/01/taleb_on_antifr.html.

Rodgers, Daniel (1974). *The Work Ethic in Industrial America, 1850–1920*, Chicago, IL: University of Chicago Press.

Romer, Paul M. (1986). "Increasing Returns and Long- run Growth." *Journal of Political Economy*, 94(5): 1002–37.

Romer, Paul M. (1990). "Endogenous Technological Change." *Journal of Political Economy*, 98(5): S71– S102.

Rothkopf, David (2015). "Requiem for the Macrosaurus: The Beginning of the End of the Jurassic Period of Economics." *Foreign Policy*, July 27. Accessible at http://foreignpolicy.com/ 2015/07/27/requiem-for-the-macrosaurus-economics-big-data/ .

Saez, Emmanuel, and Gabriel Zucman (2014). "Wealth Inequality in the United States since 1913: Evidence from Capitalized Income Tax Data." CEPR Discussion Paper 10227, October.

Samuelson, Paul A. (1966). "A Summing Up." *Quarterly Journal of Economics* 80(4): 568–83.

Saval, Nikil (2014). *Cubed: A Secret History of the Workplace*. New York: Doubleday.

Schawbel, Dan (2011). "Gallup's Jim Clifton on the Coming Jobs War." Forbes.com, October 26. Accessed at http://www.forbes.com/sites/danschawbel/2011/10/26/gallups-jim- clifton-on-the-coming-jobs-war/#1032216e599c.

Schrödinger, Erwin (1944). *What Is Life?* Cambridge, MA: Cambridge University Press.

Schumpeter, Joseph A. (1912). *Theorie der wirtschaftlichen Entwicklung*. Leipzig: Duncker & Humblot. Revised English translation (1934) by Redvers Opie, *The Theory of Economic Development*, Oxford: Oxford University Press.

Schumpeter, Joseph A. (1954). *History of Economic Analysis*. London, UK: Allen & Unwin (Publishers) Ltd.

Scraffa, Piero (1951). *The Works and Correspondence of David Ricardo: Vol. 10, Biographical Miscellany*. Cambridge, UK: Cambridge University Press.

Sen, Amartya (1985). *Commodities and Capabilities*. New York: North-Holland.

Sen, Amartya (1999). *Development as Freedom*. Oxford, UK: Oxford University Press.

Shiller, Robert J. (2015). "What to Learn in College to Stay One Step Ahead of Computers." *New York Times*, May 22.

Shirky, Clay (2010). *Cognitive Surplus: How Technology Makes Consumers into Collaborators*. New York: Penguin Books.

Simon, Herbert (1960). "The Corporation: Will It Be Managed by Machines?" In *Management and the Corporations* (M. L. Anshen and G. L. Bach eds.). New York: McGraw Hill: 17–55.

Simon, Herbert A. (1965). *The Shape of Automation for Men and Management*. New York: Harper & Row.

Simon, Herbert A. (1967). "Programs as Factors of Production." *Proceedings of the Nineteenth Annual Winter Meeting Industrial Relations Research Association, San Francisco*.

Simon, Herbert A. (1991). *Models of My Life*. New York: Basic Books.

Simon, Herbert A., and Allen Newell (1958). "Heuristic Problem Solving: The Next Advance in Operations Research." *Operations Research*, 6(1): 1–10.

Simon, Herbert A., A. J. Smith, and C. B. Thompson (1950). "Modern Organization Theories." *Advanced Management*, 15(10): 2–4.

Smith, Adam (1776 [1904]). *An Inquiry into the Nature and Causes of the Wealth of Nations*. London: Methuen & Co., Ltd. Accessible at http://www.econlib.org/library/Smith/smWN.html.

Solow, Robert M. (1955–1956). "The Production Function and the Theory of Capital." *Review of Economic Studies*, 23: 101–108.

Solow, Robert M. (1997). *Learning from 'Learning by Doing': Lessons for Economic Growth*. Palo Alto, CA: Stanford University Press.

Spence, Michael (2011). "Globalization and Unemployment: The Downside of Integrating Markets." *Foreign Affairs*, July / August.

Stanford, Harold Melvin (1912). *The Standard Reference Work, for the Home, School, and Library, Volume 4*. Minneapolis, MN, and Chicago, IL: The Standard Education Society.

Steinkeller, Piotr (2002). "Money- Lending Practices in Ur III Babylonia: The Issue of Economic Motivation." In Michael Hudson (ed.), *Debt and Economic Renewal in the Ancient Near East*, Bethesda, MD: CDL Press / Capital Decisions Limited, 2002; pp. 109–37.

Steinkeller, Piotr, and J. N. Postgate (1992). *Third-Millennium Legal and Administrative Texts in the Iraq Museum, Baghdad*. Winona Lake, IN: Eisenbraums.

Strauss, Steven (2013). "'Welcome' to the Sharing Economy—Also Known as the Collapse of the American Dream." *The Huffington Post*, December 29.

Summers, Lawrence H. (2014). "Lawrence H. Summers on the Economic Challenge of the Future: Jobs." Wall Street Journal, July 7. Accessible at http://www.wsj.com/articles/lawrence- h- summers-on-the-economic-challenge-of-the-future-jobs-1404762501.

Tabarrok, Alex (2003). "Productivity and Unemployment." MarginalRevolution.com. Accessible at http://marginalrevolution.com/marginalrevolution/2003/12/productivity_an.html.

Taub, Liba (2003). *Ancient Meteorology.* London and New York: Routledge.

Taylor, Frederick W. (1911). *Principles of Scientific Management.* New York and London: Harper & Brothers.

Turing, Alan (1939). *Systems of Logic Based on Ordinals.* Dissertation presented to the faculty of Princeton University in candidacy for the degree of Doctor of Philosophy.

Turing, Alan (October 1950). "Computing Machinery and Intelligence." *Mind,* 59(236): 433–60.

Viscato, Giuseppe (2000). *The Power and the Writing: The Early Scribes of Mesopotamia.* Bethesda, MD: CDLPress.

Walker, Francis A. (1887). "The Source of Business Profits." *The Quarterly Journal of Economics,* 1(3): 265–88.

Wilson, Edward O. (2012). *The Social Conquest of Earth.* New York: Liveright.

Whitehead, Alfred North (1911). *An Introduction to Mathematics.* New York: Henry Holt and Company.

Wrangham, Richard (2009). *Catching Fire: How Cooking Made Us Human.* New York: Basic Books.

Winter, Sidney G. (1968). "Toward a Neo-Schumpeterian Theory of the Firm." RAND Working Paper P-3802, RAND.

Wright, Sewell (1932). "The Roles of Mutation, Inbreeding, Crossbreeding and Selection in Evolution." *Proceedings of the Sixth International Congress of Genetics,* 1: 356–66.

Wright, T. P. (1936). "Factors Affecting the Cost of Airplanes." *Journal of the Aeronautical Sciences,* 2: 122–128.

Young, Cristobal (2012). "Losing a Job: The Nonpecuniary Cost of Unemployment in the United States". *Social Forces* 91(2): 609–34.

Young, Nancy K. (2007). *The Great Depression in America.* Westport, CT: Greenwood Publishing Group.

Zink, Katherine D., and Daniel E. Lieberman (2016). "Impact of Meat and Lower Palaeolithic Food Processing Techniques on Chewing in Humans." *Nature,* advance online publication, March 9.

색인